Dolors Poch Olivé (ed.)

El español de Cataluña en los medios de comunicación

LINGÜÍSTICA IBEROAMERICANA

VOL. 78

El español de Cataluña
en los medios de comunicación

DOLORS POCH OLIVÉ (ED.)

Iberoamericana • Vervuert • 2019

Este libro ha sido publicado en el marco del proyecto del Ministerio de Economía y Competitividad del Gobierno de España "El español de Cataluña en los medios de comunicación orales y escritos" (FFI2016-76118-P) y su publicación ha contado con el apoyo económico de dicho proyecto.

Este volumen cuenta con el apoyo de la Generalitat de Catalunya al proyecto "Grup de Lexicografia i Diacronia" (SGR2017 - 1251).

Colaborador editorial: Joseph García Rodríguez.

© Iberoamericana, 2019
Amor de Dios, 1 – E-28014 Madrid
Tel.: +34 91 429 35 22
Fax: +34 91 429 53 97

© Vervuert, 2019
Elisabethenstr. 3-9 – D-60594 Frankfurt am Main
Tel.: +49 69 597 46 17
Fax: +49 69 597 87 43

info@iberoamericanalibros.com
www.iberoamericana-vervuert.es

ISBN 978-84-9192-087-8 (Iberoamericana)
ISBN 978-3-96456-884-7 (Vervuert)
ISBN 978-3-96456-885-4 (e-Book)

Depósito Legal: M-38530-2019

Diseño de la cubierta: Carlos Zamora

Impreso en España

Este libro está impreso íntegramente en papel ecológico blanqueado sin cloro

ÍNDICE

3. LOS CATALANISMOS EN LOS ESCRITORES: PRENSA Y LITERATURA

PRESENTACIÓN

Dolors Poch Olivé
Universitat Autònoma de Barcelona

El presente volumen recoge una parte de los trabajos de investigación realizados en el seno del proyecto "El español de Cataluña en los medios de comunicación orales y escritos", financiado por el Ministerio de Economía y Competitividad (referencia: FFI2016-76118-P). El equipo de trabajo inició su labor sobre el estudio del español de Cataluña en el año 2012, y en 2016 publicó la obra *El español en contacto con las otras lenguas peninsulares*[1]. Dicho volumen recoge una serie de estudios de carácter general, en los que se exploran algunas de las principales características de esta variedad surgida de la íntima convivencia que se da en Cataluña entre el español y el catalán. Los datos recogidos permitieron abrir nuevas perspectivas de trabajo y, durante el periodo que comprende desde 2016 hasta 2019, el grupo de investigación ha trabajado en el ámbito de la penetración de elementos procedentes del catalán en los medios de comunicación catalanes de expresión castellana.

Conscientes de que era necesario contextualizar las tareas realizadas en el seno del equipo de investigación, el grupo ha buscado la colaboración de expertos en el estudio de los medios de comunicación, especialmente de la prensa tanto escrita como digital, que participan en este volumen con una serie de capítulos que complementan y ayudan a situar los estudios sobre las características del español de Cataluña en el marco de la prensa catalana de expresión castellana del siglo XXI.

Carmen Marimón Llorca ("Las columnas sobre la lengua, entre la lingüística y el uso real"), sobre la base de una serie de columnas contemporáneas sobre la lengua procedente de la base de datos METAPRES, reflexiona sobre los temas que tratan, así como sobre la naturaleza de los juicios normativos en ellas emitidos. Es esta una cuestión especialmente relevante en el marco de la

---

[1] Poch Olivé, 2016.

consideración que merece, a los lingüistas y al público en general, el uso de palabras o estructuras procedentes de una lengua distinta a aquella en la que se expresa un determinado medio de comunicación.

Ana Mancera Rueda consagra su capítulo ("Estrategias discursivas para atraer al lector digital") a comparar las ediciones digitales e impresas de los principales periódicos españoles. La autora demuestra cómo el desarrollo del nuevo medio de comunicación de masas que constituye Internet ha transformado tanto las rutinas de trabajo periodísticas como los principios a partir de los cuales se desarrolla la creación del imaginario colectivo por parte de la audiencia. Es muy importante abordar esta cuestión, puesto que remite al lector a reflexionar sobre las estrategias utilizadas por periódicos que, como ocurre en Cataluña, disponen de ediciones bilingües tanto en formato impreso como en formato digital.

A continuación, Lola Pons Rodríguez, bien conocida por sus colaboraciones de temática lingüística en *El País* y en otras publicaciones periódicas y, a la vez, filóloga que estudia la historia de la lengua, ofrece algo que no es frecuente. La autora realiza unas reflexiones sobre los criterios que emplea, como columnista, para decidir qué temas tratar y qué lenguaje emplear para llegar a todo el público lector manteniendo, a la vez, el rigor científico.

Finalmente, el cuarto capítulo en el marco de los trabajos generales dedicados a establecer el contexto de las investigaciones realizadas está a cargo de Daniel Casals Martorell y Mar Massanell Messalles. Ambos han trabajado sobre las columnas periodísticas que tratan problemas de lengua centrándose en las que analizan los usos del catalán. La convivencia ya mencionada entre las dos lenguas de Cataluña exige poner de manifiesto las interacciones entre ambas lenguas a través no solamente de las formas de expresión de los hablantes, sino también de las reflexiones que sobre el empleo del castellano y del catalán aparecen en los periódicos de Cataluña.

Los capítulos que siguen a los ya comentados tienen como autores a los miembros del equipo de investigación del proyecto y todos ellos han estudiado la presencia de catalanismos en los medios de comunicación de expresión castellana de Cataluña. En primer lugar, Alba Igarreta Fernández estudia el "acento catalán", es decir, las cuestiones relacionadas con la pronunciación en comunicadores mediáticos como Andreu Buenafuente.

Joseph García Rodríguez y Marta Prat Sabater, tomando como base los rotativos *El Periódico* y *La Vanguardia*, estudian la presencia de unidades fraseológicas y de unidades léxicas procedentes del catalán en las columnas escritas en español. Ambos autores, además, analizan en profundidad el funcionamiento de dichos elementos y abordan la cuestión a través de sendas reflexiones sobre los problemas teóricos que plantea la interferencia lingüística.

María J. Machuca Ayuso, que analiza los titulares de los mismos periódicos, pone de manifiesto, en su capítulo, que esta parte de los artículos de prensa es tratada de forma distinta al resto debido a su importancia como elemento cuyo objetivo es llamar la atención del lector. Los periódicos disponen de sistemas de traducción automática para traducir dichos titulares de una lengua a otra pero, en una segunda etapa, interviene siempre en el proceso un "corrector lingüista" que perfila definitivamente los textos.

Ana Paz Afonso se adentra en el estudio de los fenómenos de contacto lingüístico en el ámbito de la prensa deportiva de Cataluña. Esta temática informativa suele tratarse siempre utilizando un registro más coloquial que el empleado para dar cuenta de otro tipo de informaciones. Así, la autora muestra que la penetración de elementos del catalán en el castellano es muy fuerte en el ámbito deportivo.

Los trabajos de Margarita Freixas Alás y de Dolors Poch Olivé están orientados al estudio de dos registros mucho más formales de lenguaje. Margarita Freixas analiza las columnas de prensa del conocido escritor catalán Quim Monzó, que escribe sus columnas en catalán y en español por sí mismo, sin utilizar ningún tipo de traducción automática. A lo largo del capítulo, puede apreciarse cómo este escritor bilingüe introduce elementos del catalán en sus textos en español y también queda de manifiesto que, mientras que en algunas ocasiones lo hace de manera natural y espontánea, en otros casos actúa conscientemente, porque su empleo aporta un valor estilístico a la columna.

Finalmente, Dolors Poch muestra que la presencia de catalanismos en el español se documenta desde la segunda mitad del siglo XIX y que aparecen también en escritores del siglo XX, como Josep Pla, que, como es sabido, utilizó también el castellano como lengua de expresión literaria. La autora analiza el uso y la función de dichos elementos en la narrativa de José María Gironella y en la de Juan Marsé y pone de relieve que los dos escritores tratan estos elementos de manera muy diferente. En definitiva, el capítulo se propone hacer ver que la presencia de catalanismos en los textos de escritores bilingües de expresión castellana contribuye a demostrar la existencia de una variedad del español que es propia del territorio en el que dicha lengua está en contacto con el catalán.

Los trabajos reunidos en este libro ofrecen, pues, al lector tres tipos de información. En primer lugar, proporcionan una contextualización de las características de los medios de comunicación del siglo XXI. Muestran también que el estudio de los catalanismos en la prensa catalana escrita en castellano no puede llevarse a cabo sin tener en cuenta las características y la evolución de las columnas periodísticas que se interesan por el uso de la lengua catalana. Y, finalmente, hace hincapié en que el estudio de la penetración en español de elementos procedentes del catalán, tanto en la prensa como en la literatura catalana de expresión castellana, contribuye a configurar una forma de expresión propia, diferente a la de las otras variedades del español.

1.

ALGUNOS ASPECTOS DE LAS COLUMNAS PERIODÍSTICAS SOBRE EL LENGUAJE EN EL SIGLO XXI

LAS COLUMNAS SOBRE LA LENGUA, ENTRE LA NORMA LINGÜÍSTICA Y EL USO REAL

Carmen Marimón Llorca
Universidad de Alicante
Proyecto METAPRES[1]

1. Introducción

Entre el 7 y 11 de octubre de 1985 tuvo lugar en Madrid un congreso extraordinario de academias de la lengua española con el tema "El español ante los medios de comunicación y ante las nuevas técnicas". En su ponencia, García Yebra (1987: 82) mostraba la preocupación por el mal uso del lenguaje que se estaba realizando en la prensa, de manera que esta, en lugar de resultar un medio formativo, se había convertido "en un factor grave de 'deformación' de sus lectores, que, intelectualmente inermes y desprevenidos, se habitúan a presenciar reiterados, incontables abusos de nuestra lengua." Ante la inminencia del desastre disgregador que parecía amenazar al español, las academias decidieron apelar a una tradición discursiva de largo recorrido en el mundo hispánico, presente en muchas lenguas —está vivamente activa en los ámbitos francófono, anglófono e italianófono, por nombrar los más próximos— y de gran acogida por parte del público: el columnismo lingüístico. Así, en las conclusiones de la comisión dedicada al lenguaje periodístico que, más bien, eran pautas de actuación y recomendaciones para solucionar el problema, la octava decía lo siguiente: "Hay que fomentar en los diarios, radionoticieros y noticieros de TV, columnas o secciones de orientación gramatical" (Comisión, 1987: 239).

No disponemos de ninguna prueba sobre la repercusión real que pudo tener tal mandato, pero lo cierto es que, entre los años ochenta y noventa del siglo xx, circularon por los periódicos españoles, tanto de tirada nacional como regional, alrededor de novecientas columnas (cuadro 1), todas ellas dedicadas a la discusión sobre asuntos relativos al uso de la lengua.

AUTOR	SEUDÓNIMO	TÍTULO	FECHA INICIO	FECHA FINAL	PERIÓDICO
Ramón Carnicer		Sobre el lenguaje	1979	1983	*La Vanguardia*
Fernando Lázaro Carreter		El dardo en la palabra	1975	1996	*Informaciones, ABC, El País*
Luís Calvo	El Brocense	Diálogo de la lengua	1980	1984	*ABC*
Emilio Lorenzo		Sin nombre, en página 3	1982	2002	*ABC*
Manuel Seco		La Academia y el lenguaje	1983	1984	*ABC*
Marqués de Tamarón, Santiago de Mora-Figuera		El habla nacional	1985	1988	*ABC*
Fabián González Bachiller y J. Javier Mangado Martínez		En román paladino	1994	1998	*Diario de La Rioja*
Humberto Hernández		Notas lingüísticas	1998	2001	*El Día de Tenerife*
Fernando Lázaro Carreter		El nuevo dardo en la palabra	1999	2002	*El País*

Cuadro 1. *Columnas dedicadas a la discusión sobre asuntos relativos al uso de la lengua en periódicos españoles. Fuente: base de datos METAPRES*

Como se puede observar en la tabla, en 1985 los principales diarios españoles contaban ya con firmas de prestigio sobre el tema. Lejos de representar una novedad, la aparición regular en la prensa de colaboraciones en las que se tratan críticamente los usos del idioma constituye una tradición metadiscursiva muy popular que, en España, hunde sus raíces en el siglo XIX, con personalidades como Antonio de Valbuena o Fernando Araujo, se prolonga hacia el XX, con Mariano de Cavia o Julio Casares (entre otros), renace a partir de las décadas de los años setenta y ochenta con autores como Ramón Carnicer, Lázaro Carreter y Luis Calvo y continúa ininterrumpidamente hacia el siglo XXI hasta nuestros días. Desde el punto de vista periodístico, las columnas sobre la lengua (CSL) se inscriben dentro de lo que se denomina géneros de opinión, entre los cuales la columna se considera un tipo de crónica cuya característica diferencial es "la periodicidad y fijeza de su aparición en el periódico" (Martín Vivaldi, 1973). Como ya hemos señalado en otro trabajo (Marimón, 2019), aunque el tema de las columnas suele estar relacionado con la actualidad social o política, la CSL pertenece a un tipo más restringido que la define como especializada (tema fijo y autor especialista), personal (tiene un componente lúdico y de entretenimiento), interpretativa-crítica (trata temas de actualidad de la lengua) y oralizada —"Imitan las formas de enunciación características de los discursos de inmediatez comunicativa" (Mancera Rueda, 2008)—.

La base de datos CROQUE, constituida por "chroniques de langue québécoises" las define como:

> un ensemble de textes relativement brefs et homogènes, produits par une même personne (physique ou morale) reconnue pour sa compétence en matière de langue, diffusés périodiquement dans la presse et portant sur la langue, plus spécialement sur les bons et les mauvais usages qu'on en fait .

Se caracterizan porque sus autores —no necesariamente con conocimientos lingüísticos— expresan en ellas juicios rigurosos que, sobre los usos del lenguaje, realizan sus contemporáneos —políticos, colegas de otros medios, personajes de televisión, personalidades mediáticas, etc.— (Grijelmo, 2007: 2-3). Son, por ello, discursos metalingüísticos, textos estrechamente relacionados con lo que González y Loureda denominan "el decir sobre el lenguaje". "Constituyen —señalan estos autores—, proposiciones metalingüísticas: juicios responsabilidad de un sujeto que se refiere en un discurso a un objeto (la lengua) por medio del lenguaje mismo. [...]" (González Ruiz, Loureda Lamas, 2005: 355-356). En este sentido, suponen siempre un posicionamiento ideológico sobre la lengua: pureza, variación, buen estilo, neologismos, anglicismos, etc., que se plantea en términos de trasgresión de una norma de corrección idiomática que, en muchos casos —y esta es nuestra hipótesis de partida—, está frecuentemente relacionada con algún tipo de norma social que el firmante considera en peligro. El hecho de estar siempre unidas a un espacio-tiempo concreto les proporciona un enorme valor como testimonios vivos de la evolución de la lengua en sociedad, especialmente cuando estas columnas aparecen en contextos sociales complejos. Situadas, pues, en un lugar privilegiado, las CSL son testigos del uso real de la lengua, notarios de lo que "la lengua es", de las tendencias y los ámbitos del conocimiento por los que las lenguas se van a renovar y enriquecer; pero, en realidad, su razón de ser es "denunciar los disparates del vulgo plumífero " (Luis Calvo,

ABC, 31/10/1981), "combatir contra la ignorancia y la necedad idiomática" (Fernando Lázaro Carreter, *El dardo en la palabra,*1984), evitar las prevaricaciones (Fernando Lázaro Carreter, *El dardo en la palabra*, 1982), defender la pauta y respetar la norma (Luis Calvo, *ABC,* 06/03/1982). En otras palabras, señalar el camino de lo que la lengua "debe ser".

A partir de estos presupuestos, el objetivo de este trabajo es indagar sobre la forma en que en las CSL se resuelve la relación entre la norma lingüística y el uso que los hablantes hacen de la lengua. Queremos saber si desde el columnismo lingüístico se responde a los usos y necesidades reales de los hablantes o si, por el contrario, estos textos acaban siendo una prueba del distanciamiento entre una norma lingüística —y social— imaginada y el uso real que los ciudadanos hacen de la lengua. Para ello, a partir de los materiales de la base de datos METAPRES, se ha seleccionado un corpus de 210 CSL publicadas entre los años 1980 y 1983 escritas por Ramón Carnicer, Fernando Lázaro Carreter y Luis Calvo (cuadro 2).

AUTOR		Título de la Columna	Diario	1980	1981	1982	1983	TOTAL
Ramón Carnicer		Sobre el lenguaje	*La Vanguardia*	4	11	6	4	25
Fernando Lázaro Carreter		El dardo en la palabra	*Informaciones, ABC, El País*	10	9	11	9	39
Luis Calvo	*El Brocense*	Diálogo de la lengua	*ABC*	8	44	43	51	146
								210

Cuadro 2. *CSL publicadas entre los años 1980 y 1983 escritas por Ramón Carnicer, Fernando Lázaro Carreter y Luis Calvo. Fuente: base de datos METAPRES*

Los autores se han seleccionado por su popularidad y por el prestigio del que gozaron, por la regularidad de sus contribuciones y por la relevancia de los medios en los que escribieron. En cuanto a las fechas, los primeros años ochenta nos han parecido idóneos para nuestro objeto de estudio —la relación entre norma y uso en el columnismo lingüístico— debido al clima social de cambio e incertidumbre general que se vivió y que afectó a todos los aspectos de la vida social, incluida la lengua. Resulta, por tanto, un momento ideal para comprobar cómo se gestionó la tensión entre la necesidad de mantener el orden normativo en la lengua —¿y en la sociedad?— y la dinámica de cambios e innovación en su uso que la modernidad social y política —en plena transformación— exigía para poder expresarse. Se ha limitado el corpus a los años 1980-1983 porque son aquellos en los que coinciden los tres columnistas en activo, lo que nos permitirá también, si es el caso, observar coincidencias o divergencias en la forma de seleccionar o abordar los asuntos lingüísticos que tratan en sus columnas.

Con el fin de proceder ordenadamente, en el siguiente apartado justificaremos la naturaleza prescriptiva de las CSL, su relación con la norma —en sus diferentes acepciones sociales y lingüísticas— y mostraremos la vinculación de estos textos con otras tradiciones no formales del mismo signo, como la de los "custodes linguae" o la "complaint tradition", entre otras. Nos serán útiles para comprender el papel que, en una comunidad lingüística, pueden jugar determinados individuos y medios en la transmisión de un imaginario normativo sobre el idioma. En el apartado tres, a partir de la propuesta de caracterización de Pinker (2012 [1995]), comprobaremos hasta qué punto las CSL de los años ochenta publicadas en España poseen rasgos que definen su estatus legitimador y su papel en la difusión de una norma prescriptiva. El análisis observará la actitud de los columnistas[2] Luis Calvo, *El Brocense*, Fernando Lázaro Carreter y Ramón Carnicer ante la lengua: desde dónde y con qué objetivos realizan su papel de vigilantes del idioma, qué clase de vocabulario es el que se prescribe y, en consecuencia, si fueron capaces de percibir la realidad lingüística y social contemporánea. Finalmente se establecerán relaciones entre las prácticas discursivas prescriptivas y las normas sociales y se definirá un lugar para las columnas sobre la lengua en relación con el uso (social) de esta. Nuestra hipótesis es que las CSL ocupan un espacio intermedio entre dos imaginarios: el de lo que la lengua "debe ser" y el de lo que la lengua "es" y, en ese sentido, ponen en evidencia la vigencia de exactamente "eso" que prescriben.

---

[2] A partir de ahora, en las referencias de las columnas se nombrarán por los acrónimos LC, FLC y RC respectivamente. En cuanto a las fuentes, para Luis Calvo y Ramón Carnicer daremos la referencia exacta de la publicación del artículo en la prensa. Para Lázaro Carreter se indicará la pertenencia a la serie *El dardo en la palabra* y el año de publicación de la columna.

2. La norma, las CSL y la tradición de los "custodes linguae"

Como se ha señalado frecuentemente (Rey, 1972; Lara, 1976; Méndez, 1999), *norma* es un concepto polisémico que extiende su significación desde las acepciones de la lengua general a lo metalingüístico. Por una parte, se entiende por norma un modelo de conducta, aquello que establece el límite entre lo que es imperativo —la prescripción— y lo que queda prohibido —la proscripción— (Nicolás, 2006: 33). Desde este punto de vista, una norma solo la puede imponer quien tiene autoridad para hacerlo, luego está asociada al ejercicio de algún tipo de poder. Por otra parte, una norma hace referencia a lo que es normal o habitual en un determinado ámbito. Utilizada, pues, sin precaución, la palabra *norma* corresponde, al mismo tiempo "a l'idee de moyenne, de fréquence, de tendance généralement et habituellement réalisée, et à celle de conformité à une règle, de jugement de valeur, de finalité assignée" (Rey, 1972: 5).

Como término lingüístico, encontramos también dos sentidos distintos para el concepto de *norma* (lingüística). Por una parte, se habla de *norma* para hacer referencia a determinadas restricciones en el uso de una lengua debido a la existencia de una norma prescriptiva que señala qué es lo correcto o lo incorrecto. Los criterios para dirimir estos usos van, sin embargo, más allá de la gramaticalidad (Gómez Torrego, 2014: 2), es decir, de las posibilidades combinatorias del sistema, para constituir "une construction seconde obtenue par sélection des types d'usage" (Rey, 1972: 17); en otras palabras, la norma lingüística prescriptiva se sostiene sobre una valoración social, es el resultado de un proceso de selección y supone, siempre, la existencia de una autoridad capaz de divulgarla e imponerla. Por otra parte, se utiliza también el término *norma* para aludir a las realizaciones más habituales, constantes o "normales" de la lengua de entre las que posibilita el sistema en una determinada comunidad lingüística. Fue Coseriu quien introdujo este concepto para introducir un nivel intermedio de abstracción entre el sistema y el habla individual.

La palabra *norma,* por tanto, señala Lara (1976: 9), "reúne dos sememas cualitativamente distintos a pesar de los puntos de contacto que hay entre ellos: de un lado por norma se entiende 'lo que debe ser'; de otro, simplemente, 'lo que es.'"

Tal y como se ha podido comprobar, el concepto de norma lingüística es un asunto de calado sociolingüístico que, más allá de la estricta gramaticalidad, conecta la lengua con otras cuestiones, como el prestigio social (Gómez

Torrego, 2014), la tradición del idioma (Marques, 2011), la autoridad (Milroy-Milroy, 1985; Nicolas, 2006), el cambio y la variación (Coupland, 2014), la política lingüística (Joseph, 2006) o los imaginarios sobre la lengua de una comunidad de hablantes (Houdebine, 2002), entre otras muchas. Hablar de norma implica, necesariamente, hacer referencia a la dimensión ética del lenguaje (Rojas, 2000), es decir, a la proyección de los principios racionales de la ética social —bueno/malo, correcto/incorrecto, justo/injusto—, a la valoración del uso de la lengua, así como al ejercicio de difusión de la norma. Como señala Ettinger, "una norma prescriptiva será tan buena como lo sean las posibilidades de imponerla" (Haensch *et al.* 1982: 376), y para lograr esa finalidad, junto con las instituciones normativas, juegan un papel esencial lo que él denomina "multiplicadores" en la sociedad (es decir, en general los grupos profesionales con gran prestigio social, como, por ejemplo, profesores universitarios, juristas, periodistas, etc.), los medios de comunicación social... En nuestra opinión, el columnismo lingüístico es uno de esos elementos multiplicadores de la norma y por eso pensamos que su estudio puede aportar datos para valorar la relación entre la norma prescriptiva —lingüística y social— y el uso real de la lengua.

En este sentido que hemos señalado, la tradición del columnismo lingüístico puede relacionarse con otro tipo de actividades de control sobre la lengua que se han llevado a cabo secularmente. Son los "custodes linguae" (Fishman, 1995), llamados también "guardians of language" (Milroy y Milroy, 1991; Coulmas, 2016), "linguistic shamans" (Bolinger, 1980), "experts" (Pinker, 2012 [1995]), "verbal hygienist" (Cameron, 1995) o, en un sentido algo diferente, "fous du langage" (Yaguello, 1984). Para Coulmas (2016: XVIII) representan a cualquier agente individual que haya tenido la ocasión de desarrollar una actividad reguladora —oficial o no— en relación con la lengua. Muchos de ellos son "espontáneos que se arrojan al ruedo de la planificación lingüística" (Pascual Rodríguez y Prieto de los Mozos, 1998) con el objetivo, normalmente, de luchar contra el cambio y la variación, fenómenos ambos que constituyen el ser mismo de toda lengua viva. En este sentido amplio, Coulmas (2016: XIX-XX) menciona en su nómina desde a Dante o Nebrija hasta a Gandhi o al papa Pablo VI. Otros autores, sin embargo, como Milroy y Milroy (1991) y, sobre todo, Pinker (2012), usan estas denominaciones en un sentido más restringido, para referirse, en particular, a la actividad pública —con mucha frecuencia desarrollada en los periódicos— de individuos que recogen la inquietud de la gente común sobre los usos de la lengua. Los hablantes, en efecto, están acostumbrados a emitir juicios sobre el lenguaje, a crearse un imaginario sobre lo que su lengua es o debe ser (Houdebine, 2002: 12) y, al hacerlo, a cuestionarse los usos, a valorar su estado, a anunciar su declive o a denunciar su contaminación. En este sentido, los columnistas pueden considerarse hablantes privilegiados en la medida en que tienen la posibilidad de acceder (van Dijk, 1996) a los medios públicos de comunicación en calidad de expertos y, así, hacer oír su punto de vista sobre la lengua. En los ejemplos 1 y 2, Luis Calvo y Fernando Lázaro Carreter, respectivamente, revelan con claridad qué les ha llevado a escribir, que no es sino denunciar la ignorancia, la incultura y la ridiculez con la que, en su opinión, determinados hablantes —el vulgo plumífero, quienes se arriman al teletipo— usan la lengua. Y apuntan hacia lo que será uno de los objetos principales de su recriminación: el abuso de anglicismos, de vocablos "arrancados de lenguas extranjeras".

(1)   El propósito de este rincón del «Sábado Cultural» de ABC es, sencillamente, denunciar los disparates del vulgo plumífero que echa a volar caprichosamente unos vocablos estrafalarios que se emplean sin que el hablante y escribidor tengan conocimiento de su pura significación, los cuales vocablos, además de irregulares e inocuos, están arrancados de lenguas extranjeras. (LC, *ABC,* 31/10/1981).

(2)   ¿Contra qué escribo, pues? Contra el uso ignorante de nuestro idioma: el de quienes se arriman al anglicismo del teletipo, desconociendo que su idioma dice eso mismo de otro modo;... contra los que desalojan el significado castellano para hacer decir a los vocablos lo que no dicen... contra los tics melindrosos o necios («es como muy emocionante»); contra quienes se calzan un lenguaje pretencioso o extranjero para exhibir una estatura mental que no tienen, o para no ser entendidos. (FLC, *El dardo en la palabra,* 1984).

Su representación mental de lo que la lengua es en el momento en el que escriben está cargada de polaridad negativa, como lo reflejan los adjetivos seleccionados para hablar de los hablantes o de su lenguaje —"disparates", "estrafalarios", "irregulares", "inocuos", "melindrosos", "necios", "pretenciosos", "extranjeros", "ignorantes" — a los que se suman otras valoraciones de las acciones como "caprichosamente" o "desconociendo". Este vocabulario no es una excepción. Las columnas de FLC y LC abundan en términos evaluativos que caen del lado de lo éticamente inaceptable, como: "disparates", "pedantería", "dislate", "incorrecto", "aberración", "aberrante" "torpeza", "absurdo", "cursi", "feo", "mal", "horroroso", "estupidez", "tonto", "bobo", "idiota", etc.

Esta toma de postura conecta, con toda seguridad, con lo que opina una parte de la sociedad que, en los textos de estos autores, se representa como "los lectores". Particularmente en las columnas de LC estos aparecen como aliados "que vigilan sin quitar ojo los desmanes que se cometen en la lengua de todos" (LC, *ABC,* 04/04/1981). Y se dirigen a él, como vemos en el ejemplo 3, para que "limpie" el idioma:

(3)   Antes de corresponder a la amable curiosidad de los muchos lectores que me escriben, captada su voluntad en el empeño de asear las inmundicias del lenguaje. (LC, *ABC,* 07/02/1981).

La idea de "limpiar" asociada a la lengua remite directamente al lema de la Real Academia —"Limpia, fija y da esplendor"— pero, además, conecta ideológicamente a Calvo con la tradición anglosajona de la "verbal hygiene", que, en el caso del español, podemos asociar a las actitudes misioneístas y puristas que secularmente se han dado en relación con la lengua y de las que este autor es uno de sus representantes. Los ejemplos 4, 5 y 6 abundan en la misma idea:

(4)   Hay que limpiar el idioma, y enderezarlo y enrodrigarlo. (LC, *ABC,* 25/10/1980).

(5)   Todo español o hispanoamericano que se preocupe de la limpieza y belleza de su idioma. (LC, *ABC,* 22/05/1982).

(6)   la acepción española justa y limpia. (LC, *ABC,* 05/03/1983).

Como señala Cameron, muchas veces la función social de la práctica de la higiene verbal es entretener (1995: 216), pero en realidad, el deseo fundamental al que apelan es el deseo de orden (1995: 218), que no es sino una manifestación del miedo al cambio, a la variación, en otras palabras, a salirse de la norma.

3. Las CSL, la norma y el uso

Así pues, numerosos autores han señalado el fuerte componente ideológico y la orientación normativa de este tipo de textos. Pinker (2012: 41-44) señala tres características definitorias de las CSL: a) la referencia a un punto en el tiempo en el que el lenguaje se usaba más correctamente; b) la alusión a alguien como culpable del deterioro del lenguaje, y c) la asociación de ese deterioro con algún tipo de deterioro social.

Por lo que se refiere al primer aspecto (a), efectivamente, el hecho de hablar desde un hoy en el que el lenguaje "aparece expuesto a inminencias siderales", "en trance de desmedro y decaimiento" (LC, *ABC*, 25/10/1980) y en el que "las cosas han cambiado: no se 'sienten' los derechos que las palabras tienen a ser respetadas" (FLC, *El País*, 1983), remite irremediablemente a los columnistas a remontarse a un "antes" en el que esas cosas no pasaban. El tópico de la decadencia de la lengua se repite en boca de los columnistas que perciben el "hoy" como un momento particularmente aciago de la lengua, como vemos en los ejemplos 7, 8 y 9. En el 8, el autor recurre a la metáfora de la enfermedad y en el ejemplo 9, con un irónico guiño hernandiano, contrapone la modernidad —rebuscada y excesiva— con la naturaleza propia del idioma —sencilla y "pura" (así leemos lingüísticamente la castidad del poema del *Rayo que no cesa*)—:

(7)   no tendríamos nosotros que habérnoslas tan duramente con un idioma que va perdiendo cada día un poco de la limpieza y generosidad de su antiguo linaje. (LC, *ABC,* 29/11/1980).

(8)   docenas de bobaditas que navegan por el torrente sanguíneo del idioma, envenenándolo. (FLC, *El dardo en la palabra,* 1981).

(9)   La modernidad exige el circunloquio. Nuestro viejo idioma se nos estaba muriendo de casto y de sencillo, pero han acudido a salvarlo los perifrásticos, que huyen de los atajos como los navíos de las sirtes. (FLC, *El dardo en la palabra,* 1980).

Sin embargo, ninguno de los dos define un punto exacto del pasado al que remitirse, sino un "antes de hoy" que se concreta de distintas maneras. Fernando Lázaro Carreter, por ejemplo, evita remitirse a algún pasado glorioso de la lengua. Para él, el "antes" tiene que ver con un momento en el que existía una mejor formación escolar y que coincide con su propia experiencia, como se puede ver en el uso de la primera persona del plural del ejemplo 10 y la tercera persona incluyente del ejemplo 11:

(10)   Los escolares de antes llamábamos partículas a las palabras invariables de escaso cuerpo fónico ordinariamente. Ese término apenas si tiene hoy vigencia. (FLC, *El dardo en la palabra,* 1980).

(11)   Esto se sabía antes por el hecho de haberse familiarizado con unos cientos de palabras latinas, que hacían más transparente el significado de sus descendientes castellanas. (FLC, *El dardo en la palabra,* 1983).

Luis Calvo, por su parte, incluye referencias a un tiempo del pasado anterior que se extiende a antes de la guerra civil (12), a antes de la República (13) y a antes del siglo xix (14):

(12)   Relevancia es neologismo, y feo, pero admitido por la Academia; neologismo que nos llega, bien acuñado, de Gran Bretaña y Francia («relevancy» y «relévement»), extraño a nuestros escritores de antes de la II República. (LC, *ABC,* 07/09/1982).

(13)   La labor del traductor alemán, Von Fritz Vogelgsang, es, a mi juicio, ejemplar. Se advierte en seguida que conoce al dedillo nuestro idioma, en cuanto refleja éste nobleza y gallardía y en cuanto arrastra giros, voces y «camelos» de las barriadas madrileñas de antes de nuestra guerra civil. (LC, *ABC,* 06/08/1983).

(14)   «a propósito de» por «en orden a» y «tocante a» ...Todas esas expresiones eran desconocidas en la España de antes del siglo xix. (LC, *ABC,* 21/08/1982).

Sea por convicción lingüística o ideológica, Calvo evita referirse a cincuenta años de compleja política española y se remite a espacios neutrales ideológicamente en la medida en que pueden considerarse ya como épocas clásicas de nuestras letras y, por tanto, indiscutibles modelos de corrección normativa. Esta desvinculación y este alejamiento de lo moderno y contemporáneo se observa también en la selección de referentes en los que encuentra la norma ejemplar. Así, por ejemplo, nombra 67 veces a Cervantes, 31 a

Quevedo, 4 a Nebrija, 12 a Santa Teresa, 11 a Benot, 52 a Valle-Inclán, 30 a Unamuno, 11 a Arniches, 9 a Galdós, 5 a Clarín..., pero no hay ningún escritor posterior a la generación del 98. En el ejemplo 15, *El Brocense* delimita lo que considera "el lenguaje de nuestro tiempo" y se sitúa en un presente irreal que no coincide en absoluto con el momento en el que escribe:

(15)   ...los grandes escritores de la Tabla Redonda, tales como Galdós, Valle-Inclán, el sin par Carlos Arniches (a quien usted, señor finolis, tanto aborrece) y otros «caballeros» del lenguaje de nuestro tiempo. (LC, *ABC*, 02/05/1981).

En lo que coinciden Calvo, Lázaro Carreter y Carnicer es en la segunda característica definitoria que enunciaba Pinker (b): señalar quiénes son los culpables del deterioro del lenguaje. En efecto, el objetivo principal tanto de los "dardos" de Lázaro Carreter como de la actividad de *El Brocense* y de Carnicer será el lenguaje empleado por los periodistas y presentadores en los medios de comunicación —televisión, radio, prensa—, el de los políticos, y, en general, el español utilizado por los nuevos personajes públicos que llenan ahora los espacios de entretenimiento, en palabras de Lázaro Carreter, "multitud de políticos, ejecutivos, periodistas, locutores y demás artistas de la labia" (FLC, *El dardo en la palabra*, 1980). Los tres columnistas los atacan sin piedad, los asocian con todos los males del idioma y no escatiman calificativos a la hora de valorar su actuación y su responsabilidad en el deterioro de la lengua. La siguiente serie de ejemplos deja clara constancia de ello:

(16)   disparates en que incurren adunia, en primer lugar, los políticos y los periodistas, y posteriormente la gente proclive a la afectación en el decir y el gestear sean ellos políticos (los más dañinos, porque poseen todos los «media»), sean periodistas y locutores, sean quídam de tablados y cafés. (LC, *ABC*, 20/08/1983).

(17)   Doy de lado a mis apuntes y renuncio a mi trote habitual, que no es otro que el de ir denunciando las expresiones bárbaras empleadas por políticos y periodistas y toda la mandanga redicha de la pedantería burguesa nacional. (LC, *ABC*, 04/09/1982).

(18)   «Alternativa» es anglicismo, ciertamente. Pero anglicismo nacionalizado. Del cual abusan políticos y periodistas. Es contra ese abuso insensato. (LC, *ABC*, 05/02/1983).

(19) y vamos a pellizcar algunos de los despropósitos que a diario expelen los diarios y los políticos. (LC, *ABC,* 19/03/1983).

(20) Ese término apenas si tiene hoy vigencia, pero lo emplearemos aquí para delatar su frenesí en la jerga de los políticos y mass media. (FLC, *El dardo en la palabra,* 1980).

(21) Y ahí lo tenemos en su cénit, áureo y orondo, en boca de políticos, periodistas y demás voces públicas. FLC, *El dardo en la palabra* (1983).

(22) Uno cree que a aquellos políticos y a la legión de sus admiradores les debe parecer audaz, nuevo. (RC, *La Vanguardia,* 4/12/1980).

(23) De modo semejante. desde hace cinco o seis años circula el adverbio concretamente, utilizado al principio, con igual función de relleno por locutores de radio y televisión. (RC, *La Vanguardia,* 30/03/1980).

(24) Y en cuanto a la mala concordancia del adjetivo, oímos por radio o televisión a un importante miembro del partido en el poder, con cargo importantísimo en una asamblea internacional celebrada en Madrid, decir esto (y no fue un lapsus linguae, sino repetida barbaridad). (RC, *La Vanguardia,* 06/10/1982).

No parece casualidad que sea así, pues lo cierto es que tanto la política como los medios de comunicación van a constituir la columna vertebral del proceso de renovación y modernización general que tendrá lugar en estos años en España y que se denomina la Transición. Se trata de un momento "de cambio institucional que supuso el paso de una dictadura a un sistema plenamente democrático" (Folgueira y Bañón, 2009: 54), una etapa de rápidos cambios políticos que repercutirán, de forma directa, en cualquier aspecto de la vida española, sea la educación, la cultura, la literatura, la información, el entretenimiento, la religión o las formas de relación social. El uso de la lengua está ahora, como hacía muchos años, fuera del control institucional y normativo, algo que, unos años antes, en el primero de sus "dardos", en 1975, el propio Lázaro Carreter asumía con plena conciencia y no sin regocijo, como se lee en el ejemplo 25:

(25) Verba volant..., saltan ágilmente de bocas a oídos, cruzan como meteoros
       ante millones de ojos fundando la vida social, portadoras de sentido, esto
       es, de información, afecto, verdad o engaño. Y lo normal es que alcancen su
       objetivo. Incalculable el poder, la eficacia de las palabras.
       Si esto es así, ¿vale la pena fijarse en alguna, en algunas, asaetearlas y aba-
       tirlas de la bandada voladora, para declararlas de mala ley? Los tiempos no
       están para proscripciones, y nuestra comunicación va tan urgida que apenas
       si puede seleccionar los materiales. Por otro lado, ¿es lícito acotar la libertad
       en uno de sus pocos predios anchos? ¿En nombre de qué, recortar aún más
       lo escasísimo?

Sin embargo, la urgencia, y el caos que esta genera —saltan, cruzan como
meteoros—, es posible que acabe convirtiéndose en una percepción de ines-
tabilidad social y vaya calando la idea de que esos cambios no son siempre
para mejorar —y estamos en el último de los rasgos caracterizadores de la
orientación normativa de estos textos que señala Pinker (c): la asociación del
deterioro de la lengua con algún tipo de deterioro social—. En los siguientes
ejemplos puede observarse cómo el uso de determinadas palabras está asocia-
do a la pérdida de las buenas costumbres (26), o bien el mal uso del lenguaje
aparece como un reflejo de una sociedad poco rigurosa y desnortada (27 y 28):

(26) presumir que las chicas que aspiran a **realizarse** acuden al eufemismo para
       desgarrarse de la familia y de las buenas y viejas costumbres del colegio.
       Antes era más sencillo: las chicas y los chicos se iban de picos pardos. (LC,
       ABC, 25/07/1981).

(27) El lenguaje, espejo de la sociedad, refleja la inflación de todo, incluidas la
       ignorancia y la falta de sentido común. (FLC, *El dardo en la palabra*, 1983).

(28) Nuestra sociedad se muestra comprensiva, cuando no complaciente, con
       los disparates en el decir; de lo contrario, no encaramaría a los puestos de
       pública responsabilidad a tanto indocumentado: lo enviaría a hacer palotes,
       y no a la televisión, o al parlamento... o a la cátedra. (FLC, *El dardo en la
       palabra*, 1984).

Ciertamente, la lengua fue uno de los ámbitos que también resultó afecta-
do por este proceso general de cambio que tuvo lugar durante la Transición.
La proclamación de la libertad de expresión, tras el cambio de régimen y el
nuevo modelo de convivencia, trajeron consigo una profunda transformación

en los usos del español, a la que ni los hablantes ni las personas interesadas por el idioma fueron ajenos. En este proceso, los medios de comunicación de masas —prensa, radio y televisión— jugaron un papel importantísimo no solo como transmisores de información —ahora libre de censura—, sino también como vehículos de esa nueva cultura social y política que se iba imponiendo en el país. La prensa escrita vivió una verdadera revolución con la aparición de nuevos diarios —*El País, Diario 16*— y la necesaria reconversión hacia posturas aperturistas y democráticas de los supervivientes de la dictadura, particularmente *La Vanguardia* y *ABC* (Marina, 2012: 2).

Así, en muy poco tiempo se hizo necesario contar con vocabulario para expresar verbalmente la modernidad social y política que se estaba desarrollando, encontrar formas de expresión alejadas de la retórica de la dictadura o renovar los modos de comunicar en periódicos y medios audiovisuales. El listado de nuevas palabras que empiezan a escucharse sin contar ni con el beneplácito de la Real Academia ni con el respaldo de la tradición es muy numeroso y van a concitar el rechazo frontal de los columnistas.

Entre las tres columnas analizadas revisan cerca de 468 palabras. El que más revisiones realiza es Luis Calvo, con 296, que también es el más prolífico (tabla 1); Lázaro Carreter se ocupa de unas 130 y Ramón Carnicer de 42. Cuando decimos "palabras" nos referimos mayoritariamente al léxico propiamente dicho —nombres, adjetivos, verbos, adverbios—, pero también a locuciones adverbiales y preposicionales —"a nivel de", "cara a", "de entrada", "en base a", "en torno a", "por vía de"—; o a muletillas y expresiones —"como muy", "de alguna manera", "en solitario", "entiendo que", "yo diría"—. En cuanto a la naturaleza del nuevo vocabulario, pertenece fundamentalmente a tres ámbitos: la política, los medios de comunicación (escritos, radio y TV) y el referido a la actividad social. A continuación presentamos unos listados que contienen una muestra muy representativa de las palabras objeto de atención por parte de los columnistas. Advertimos de que la separación entre el vocabulario de los ámbitos político y periodístico no puede ser tajante pues, de hecho, los propios autores no lo separan claramente (los medios de comunicación reflejan el habla de los políticos), como también resulta difícil delimitar el vocabulario de la vida social, que a su vez se difunde a través de los medios de comunicación:

Léxico político: carisma, cesar, colapsar, colectivo, compromiso, concertación, coyunturalmente, cumbre, deslegitimizar, dimitir, dossier, expectativas, extrapolar, gobernabilidad, implementar, incentivar, individuo, institucionalizar, interferir, intervinientes, librar batallas, liderar, modelar, participativo, permisividad, posicionamiento, posicionar, primar, problemática, protestar contra, ralentización, ranking, seguimiento, subsidiación, normalizar, reconducir, reinsertar, coaligarse, alcaldable, ministrable, remodelar, ilegalizar, ilegitimar, reanudar, reconvertir, asumir, honesto, motivación.

Léxico de los medios de comunicación: a imitar, a lo largo de, a nivel de, aberración, accesible, agredir, álgidamente, concreta aparejado, ascendencia, asumir, atípico, atravesar, audiencia, cerebro gris, colapsar, comportar, con vocación de, concretamente, conllevar, consistencia, constatar, contactar, contemplar, coyunturalmente, de inmediato, desde la óptica, desde la perspectiva, detentar, dimensionar, discernir, distorsionar, editorializar, elación, enervar, enfatizar, enlentecer, esclerotizar, estar reunido, estar siendo, estar teniendo lugar, evasivo, evidencia, experiencia piloto, extradicionar, extrapolar, fómite, formidable, tremendo, catastrófico, geografía, ignorar, impactar, implementar, incardinación, incentivar, inexpugnable, influir, influenciar, infringir, interferir, intervinientes, interviú, inusual, irreconocible, irrelevante, irrelevancia, judicializar, largamente madurada, llevar aparejado, lúdico, mentalizar, modelar, ningunear, no puedo menos de, nominar, periplo, posicionamiento, posicionar, premonición, prestigiar, prevalentemente, primar, prioritario, prioridad, priorizar, proveer, ralentización, realizar, rectificar, reduccionismo, redundancia, relativizar, reluctancia, seguimiento, ser/estar, consciente, tema, hacer acto de presencia, alarmista, implícito, poner en evidencia, singladura, politólogo, carisma, detentar, escoración, creciente, puntual, finalizar, concluir, dinámica, oscilar, realista, pacífica, maratoniana, sobredimensionar.

Léxico de la vida social: a go-gó, afecta a, agredir, agresivo, alimentario-alimenticio anfitriones, asequible, autoría, boom, boutique, bricolage, cerebro gris, cheli, coctel, despechugadas, efeméride, elite, fair, formal-informal gi-lí, hall, hobby, holding, honorable, imbecilidad-imbécil, interviú, nudismo, panceta, paraguas, permisividad, prestigiar, querido/querida, ranking, realizarse, reciclaje, reposición, revival, show, sicalipsis, sofisticado, suicidarse, taberna, tour, travesti, trust, vale, video, vivencias, top-less, carisma, vergonzante, cariño, querido, romance, dramático, espectacular, ignorar, chequeo, realizarse, pasarse, fabuloso, provocativo, suicidarse.

Analizar con detalle la tipología del léxico y la naturaleza de los argumentos que cada columnista despliega para justificar el rechazo a tal o cual forma sobrepasaría con mucho los objetivos de este trabajo. Por lo que se refiere al léxico referido a la política, señalaremos que solo "aislacionismo", "alternativa", "colectivo", "compromiso", "concertación", "participativo" y "problemática" están incluidos en el trabajo de de Santiago (1992) sobre el léxico político de la Transición. La mayoría son verbos, lo que es lógico teniendo en cuenta que la política es una actividad, muchos de ellos derivados de nominales como "modelar", "primar" o "incentivar". El léxico de los medios es mucho más amplio e incluye, además de también muchos verbos —"agredir", "colapsar", "distorsionar", "implementar", "judicializar", "relativizar"—, adjetivos que definen nuevas actitudes y cubren necesidades expresivas, como "formidable", "evasivo", "realista", "consciente", "atípico" o alarmista". El léxico relativo a la vida social incluye numerosos préstamos crudos, como "boom", "bricolage", "hall", "hobby", "holding", "revival", "tour" y hace referencias a fenómenos y relaciones sociales hasta ahora inéditas o poco comunes, como "travesti", "a go-gó", "despechugadas", "sicalipsis", "top-less" o "sofisticado".

Las CSL reflejan un ambiente de novedad, pero también de inseguridad verbal y de cambio social rápido, y es eso lo que las convierte en una auténtica antena de captación de aquellos usos que, en esos momentos, se encontraban en el limbo de la norma lingüística pero copaban el uso real.

4. Conclusiones

Señala Deborah Cameron que las reglas gramaticales tienen, en la fantasía cultural colectiva, un profundo significado simbólico como metáfora de un orden que se teme perder: "the grammatical rules which govern language and make it orderly become a metaphor for the rules that govern social and moral conduct" (1995: 2). En efecto, como señalábamos al principio de este trabajo, el concepto de norma no se identifica únicamente con la idea de uso "normal" o habitual de la lengua sino que, como se ha señalado reiteradamente, va ligado a alguna forma de prestigio, casi siempre el modelo utilizado por las clases sociales o grupos de poder dominantes (Nicolás, 2006: 33). Es, por tanto, una élite con "acceso" la que tiene la posibilidad de decidir, a veces de manera bastante arbitraria, qué es correcto o incorrecto (Ramos, 2013: 129). Sin embargo, como señala Fajardo (2011: 55), en la práctica no siempre hay unanimidad entre lo que la lengua "debe ser" —según los criterios establecidos por una autoridad para algunos discutible— y lo que la lengua "es" en un ámbito social determinado. Es entonces cuando se produce el conflicto entre dos imaginarios lingüísticos diferentes y donde entra en juego el componente ideológico de la norma.

Esto es lo que, en nuestra opinión y según hemos observado en nuestro trabajo, les ocurre a los columnistas. En un momento especialmente vigoroso y rápido de la historia eligen manejar un concepto de norma anclado en un pasado prestigioso pero totalmente desvinculado del mundo real. Consecuencia de esa toma de postura ideológica es la construcción de un imaginario sobre la lengua independiente de la realidad social, plagado de amenazas catastrofistas, de recriminaciones, de apelaciones al *Diccionario de Autoridades,* de etimologías delirantes. Muestran la existencia de un imagin rio purista y conservador que argumenta contra el cambio en cualquiera de sus manifestaciones. Olvidan la idea de que el discurso solo vive en sociedad, que la norma es social por definición, y por eso se equivoca en sus juicios. Y la prueba más contundente de esa negación de la realidad es que prácticamente la totalidad del léxico que reprueban es, precisamente, el que, pocos años después, va a conformar el español moderno de los medios de comunicación. "La corrección de una época —acierta Gutiérrez Ordóñez (2001: 3) — no hace sino consagrar las incorrecciones de la época precedente". Los columnistas llegan a despreciar hasta los mecanismos de creación léxica de la propia lengua en un afán purista que convierte sus columnas en una caricatura, pero que nos transmiten hoy el pulso de la sociedad también en cuanto al uso de la lengua, una muestra rotunda de que, en ocasiones, la lengua "es" incluso por encima de las reconvenciones del "deber ser". Las CSL ocupan, sí, ese lugar intermedio en el que se dan cita las fuerzas centrípetas —los propios columnistas— y las centrífugas —la sociedad y los medios de comunicación—. Son transmisoras de la norma y reflejo inequívoco del uso de la lengua. El estudio y análisis de otras etapas y otros columnistas acabarán por confirmar o matizar, sin duda, las conclusiones que traemos aquí y contribuirán —como pretende este estudio modestamente— a situar el columnismo lingüístico en el lugar que le corresponde como un amplio conjunto de textos excepcionales para el estudio del cambio en el español moderno.

Bibliografía

AROUX, S. (1998). *Le raison, le langage et les normes*. Paris: PUF.
BARAHONA NOVOA, A. (2007). "Lengua, norma y medios de comunicación", *Filología y lingüística,* XXXIII/2, pp. 127-139.
CAMERON, D. (1995). *Verbal Hygiene*. London: Routledge.
— (2012). "Fantasy Grammar", *Berfrois*. Disponible en: <https://www.berfrois.com/2012/07/deborah-cameron-grammar-alchemy/>.

Castillo Lluch, M. (2001). "Du bon sense et du normal dans le débat linguistique de l'espagne contemporaine, *Pandora: revue dètudes hispaniques*, 1, pp. 195.206.

Coulman, F. (2016). *Guardians of language. Twenty voices through History.* Oxford: Oxford University Press.

Coupland, N. (2014). "Language change, social change, sociolinguistic change: A meta-comentary", *Journal of Sociolinguistics*, 18/2, pp. 277-286.

CROQUE, Base de donées textuales de chroniques québécoises de langage. Disponible en: <http://catfran.flsh.usherbrooke.ca/chroque/corpus_description.php>.

De Santiago Gervós, J. (1992). *El léxico político de la transición española.* Salamanca: Universidad de Salamanca.

Dijk, T. A. van. (1996). "Discourse, power and access", en Caldas-Coulthard, C. R. y Coulthard, M. (eds.), *Text and Practices. Readings in Critical Discourse Analysis.* London/New York: Routledge, pp. 84-104.

Fajardo Aguirre, A. (2011). "La norma lingüística del español desde una perspectiva lexicográfica: norma nacional versus norma panhispánica", *Normas. Revista de estudios lingüísticos hispánicos,* 1, pp. 53-70.

Fishman, J. A. (1998). *Sociología del lenguaje.* Madrid: Cátedra.

Folgueira Bombardero, P. y Bañón Iglesias, J. (2009). "Breve acercamiento a la Transición española", *Tiempo y Sociedad.* 1, pp. 53-61.

García Yebra, V. (1987). "La prensa y el uso del español", en Comisión Permanente de la Asociación de Academias de la lengua española (ed.), *Primera reunión de las Academias de la lengua sobre El lenguaje y los medios de comunicación (octubre de 1985).* Madrid.

Gómez Torrego, L. (2014). "Gramática y norma", en Cesteros Mancera, A. M. (ed.), *Linred* XII. *Monográfico Gramática: Enseñanza e Investigación*, pp. 2-16.

Gómez, P. A. (2001). "Imaginarios sociales y análisis semiótico: una aproximación a la construcción narrativa de la realidad. *Cuadernos FHYCS-UNJu*, 17, pp. 195-209.

Gónzalez Ruiz, R. y Loureda Lamas, Ó. (2005). "Algunos estudios recientes sobre lo metalingüístico en español", *Verba*, 32, pp. 351-359.

Grijelmo, A. (2007). "Intervención en Cartagena ", *Donde dice...*, 8, pp. 1-3.

Gutiérrez Ordóñez, S. (2001). "Perfiles y dimensiones en el concepto de norma (las *otras* normas)", *II Congreso Internacional de la Lengua española.* Disponible en: <https://cvc.cervantes.es/obref/congresos/valladolid/ponencias/unidad_diversidad_del_espanol/1_la_norma_hispanica/gutierrez_s.htm>.

Haensch, G., Wolf, L., Ettinger, S. y Werner, R. (1982). *La lexicografía: de la lingüística teórica a la lexicografía práctica.* Madrid: Gredos.

Houdebine, A. (2002). "L'imaginaire linguistique: un niveau d'analyse et un point de vue théorique", en Houdebine, A. M. (ed.), *L'imaginaire linguistique.* Paris: L'Harmattan, pp. 19-26.

Joseph, J. E. (2006). *Language and Politics.* Edinburgh: Edinburgh University Press.

LARA, L. F. (1976). *El concepto de norma en lingüística*. México: El Colegio de México.

MANCERA RUEDA, A. (2009). *Oralización de la prensa española: la columna periodística*. Bern: Peter Lang.

MARIMÓN LLORCA, C. (2016). "Rhetorical Strategies in Discourses about Language: The Persuasive Resources of Ethos", *Res Rhetorica*, 3/1, pp. 67-89.

— (2019). "El articulismo lingüístico en el primer franquismo (1939-1945). El caso del ABC", en MARIMÓN LLORCA, C. y SANTAMARÍA PÉREZ, M. I., *Ideologías sobre la lengua y medios de comunicación escritos. El caso del español*. Colección Sprache - Identität – Kultur, nº. 14. Berlin: Peter Lang, pp. 75-94.

MARINA CARRANZA, M. (2012). "Prensa española y transición", en IBARRA AGUIRRE-GABIRIA, A. (ed.), *Asociación Histórica Contemporánea. Actas Encuentro Jovenes Investigadores,* 3, pp. 1-18

MARQUES, J. G. (2011). "Normas linguísticas e purismo: algumas observações críticas", *Recorte*, 8, 1, pp. 1-15.

MARTÍN VIVALDI, G. (1986). *Géneros periodísticos: reportaje, crónica, artículo*. Madrid: Paraninfo.

MARTÍN ZORRAQUINO, M. A. (2001). "El neoespañol y los principios que fundamentan la lengua estándar o consagrada", en *Ponencias del II Congreso Internacional de la Lengua Española*. Disponible en: <http://www.congresosdelalengua.es/valladolid/ponenecias/unidad_diversida d_del_espanol_/1_la_norma_hispanica/martin_m.htm.Martín Zorraquino>.

MÉNDEZ GARCÍA DE PAREDES, E. (1999). "La norma idiomática del español: visión histórica", *Philologia Hispalensis* 13, pp. 109-132.

MILROY, J. y MILROY, L. (1997). *Authority in language: investigating language prescription and standardization*. London: Routledge.

NICOLÁS, M. (2006). "La producción social de la norma lingüística: notas para un marco teórico, en: FERRANDO, A. y NICOLÁS, M., *La configuración social de la norma lingüística en la Europa latina*. Alicante: Institut de Filologia Catalana-Universidad de Alicante, pp. 31-51.

PASCUAL RODRÍQUEZ, J. A. y PRIETO DE LOS MOZOS, E. (1998). "Sobre el estándar y la norma", en: KENT, C.y DE LA CALLE, M. D., *Visiones salmantinas (1898/1998)*. Salamanca/Ohio: Universidad de Salamanca/Wesleyan University, pp. 63-95.

PINKER, S. (2012). *El instinto del lenguaje*. Madrid: Alianza.

PRIETO DE LOS MOZOS, E. (2005). "Dimensiones de la norma", en: SANTOS RÍO, L. (ed.), *Palabras, norma, discurso. En Memoria de Fernando Lázaro Carreter*. Salamanca: Universidad de Salamanca, pp. 957-964.

RAMÍREZ GARCÍA, M. R. (1999), "Guardianes de la lengua, lengua de los guardianes", *Guadabullón*, 9, pp. 213-230.

RAMOS, J. (2013). "Norma y variación lingüística: paralelismos y divergencias entre el español y el catalán", *Normas. Revista de Estudios Lingüísticos Hispánicos,* 3, pp. 125-159.

Rey, A. (1972). "Usages, jugements et prescriptions linguistiques", *Langue Française,* 16, pp. 4-28.

Rojas, P. (2000). "La ética del lenguaje. Habermas y Levinas". *Revista de Filosofía,* XIII/23, pp. 35-60.

Saphiro, M. (1989). "A political approach to language purism", en: Jernudd, B. J. y Saphiro, M. (eds.), *The politics of language purism.* Berlin/New York: Mouton de Gruyter, pp. 21–29.

Yaguello, M. (1984). *Les fous du langage.* Paris: Seuil.

ESTRATEGIAS DISCURSIVAS UTILIZADAS POR LOS PERIÓDICOS ESPAÑOLES PARA ATRAER A *LECTORES DIGITALES*

ANA MANCERA RUEDA
Universidad de Sevilla

1. De conducir trenes a llevar el carrito de la bebida de vagón en vagón

De acuerdo con el último informe *Navegantes en la Red*[1], publicado en marzo de 2018 por la Asociación para la Investigación de Medios de Comunicación (AIMC), la actividad que los internautas españoles realizan con mayor frecuencia en línea es la lectura de noticias de actualidad —un 84,6 % de los encuestados—. De hecho, según este estudio, entre las veinticinco páginas web más consultadas se encuentran las ediciones digitales de *El País*, *Marca*, *El Mundo*, *As*, *La Voz de Galicia*, *eldiario.es*, *20 Minutos*, *El Confidencial*, *La Vanguardia* y *ABC*.

Sin embargo, mucho se ha escrito en los últimos años[2] acerca de la crisis que afecta al periodismo. Por ejemplo, según el presidente y consejero delegado de *The New York Times Company*, Mark Thompson, los periodistas "antes conducíamos trenes por vías férreas; ahora llevamos el carrito de venta de bebidas dentro de los vagones"[3]. Es decir, antes los periódicos controlaban la manufactura e incluso la distribución de su producto. En cambio, en la actualidad son cada día más numerosas las empresas periodísticas que cuentan con un futuro incierto debido a sus problemas económicos. Y es que la rentabilidad de los diarios impresos ha ido disminuyendo de manera progresiva.

---

[1] Disponible en: <http://download.aimc.es/aimc/ARtu5f4e/macro2017/#page=1>. Última consulta: 05/03/2019.

[2] Véase, por ejemplo, el monográfico de la revista *Leer* sobre la "Crisis del periodismo, naufragio de la libertad".

[3] Véase la entrevista a Mark Thompson en *El Mundo* (21/11/2017).

Hasta el punto de que, de acuerdo con Thompson, "hoy en día un superperió-
dico que no tuviera nada que ver con lo digital no tendría posibilidad alguna
de éxito" (obra citada). ¿Cómo se han enfrentado los diarios españoles a los
desafíos de la transformación digital? ¿Cómo han evolucionado los géneros
periodísticos? ¿De qué estrategias discursivas se sirven los diarios para atraer
a los internautas? Estas son las cuestiones principales que se plantean en el
presente capítulo.

2. Cuatro fases hacia la innovación digital

Cuatro son, según Fidler (1998) y Cabrera (2000), las etapas que ha atra-
vesado la prensa generalista en España, desde el nacimiento de las primeras
ediciones digitales a principios de los años noventa del siglo pasado[4] hasta la
diferenciación —en mayor o menor medida— entre la edición impresa y la
edición en línea. Así, durante la fase inicial, en internet se volcaban íntegramente los contenidos en papel, de una forma que podríamos calificar como
"facsimilar", es decir, reproduciendo los géneros discursivos periodísticos, tal
y como se habían ido desarrollando desde los albores del siglo xx. Si bien en
España el medio pionero en "dar el salto a la Red" en septiembre de 1994 no
fue un periódico, sino el *Boletín Oficial del Estado* (*BOE*)[5]. Poco después le
seguirían, en 1995, los medios catalanes *Avui*, *El Periódico de Catalunya* y
La Vanguardia. El 20 de septiembre de 1995 surgió también *ABCe*, la página
web del periódico fundado por Torcuato Luca de Tena, que permitía el acceso
diario a cincuenta noticias y veinticinco fotografías[6].

---

[4] En 1993 surgen los primeros diarios digitales en Estados Unidos: *San Jose Mercury News*
y *Palo Alto Weekly*. Hacia 1996 los principales periódicos norteamericanos cuentan ya con
presencia en internet, como *The New York Times*, *The Washington Post* y *Los Angeles Times*.

[5] También le corresponde a esta publicación el "dudoso honor" de ser el primer medio español de pago, ya que era necesario suscribirse para poder consultar sus contenidos de manera
íntegra (Díaz Noci, 2005: 28).

[6] Según Federico Ayala, responsable del archivo de *ABC*, durante su primera semana de
vida se suscribieron nada menos que trescientas personas, "un récord en aquella España que
comenzaba su andadura digital con timidez". Véase "20 años de diseño web en España", en
ABC (28/10/2015).

A la segunda fase en la evolución de los *cibermedios*[7] *se la denomina enriquecimiento* pues, aunque estos siguen basándose en la explotación de las estructuras prototípicas de los géneros periodísticos tradicionales, algunos comienzan a segmentar las informaciones haciendo uso del lenguaje hipertextual e incorporan vídeos.

La tercera etapa en el desarrollo de un medio digital llega con la *renovación* de los formatos preexistentes, que se reconfiguran para aprovechar las posibilidades hipertextuales, interactivas y multimedia que brinda internet. Por ejemplo, el 3 de marzo de 1996 M. Tascón desarrolló el sitio *elecciones.elmundo.es*, que permitía a los internautas seguir en tiempo real el escrutinio de los votos de las elecciones generales. Desde entonces, mucho han evolucionado los reportajes en los que se recoge este tipo de información —que en el periodismo electrónico se denominan también *especiales*— donde el usuario tiene la posibilidad de escoger entre diversas opciones de navegación (figura 1).

Resultados Elecciones Generales 2016 - Congreso

Figura 1. *Especial de "El Mundo" sobre las elecciones generales de 2016*

---

[7] Frente a los sintagmas nominales "periodismo electrónico" y "periodismo digital", denominaciones con las que solía hacerse referencia en la década de 1990 a la actividad desarrollada por los primeros medios presentes en internet, en la actualidad parecen preferirse los términos "ciberperiodismo" o "cibermedio" (Salaverría, 2005).

Por último, la fase de *innovación* representa el estadio más elevado en el desarrollo de un medio digital, pues en este tienen cabida nuevos géneros periodísticos en los que la interactividad, la ruptura de la linealidad secuencial propiciada por el hipertexto o el lenguaje multimedia "son consustanciales a estos géneros innovadores, y no simples añadiduras" (Salaverría y Cores, 2005: 149). Por ejemplo: los *encuentros digitales* que permiten a los lectores interactuar con un personaje público (ejemplo 1); las *bitácoras* en las que un experto escribe periódicamente para divulgar contenidos sobre un tema determinado (ejemplo 2), o las *crónicas en directo*, textos de breve extensión —de un párrafo o incluso un par de líneas—, organizados cronológicamente, en los que se comenta de forma sucinta lo que acontece en un corto lapso de tiempo, prácticamente de manera simultánea al momento en el que se produce[8] (véase la sección "La Bolsa al minuto", del diario *Expansión,* en la figura 2):

(1)   Encuentros digitales. Las entrevistas las haces tú en *20minutos.es*. Disponibles en: <https://www.20minutos.es/entrevistas/>. Última consulta: 06/03/2019.

(2)   *Un país de blogs*. Disponibles en: <https://elpais.com/elpais/blogs.html>. Última consulta: 06/03/2019.

3. Cambios en la *situación específica de comunicación* de los géneros periodísticos y estrategias para capturar la atención del lector, minuto a minuto

Como han puesto de manifiesto Maingueneau y Cossuta (1995), todo intercambio lingüístico puede definirse inicialmente en función de una *situación global de comunicación* (SGC). Esta permite caracterizarlo como un ámbito de práctica social con una determinada finalidad, en el que los locutores y alocutarios conforman instancias enunciativas. Según Charaudeau (2012: 31), en el discurso periodístico, la SGC "presenta una instancia de *información*, una instancia de *público* (ella constituye también su propia instancia de mediación) y tiene una finalidad discursiva de *hacer saber* a propósito de acontecimientos del mundo".

---

[8] En Mancera (2011) puede leerse un estudio más detallado del que puedo realizar aquí de los rasgos discursivos de estos nuevos géneros periodísticos.

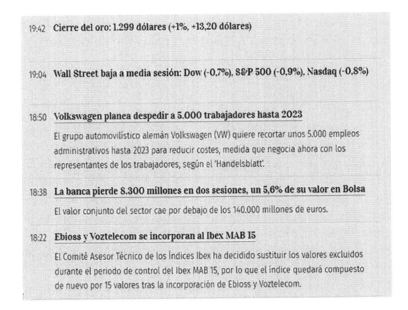

Figura 2. *Sección "La Bolsa al minuto", en la edición digital de Expansión*

Por otra parte, es preciso tener en cuenta también la *situación específica de comunicación* (SEC), determinada por las condiciones físicas concretas del intercambio y en la que los interlocutores poseen una identidad social y unos roles bien definidos. Como explica Charaudeau (2012: 34), "lo más sensible al cambio se sitúa en el nivel de la SEC". Así, la digitalización de la prensa ha traído consigo una modificación muy relevante de la SEC de los géneros periodísticos tradicionales, lo que ha conllevado un cambio en sus estrategias de verbalización.

Por ejemplo, frente a la edición en papel, en la que se recogen los acontecimientos del día previo, en la SEC de las informaciones contenidas en la edición digital ha pasado a cobrar una enorme relevancia la actualidad noticiosa más reciente. Esto es especialmente ostensible en los periódicos deportivos, en los que los contenidos publicados en la versión impresa apenas guardan vinculación con los que a lo largo del día van apareciendo en la página web, que se renueva minuto a minuto con informaciones sobre los distintos eventos deportivos que van teniendo lugar. A modo de muestra, pueden compararse los contenidos con los que el diario *Marca* apareció en los quioscos el miércoles 6 de marzo de 2019, dedicados fundamentalmente a la eliminatoria de la Copa de

Europa que había sufrido el Real Madrid la noche antes[9], y los que figuraban en la edición de ese mismo día a las 21:41, donde tan solo una encuesta[10] y un breve vídeo[11] hacían alusión a dicha derrota. El resto de las crónicas informaban sobre otros partidos que se habían ido celebrando durante la jornada.

Asimismo, en el periodismo digital puede distinguirse entre las noticias que constituyen un *aviso urgente*, compuestas meramente por un titular en posición destacada que ocupa la parte superior de la portada, de aquellas concebidas como un *avance*, en las que el titular aparece acompañado por un breve párrafo, o una *ampliación*. Por ejemplo, véase en las figuras 3 y 4 la diferencia entre un aviso que daba cuenta de un crimen, nada más conocerse (figura 3) y el desarrollo, redactado unas horas después, en el que se aportaban datos acerca de la edad del agresor y la de la víctima, el lugar en el que se encontraba su vivienda, el arma del crimen, etc. (figura 4).

Además, al día siguiente se publicó una ampliación de la noticia en la que se la identificaba en el antetítulo con el sintagma nominal "crimen de Ciudad Lineal", y en el título se escogía el artículo definido para hacer referencia a "el anciano asesino", presentando la información como ya conocida (figura 5).

La inmediatez comunicativa que propicia internet constituye un reclamo para atraer a aquellos lectores que desean estar al tanto, minuto a minuto, de la actualidad noticiosa. Por ejemplo, mediante la sección "Destacamos a última hora, con la que *La Razón* te recomienda estas cinco historias para estar informado a esta hora"[12]. Una sección similar puede encontrarse en todos los *cibermedios*. Incluso algunos periódicos digitales, como *El Español*, ofrecen a sus suscriptores una aplicación que puede instalarse en el móvil para recibir de manera automática las últimas noticias.

---

[9] Con titulares como "Aquí yace un equipo que hizo historia. Humillante final de un ciclo irrepetible" (p. 1), "El Ajax aplasta al campeón" (p. 2), "El peor final posible" (p. 4), "Es una temporada de mierda" (p. 5), "Los peores 7 días de la historia del Bernabéu" (p. 6), "Y mientras, Ramos grabando su documental en su palco tuneado" (p. 8), "¿Qué hacemos con Solari?" (p. 9), "Bale, un palo, lesión… y pitos del Bernabéu" (p. 10), etc.

[10] "Macroencuesta de la crisis: culpables, ventas, fichajes y próximo entrenador". *Marca* (06/03/2019). Disponible en: <https://www.marca.com/futbol/real-madrid/2019/03/06/5c7effe4468aebd44e8b4577.html>. Última consulta: 09/03/2019.

[11] "Así vivió Sergio Ramos la derrota ante el Ajax mientras grababa su documental". *Marca* (06/03/2019). Disponible en: <http://videos.marca.com/v/0_n1loibg8-asi-vivio-sergio-ramos-la-derrota-ante-el-ajax-mientras-grababa-su-documental?uetv_pl=futbol&count=0>. Última consulta: 09/03/2019.

[12] *La Razón*, 09/03/2019. Disponible en: <https://www.larazon.es/>. Última consulta: 09/03/2019.

Figura 3. *Aviso urgente publicado en 20 Minutos (08/03/2019). Disponible en: <https://www.20minutos.es/minuteca/huelga-feminista-8-de-marzo/>. Última consulta: 08/03/2019*

Un hombre mata a su mujer y luego se suicida en su casa en Madrid

EFE 08.03.2019

- Se trata de dos octogenarios que residían en el distrito madrileño de San Blas-Canillejas.

Viviendas de Ciudad Lineal donde se ha producido el crimen machista. EP

Un **hombre de unos 80 años** ha matado presuntamente a **su mujer**, de la misma edad, en una vivienda del distrito madrileño de San Blas-Canillejas, según las primeras pesquisas de la Policía Nacional, que trabaja con la hipótesis de que sea un caso de violencia machista. El ataque se habría producido con una **escopeta de caza**.

Fuentes de la Jefatura Superior de Policía han informado de que el suceso ha ocurrido sobre las 13:40 horas, cuando una vecina de la calle Hermanos García Noblejas de Madrid ha alertado de unos **disparos** en la casa de unos vecinos.

Los bomberos han abierto la puerta y han hallado **los cadáveres de los dos octogenarios**. La Policía trabaja con la hipótesis de que el hombre ha matado a la mujer y luego se ha suicidado.

Cuando los agentes han llegado a esta vivienda la puerta estaba cerrada, con la **llave echada**, por lo que los bomberos del Ayuntamiento han tenido que abrirla a la fuerza.

Figura 4. *Desarrollo de la noticia publicada unas horas antes en 20 Minutos (08/03/2019). Disponible en: <https://www.20minutos.es/noticia/3582956/0/hombre-mata-mujer-suicida-casa-madrid-violencia-machista/>. Última consulta: 08/03/2019*

CRIMEN DE CIUDAD LINEAL

El anciano asesino era cazador y no tenía denuncias por violencia machista

Aitor S. Moya | 4 💬

Figura 5. *Ampliación de una noticia. ABC (09/03/2019).*
Disponible en: <https://www.abc.es/espana/madrid/abci-octogenario-asesino-ciudad-lineal-no-tenia-denuncias-violencia-machista-201903090051_noticia.html>.
Última consulta: 09/03/2019

Esta "ruptura de la periodicidad" (Díaz Noci, 2002: 93) que, tradicional-mente, ha caracterizado a la SEC de las noticias, conlleva una datación ex-haustiva, pues muchos diarios especifican no solo la fecha, sino también la hora exacta de la publicación, así como la última modificación de los conte-nidos (figura 6).

MADRID, 08/03/2019 12:52 · Actualizado: 08/03/2019 12:52

Figura 6. *Datación de una noticia. Público (08/03/2019). Disponible en: <https:// www.publico.es/economia/huelga-8-marzo-ceoe-dice-empresarios-son-feministas-respecto-rae.html>. Última consulta: 08/03/2019*

Sin embargo, la inmediatez puede tener consecuencias negativas en la ca-lidad de los contenidos noticiosos, al publicarse informaciones redactadas con faltas de ortografía o que no han sido debidamente contrastadas. Según el de-fensor del lector de *El País*, tanto en la edición digital como en la impresa deben subsanarse las equivocaciones y, además, es necesario publicar una fe de erro-res[13]. Y es que, como decía John Carroll, un antiguo director de *Los Angeles Times*, los errores periodísticos son como la polución industrial, ya que come-terlos resulta inevitable. Sin embargo, el buen periódico se limpia a sí mismo.

Además, tal ruptura de la periodicidad afecta a otros géneros periodísticos. Por ejemplo, a la crónica, que puede actualizarse minuto a minuto para que su autor vaya transmitiendo sus impresiones de manera instantánea (figura 7).

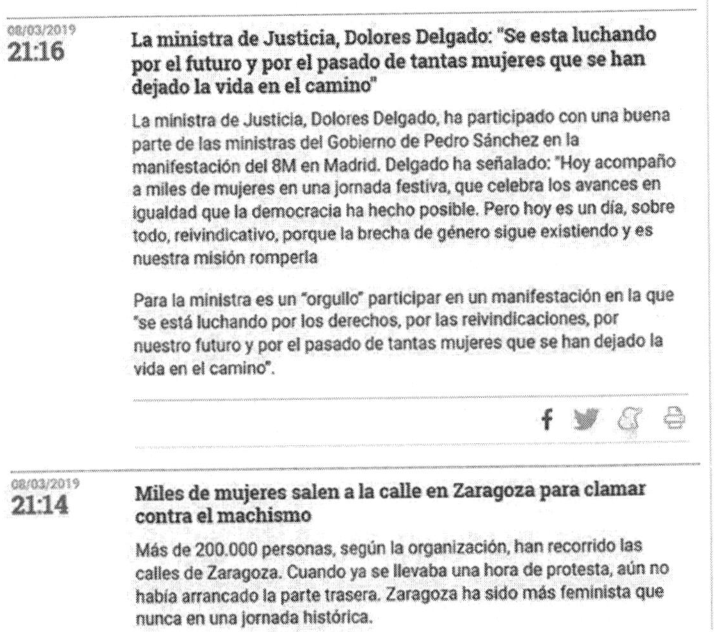

08/03/2019
21:16

La ministra de Justicia, Dolores Delgado: "Se esta luchando por el futuro y por el pasado de tantas mujeres que se han dejado la vida en el camino"

La ministra de Justicia, Dolores Delgado, ha participado con una buena parte de las ministras del Gobierno de Pedro Sánchez en la manifestación del 8M en Madrid. Delgado ha señalado: "Hoy acompaño a miles de mujeres en una jornada festiva, que celebra los avances en igualdad que la democracia ha hecho posible. Pero hoy es un día, sobre todo, reivindicativo, porque la brecha de género sigue existiendo y es nuestra misión romperla

Para la ministra es un "orgullo" participar en un manifestación en la que "se está luchando por los derechos, por las reivindicaciones, por nuestro futuro y por el pasado de tantas mujeres que se han dejado la vida en el camino".

08/03/2019
21:14

Miles de mujeres salen a la calle en Zaragoza para clamar contra el machismo

Más de 200.000 personas, según la organización, han recorrido las calles de Zaragoza. Cuando ya se llevaba una hora de protesta, aún no había arrancado la parte trasera. Zaragoza ha sido más feminista que nunca en una jornada histórica.

Figura 7. *"8M: la huelga feminista, en directo", en eldiario.es (08/03/2019). Disponible en: <https://www.eldiario.es/sociedad/MINUTO-huelga-feminista-directo_13_875742418.html>. Última consulta: 09/03/2019*

---

[13] "En este sentido, muchas veces, no basta, por ejemplo en la edición digital, con sub-sanar [el error], debe advertirse en una nota a pie de página del cambio realizado. De no ha-cerse, se produce confusión entre los lectores, como reflejan los comentarios, ya que quie-nes han observado el error reciben la respuesta de otros lectores que han leído el texto una vez éste ha sido corregido y no comprenden la causa del reproche", Defensor del lector, "Fe de errores". *El País* (10/11/2013). Disponible en: < https://elpais.com/elpais/2013/11/08/opi-nion/1383940231_744533.html>. Última consulta: 08/03/2019.

Pero también al reportaje, cuyos contenidos suelen estar disponibles para el lector, que tiene la posibilidad de consultarlos cuando desee, incluso varios días después de la fecha de publicación. Por tanto, podría decirse metafóricamente que el papel en el que se imprima la prensa digital de hoy puede utilizarse hasta para envolver pescado congelado.

Por otra parte, las condiciones de la SEC de la noticia periodística se han visto modificadas por el lenguaje hipertextual característico de la comunicación en internet, que permite al lector ir trazando su propio recorrido de navegación[14]. Así, es posible incluir en los párrafos de la noticia hipervínculos que remiten directamente a las fuentes de información o a contenidos relacionados. Por ejemplo, en el texto de la figura 8 se hace referencia a una serie de comentarios antisemitas que el internauta puede leer accediendo al hiperenlace destacado en azul, ya que remite a una noticia elaborada casi un mes antes por los redactores del mismo diario.

La unión sagrada de los representantes de las tres religiones del libro, todas las instituciones del Estado y todos los partidos políticos, con la excepcional de la **extrema derecha**, llevaron a cabo silenciosas manifestaciones de protesta y rechazo del antisemitismo, el mismo día que ochenta tumbas judías fueron profanadas con cruces gamadas nazis, en Quatzenheim (Bajo Rin), en Alsacia, culminando una inquietante escalada de odio racial.

NOTICIAS RELACIONADAS

Profanadas con signos nazis 80 tumbas judías cerca de Estrasburgo

Los combatientes del DAESH se niegan a rendirse

El Holocausto tensa las relaciones entre Polonia e Israel

Figura 8. *"La pelea interna por antisemitismo descoloca a la oposición en EE.UU.", en ABC (06/03/2019). Disponible en: <https://www.abc.es/internacional/ abci-pelea-interna-antisemitismo-descoloca-oposicion-eeuu-201903060146_noticia. html>. Última consulta: 09/03/2019*

---

[14] "El hipertexto también es un factor muy notable por el cambio estético que ha producido en los textos. Los lectores han aprendido que las palabras subrayadas, o escritas en otro color, generalmente anuncian una ampliación del concepto reseñado, una alternativa de lectura que se desarrolla en otro lugar al que se accede desde el atajo que proporcionan los enlaces [...]. Todavía no hay un canon que muestre cuáles son las mejores prácticas para conseguir buenos hipertextos, incluso sigue la discusión sobre si no es demasiado distractora la presencia de subrayados o colores en medio de un párrafo, y algunos editores practican el alejamiento de los enlaces en relación a las palabras o frases de las que deberían partir, por ejemplo, como si fueran las viejas notas al pie" (Tascón, 2012: 37-38).

El contenido literal del cuerpo de esta noticia publicada el mismo día en la edición en papel es casi idéntico salvo, claro está, por el destacado en azul del sintagma que contiene el hiperenlace. Además, véase cómo en un lugar relevante de la página web —junto al primer párrafo de la información— se presentan también otras noticias publicadas por el propio medio de comunicación y que guardan relación con el tema. Y es que la multiplicación de la oferta informativa propiciada por internet ha provocado una segmentación de la audiencia, lo que lleva a los cibermedios a poner en práctica estrategias como esta, para que el internauta no abandone la navegación por sus páginas. También mediante secciones como "Lo más leído en *ABC*" o "Lo más visto en *El País*", que se sitúan en una posición bien visible en la portada del medio digital. En ocasiones, estas contienen lo que parece ser una cita de discurso referido sin atribución explícita, a cuyo hipervínculo accederá el lector que se sienta intrigado por conocer quién es el autor de tales afirmaciones, por ejemplo, el enunciado asertivo "yo también soy 'feminazi'" (figura 9)[15].

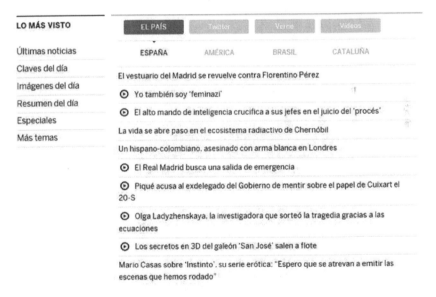

Figura 9. *Captura de pantalla de la sección "Lo más visto", publicada en la edición digital de El País el 08/03/2019*

―――――
15 Disponible en: <https://elpais.com/elpais/2019/03/07/la_voz_de_inaki/1551944273_842 266.html>. Última consulta: 09/03/2019.

No obstante, este no constituye un recurso excesivamente frecuente, quizás porque "sacrifica" la autonomía del titular periodístico, dejando en un segundo plano el objetivo informativo característico del discurso mediático, que instaura una relación de *hacer saber* (Charaudeau, 2012: 31) en aras de un fin dramatizante de captación. Un propósito similar parece perseguirse con el enunciado en discurso directo recogido en la portada de *El* Mundo (figura 10); como el autor de tales palabras no es fácilmente identificable por la foto de perfil que acompaña al titular, es necesario acceder al hipervínculo para averiguar que fueron pronunciadas por el rapero conocido con el sobrenombre de C. Tangana[16].

Figura 10. *Captura de pantalla de un fragmento de la portada de la edición digital del diario El Mundo (20/02/019)*

A veces, entre el titular y la fotografía que lo acompaña se produce una relación de contigüidad o ampliación. Adviértase la referencia exofórica *ad oculos* (Bühler, 1934 [1979]) del ejemplo de la figura 11[17], o cómo el texto descriptivo que se publica junto a la imagen de la figura 12 resulta ser tan

---

[16] Véase la entrevista publicada en *El Mundo* en el siguiente enlace: <http://lab.elmundo.es/lideres-futuro/c-tangana.html>. Última consulta: 09/03/2019.

[17] "28.000 voluntarios para evitar imágenes como esta". *El País* (05/03/2019). Disponible en: <https://elpais.com/sociedad/2019/03/05/actualidad/1551805033_347802.html>. Última consulta: 09/03/2019.

críptico que el internauta que se sienta intrigado por conocer los motivos por los que la congresista estadounidense ha provocado el conflicto al que se alude debe pinchar en el hiperenlace para acceder a la noticia completa[18].

28.000 voluntarios para evitar imágenes como esta

MARIANO AHIJADO

Figura 11. *Captura de pantalla de un fragmento de la portada de la edición digital de El País (05/03/2019)*

La congresista musulmana que ha desatado una tormenta en Washington

Figura 12. *Captura de pantalla de un fragmento de la portada de la edición digital de El País (06/03/2019)*

---

[18] "La congresista musulmana que ha desatado una tormenta en Washington". *El País* (06/03/2019). Disponible en: < https://elpais.com/internacional/2019/03/06/estados_unidos/1551 908158_730111.html>. Última consulta: 09/03/2019.

A veces, el titular adopta la modalidad interrogativa, emulando a las adivinanzas (figura 13)[19].

¿Quién es la mujer más rica del mundo?

Figura 13. *Captura de pantalla de un fragmento de la portada de la edición digital de Libertad Digital (08/03/2019)*

Son también muy numerosos los ejemplos en los que se hace uso del adverbio modal "así", que contrae una relación de deixis textual con el cuerpo de la noticia, al que se accede mediante el hipervínculo (ejemplos 3 y 4).

(3)   "*Así* se ocultaron 506.408 pacientes andaluces de las listas de espera del SAS". *El Mundo* (05/03/2019). Disponible en: <https://www.elmundo.es/andalucia/2019/03/05/5c7e609221efa01d0b8b45dc.html>. Última consulta: 09/03/2019.

(4)   "*Así* te va a influir la nueva ley del alquiler que hoy ha entrado en vigor y otras cuatro noticias económicas". *ABC* (06/03/2019). Disponible en: <https://www.abc.es/economia/abci-influir-nueva-ley-alquiler-entrado-vigor-y-otras-cuatro-noticias-economicas-201903061512_noticia.html#vca=mod-lo-mas-p2&vmc=leido&vso=economia&vli=noticia.foto.economia&vtm_loMas=si>. Última consulta: 09/03/2019.

---

[19] "Françoise Bettencourt-Meyers, la mujer más rica del mundo". *Libertad Digital* (08-03-2019). Disponible en: <https://www.libremercado.com/2019-03-08/francoise-bettencourt-meyers-la-mujer-mas-rica-del-mundo-1276634430/>. Última consulta: 09/03/2019.

Y un propósito similar parece perseguirse con el empleo recurrente de los pronombres demostrativos en los titulares de los ejemplos 5-8.

(5)   "*Esta* es la generación de chicas que salvará el planeta". *El Español* (08/03/2019). Disponible en: <https://www.elespanol.com/ciencia/ecologia/20190308/greta-espanoles-estrella-maria-lideran-generacion-salvara/379962732_0.html>. Última consulta: 09/03/2019.

(6)   "*Éstos* son los ejercicios físicos que aumentan el riesgo de sufrir impotencia". *El Español* (06/03/2019). Disponible en: <https://www.elespanol.com/ciencia/salud/20190306/ejercicios-fisicos-aumentan-riesgosufrir impotencia/381212349_0.html>. Última consulta: 09/03/2019.

(7)   "*Estas* son las cinco cosas que deberías saber sobre las proteínas". *El Español* (06/03/2019). Disponible en: <https://www.elespanol.com/ciencia/nutricion/20190306/cosas-deberias-saber-proteinas/377213309_0.html>. Última consulta: 09/03/2019.

(8)   "'Capitana Marvel': *esto* es todo lo que debes saber". *La Vanguardia* (08/03/2019). Disponible en:<https://www.lavanguardia.com/especial/cine/20190308/stamp-capitana marvel/index.html>. Última consulta: 09/03/2019.

Adviértase asimismo cómo en los ejemplos 7 y 8 se apela al lector haciendo uso de un verbo modal, con el que se pone el foco en la necesidad de que conozca la información que se le ofrece. En general, el uso de la deixis de segunda persona del singular es un recurso cada vez más frecuente en las ediciones digitales para tratar de que el internauta se interese por unos contenidos que se presentan como susceptibles de afectarle de manera directa (ejemplo 9).

(9)   "Biomedicina. El común pigmento cerebral que *puede condicionar que sufras* Parkinson". *El Mundo* (07/03/2019). Disponible en: < https://www.elmundo.es/ciencia-y-salud/salud/2019/03/07/5c80fa5ffc6c83d7608b45eb.html>. Última consulta: 09/03/2019.

En ocasiones, incluso se hace uso del imperativo para formular *actos directivos en beneficio del oyente* (Albelda *et al.*, 2014: 36), como consejos nutricionales, con los que el periódico adopta una función prescriptora que, por ejemplo, podría ser considerada como un valor añadido para los potenciales suscriptores de *El Español* (ejemplo 10).

(10)   "¿Cómo elegir el tomate más saludable del 'súper'? Fíjate en el color de su piel". *El Español* (06/03/2019). Disponible en: <https://www.elespanol.com/ciencia/nutricion/20190306/elegir-tomate-saludable-super-fijate-color-piel/380962224_0.html>. Última consulta: 09/03/2019.

Según T. van Dijk (1983), la macroestructura de la noticia la conforman tanto el titular como el primer párrafo. En los medios digitales, el titular contiene una serie de palabras clave cuya elección resulta fundamental, ya que determinan su recuperación por parte de los buscadores en internet. Como explica Tascón (2012: 39-40):

> Google es uno de los representantes actuales de esas máquinas que determinan cuáles son los sitios a los que dirigir a un ciudadano cuando busca algo en la red, y el paradigma de esa nueva audiencia, conformada por algoritmos que intentan clasificar y entender de qué va una página web.

De ahí que puedan advertirse algunas diferencias entre el titular de una misma noticia publicada en la edición digital y en la impresa. Por ejemplo, en la edición en papel no es necesario especificar quiénes son los referentes a los que se alude en el titular del ejemplo 11, algo que sí se requiere en su versión digital, para que la noticia pueda ser correctamente indexada en los motores de búsqueda (ejemplo 12).

(11)   "Cuando el enemigo está en casa". *Marca* (06/03/2019), p. 30.

(12)   "Márquez-Lorenzo: cuando el enemigo está en casa". *Marca* (06/03/2019). Disponible en: <https://www.marca.com/motor/motogp/gp-qatar/2019/03/06/5c7ec0a7e5fdeaca3e8b467c.html>. Última consulta: 10/03/2019.

Y en la información de los ejemplos 13 y 14 se incluye el adjetivo "socialista" en el titular del cibermedio, presumiblemente no para recordar a los lectores de la edición andaluza de *La Razón* el partido político que ha gobernado esta comunidad autónoma durante treinta y seis años, sino para que sea recogido por los buscadores y favorecer el posicionamiento web (SEO) de este periódico.

(13)   "El anterior Gobierno 'ocultaba' a medio millón de pacientes en las listas de espera". *La Razón* (06/03/2019), p. 1 de la edición de Andalucía.

(14)   "El anterior Gobierno *socialista* 'ocultaba' a medio millón de pacientes en las listas de espera". *La Razón* (06/03/2019). Disponible en: <https://www.larazon.es/local/andalucia>. Última consulta: 10/03/2019.

Recientemente, en la edición digital del diario *El Mundo* se ha optado, incluso, por destacar en color azul tales palabras clave, tanto en la portada donde se recogen todas las noticias (figura 214) como en el antetítulo de la noticia en cuestión, aunque en ocasiones no existe coincidencia en cuanto a los elementos destacados (figura 15).

Real Madrid. Objetivo: convencer a Zidane

JAIME RODRÍGUEZ | Madrid

Figura 14. *Captura de pantalla de la portada de la edición digital de El Mundo (06/03/2019)*

FÚTBOL · Crisis en el Real Madrid

Misión: convencer a Zidane para junio

La falta de alternativas de urgencia evitan el despido del sentenciado Solari. La opción favorita para la directiva, que regrese el francés la próxima temporada.

Zidane, durante un partido de su última temporada en el Madrid. REUTERS

Figura 15. *"Misión: convencer a Zidane para junio". El Mundo (06/03/2019). Disponible en: <https://www.elmundo.es/deportes/futbol/2019/03/06/5c80315cfdddf f82248b45f0.html>. Última consulta: 10-03-2019*

En internet, "el usuario fragmenta el texto y elige lo que más le gusta, [...] se escanea la página y la vista se detiene solo en los comienzos de línea de texto o en los ladillos que llaman la atención" (Fundéu, 2012: 51). Tales cambios en los hábitos de lectura han condicionado la redacción de las noticias para los cibermedios y también el diseño, para darlas a conocer de la manera más atractiva posible.

Además, otra estrategia discursiva utilizada de manera recurrente para tratar de captar la atención de los internautas en la portada de la edición digital es el "párrafo de enganche" que acompaña al titular —de apenas dos o tres líneas—, y al que en la redacción periodística suele denominarse con el anglicismo *teaser*. Véase cómo en el reportaje de la figura 16 este se compone de unas palabras extraídas de un conocido cómic.

CÓMIC

Astérix, un sexagenario en plena forma

☺ 0 | Tomás Pardo.

«Estamos en el año 50 antes de Jesucristo. Toda la Galia está ocupada por los romanos... ¿Toda?...

Figura 16. *Captura de pantalla de la portada de la edición digital de La Razón (06/03/2019)*

Otra estrategia para atraer al lector radica en la *coloquialización* del discurso periodístico. Por ejemplo, mediante términos "más marcados sociolectal o metafóricamente" (Briz, 1998: 98), como los destacados en los ejemplos 15-17, y "metáforas de cada día" (Sanmartín, 2000: 125), que desde el punto de vista argumentativo actúan como intensificadores de la valoración del periodista (ejemplos 18-20).

(15)   "La *rajada* de Piqué: 'Menos mal que el Madrid no tiene más secciones...'". *El Mundo*, extracto de la portada del 20/02/2019.

(16)   "Sale a la luz el *dineral* que factura Juan y Medio a Canal Sur". *Mundo Deportivo* (08/03/2019). Disponible en: <https://www.mundodeportivo. com/elotromundo/television/20190308/46913271796/juan-y-medio-dineral-canal-sur-productora.html>. Última consulta: 10/03/2019.

(17)   "Mariah Carey se marca un *fiestón* en un vagón de metro en su nuevo vídeo 'A No No'". *20 Minutos* (08/03/2019). Disponible en: <https://www.20minutos.es/noticia/3582910/0/mariah-carey-fiesta-vagon-metro-a-no-no/>. Última consulta: 10/03/2019.

(18) "Un mosso y un guardia civil se *salen del guión* en el juicio". *eldiario.es* (07/03/2019). Disponible en: <https://www.eldiario.es/politica/juicio-proces_0_875263244.html>. Última consulta: 10/03/2019.

(19) "Susana Díaz se atrinchera en el PSOE de Sevilla". *El Mundo* (06/03/2019). Disponible en: <https://www.elmundo.es/andalucia/2019/03/06/5c7f8911f-dddffe6208b457e.html>. Última consulta: 10/03/2019.

(20) "Carvajal y Lucas Vázquez también *se rompen* y no estarán en Valladolid". *El País* (07/03/2019). Disponible en: <https://elpais.com/deportes/2019/03/07/actualidad/1551966968_217909.html>. Última consulta: 10/03/2019.

Llama también la atención el enunciado de discurso referido presente en la nominalización[20] del titular del ejemplo 21, cuya fuente es fácilmente evocable por cualquier lector.

(21) "El 'aterriza como puedas' de los ministros en las listas". *La Razón* (06/03/2019). Disponible en: <https://www.larazon.es/espana/el-aterriza-como-puedas-de-los-ministros-en-las-listas-CB22236730>. Última consulta: 10/03/2019.

Tal *coloquialización* se refleja además en el ámbito morfosintáctico mediante elipsis, enunciados suspendidos, *marcadores interactivos* (Cortés y Camacho, 2005) y una cierta asimetría entre sintaxis y semántica (Narbona, 1989), que confiere gran importancia al componente pragmático, esencial para poder interpretar unos titulares que en muchos casos remiten al conocimiento compartido entre el periodista y los destinatarios de sus textos. Una cuestión analizada en Mancera (2014), pero que las limitaciones de espacio me impiden abordar con profundidad aquí. Como muestra, véanse los ejemplos 22 y 23.

---

[20] La tendencia nominalizadora de los titulares periodísticos ha sido ya puesta de manifiesto por numerosos autores. Véase, por ejemplo, Steel (1971: 13), para quien "el grupo nominal adquiere [en este tipo de textos] una relevancia y una extensión mayor que en otros estilos de lengua", y Casado (1978: 103), capaz de advertir cómo "con gran frecuencia en los titulares se presenta de forma nominalizadora el hecho que se expresa con un verbo en el cuerpo de la noticia".

(22) "Para empezar, alguien que sepa de esto". *Marca* (06/03/2019). Disponible en: <https://www.marca.com/futbol/realmadrid/2019/03/06/5c7fc-87122601d6f7a8b461b.html>. Última consulta: 10/03/2019.

(23) "25 niñas que fueron felices en el Bernabéu y no eran holandesas". *El País* (06/03/2019). Disponible en: <https://elpais.com/deportes/2019/03/06/conectando_con_la_grada/1551892984_ 866519.html>. Última consulta: 10/03/2019.

Por último, otro cambio fundamental en el SEC de los textos periodísticos tiene que ver con una evolución en el rol de las propias instancias de comunicación. Por una parte, la *instancia de enunciación* ha abandonado el distanciamiento que tradicionalmente venía adoptando, en nombre de una pretendida objetividad informativa, para intentar atraer la atención de los lectores mediante un discurso altamente modalizado. Esto, que hasta el surgimiento de los cibermedios se limitaba a los géneros de opinión, se ha trasvasado a las crónicas, los reportajes, e incluso a las noticias, cuyo carácter argumentativo se pone claramente de manifiesto ya desde el propio titular (ejemplos 24 y 25).

(24) "'Guerra sucia'. Exteriores puso a funcionarios a trabajar al servicio del PSOE". *El Mundo* (05/03/2019). Disponible en: <https://www.elmundo.es/espana/2019/03/05/5c7d9e79fc6c8312388b4741.html>. Última consulta: 11/03/2019.

(25) "El patinazo histórico de Vox: Abascal presume de liderar la Reconquista con un casco de otra época". *El Español* (07/03/2019). Disponible en: <https://www.elespanol.com/cultura/20190307/patinazo-historico-vox-abascal-presume-liderar-reconquista/381462690_0.html>. Última consulta: 11/03/2019.

Además, cada día más periodistas exhiben una pretendida relación de camaradería con los lectores, a los que confían sus sentimientos o detalles de su vida privada, por ejemplo, a través de las redes sociales (ejemplo 26) o en los blogs publicados en la edición digital (ejemplo 27).

(26) "Siento mucho la muerte de José Pedro Pérez Llorca, padre de la Constitución. El Zorro Plateado encarnaba como pocos el espíritu liberal, culto y tolerante de la UCD. Lo mejor de la transición se nos va escapando entre los dedos". Perfil en Twitter de Pedro J. Ramírez, director de *El Español* (@pedroj_ramirez), 06/03/2019.

(27)   "Ayer cayó en mis manos una cinta de esas antiguas de cuando uno era
       pequeño y recuerdo la primera vez que me vi en video. Lo escribí hace mu-
       cho, pero lo rescato parcialmente. Fue una experiencia extrañísima porque
       no fui consciente de muchas cosas. Lo más gracioso es que al enseñar el
       video me dijeron, se te veía muy feliz. Y mi respuesta fue: 'Porque no era
       consciente de lo que me pasaba'. [...]", Mariano Cuesta, "Verse". *eldiario.
       es* (31/12/2018). Disponible en: <https://www.eldiario.es/autores/mariano_
       cuesta/>. Última consulta: 11/03/2019.

Por otra parte, se ha producido asimismo un cambio en la *instancia de
recepción*, ya que muchos lectores se han transformado en *prosumidores*. Este
acrónimo resulta de la fusión de los anglicismos *producer* —productor— y
consumer —consumidor—. Ya en 1972 McLuhan y Nevitt anticipaban dicho
concepto, al aventurar que la tecnología electrónica lograría que el usuario de
los medios de comunicación pudiera asumir simultáneamente tanto su función
tradicional como la del productor de contenidos. Tradicionalmente, el lector
de prensa solo podía "hacer oír" su voz por medio de una carta al director —y
no siempre, pues no todas las cartas eran seleccionadas para su publicación—.
En cambio, una de las estrategias de los cibermedios para tratar de "capturar"
lectores fieles es la de animar a los internautas a participar en la configuración
del propio diario manifestando su opinión en encuestas, comentando cada noticia, contactando con los redactores por medio de un correo electrónico o a
través de las redes sociales, elaborando un blog, entrevistando a personajes de
actualidad, etc. Desde la sección "¿Y tú qué piensas?", *El País* ofrece incluso
la posibilidad de publicar una tribuna de opinión. De esta forma los lectores
aportan un valor añadido al diario, al tiempo que se consigue involucrarlos en
su redacción, así como "atraerlos" a la página web de manera reiterada y con
diferentes propósitos. Por ejemplo, movidos por la curiosidad por contemplar
cómo el periódico ha publicado sus palabras; para conocer las opiniones que
estas suscitan en el resto de los internautas y debatir con ellos, y hasta para
reenviárselas con orgullo a sus familiares y amigos.

4. Conclusión

En 1980, Toffler vaticinaba que el advenimiento de los *prosumidores* acabaría con la era de los "medios masificadores". Quizás esta última afirmación pueda resultar hoy un tanto exagerada pues, si bien es cierto que el desarrollo de la Web 2.0 ha permitido que un internauta pueda ser capaz de acceder "a la condición de *prosumidor*" (Islas, 2008: 20), esto no ha hecho desaparecer los medios tradicionales. No obstante, es verdad que, según ha puesto de manifiesto Salaverría (2019)[21], "mucha gente ha pasado de usar Twitter solo para informarse a usar solo Twitter para informarse. Y así nos va". Como advierte este investigador, "en la era de las redes sociales, todo ciudadano puede publicar, por supuesto, informaciones cuando desee, y algunas de esas informaciones alcanzan regularmente un gran impacto público. Pero eso no los convierte en periodistas" (Salaverría, 2018)[22].

Recientemente, la Real Academia Española ha modificado la definición de *periodismo* que se recoge en su *Diccionario de la lengua española,* y este término ha pasado a designar una "actividad profesional que consiste en la obtención, tratamiento, interpretación y difusión de informaciones a través de cualquier medio escrito, oral, visual o gráfico"[23]. Esto implica, en primer lugar, que el periodismo se concibe como una profesión. Por tanto, periodista no es cualquiera que escribe en un tuit o en su blog, por mucho que lo haga sobre una cuestión de actualidad. En segundo lugar, la nueva definición contiene una referencia expresa a la actividad de informar, pero omite toda alusión a la creación de opinión, con lo que dejan de calificarse como periodísticas "todas aquellas expresiones de simple opinión sin respaldo de la información" (Salaverría, 2018) y se pone "el foco del periodismo en lo esencial —la actividad informativa—" (ob. cit.). Y, en tercer lugar, se identifica como periodístico a "cualquier medio escrito, oral, visual o gráfico", con lo que implícitamente se reconoce como tales a los cibermedios. Como se ha tratado de poner de manifiesto a lo largo de las páginas precedentes, estos han puesto en práctica distintas estrategias discursivas aprovechando las ventajas del lenguaje hipertextual

---

[21] Tuit publicado en @rsalaverria el 07/03/2019. Disponible en: < https://twitter.com/rsalaverria/status/1103676221429288962>. Última consulta: 11/03/2019.

[22] "La RAE renueva las definiciones de periodismo y periodista". *Salaverria.es Ideas sobre periodismo* (22/12/2018). Disponible en: <http://www.salaverria.es/blog/2018/12/22/la-rae-renueva-las-definiciones-de-periodismo-y-periodista/>. Última consulta: 11/03/2019.

[23] Disponible en: <https://dle.rae.es/?id=SdXSbMM>. Última consulta: 11/03/2019.

y multimedia, así como la interactividad que caracteriza a la SEC en la que se producen los intercambios comunicativos en el ámbito digital. Estrategias con las que podría decirse, metafóricamente, que se está tratando de "pescar" lectores gracias a la Red.

Bibliografía

ALBELDA, M. *et al.* (2014). "Ficha metodológica para el análisis pragmático de la atenuación en corpus discursivos del español (ES.POR.ATENUACIÓN)". *Oralia,* 17, pp. 7-62.

BRIZ, A. (1998). *El español coloquial en la conversación. Esbozo de pragmagramática.* Barcelona: Ariel.

BÜHLER, K. (1934 [1979]). *Teoría del lenguaje.* Madrid: Alianza.

CABRERA, M. A. (2000). *La prensa online. Los periódicos en la WWW.* Barcelona: Editorial CIMS.

CASADO, M. (1978). "La transformación nominal, un rasgo de estilo de la lengua periodística", *Cuadernos de Investigación Filológica,* 4, pp. 101-112.

CHARAUDEAU, P. (2012). "Los géneros: una perspectiva socio-comunicativa", en: SHIRO, M., CHARAUDEAU, P. y GRANATO, L. (eds.), *Los géneros discursivos desde múltiples perspectivas: teorías y análisis.* Madrid/Frankfurt: Iberoamericana/Vervuert, pp. 19-44.

CORTÉS, L. y CAMACHO, M. M. (2005). *Unidades de segmentación y marcadores del discurso: elementos esenciales en el procesamiento discursivo oral.* Madrid: Arco/Libros.

DÍAZ NOCI, J. (2002). *La escritura digital. Hipertexto y construcción del discurso informativo en el periodismo electrónico.* San Sebastián: Universidad del País Vasco Servicio Editorial.

— (2005). "Historia de los cibermedios en España", en: SALAVERRÍA ALIAGA, R. (ed.), *Cibermedios. El impacto de Internet en los medios de comunicación en España.* Sevilla: Comunicación Social, pp. 21-38.

FIDLER, R. F. (1998). *Mediamorfosis. Comprender los nuevos medios.* Buenos Aires: Granica.

FUNDÉU BBVA. (2012). "Consejos para elegir palabras", en: TASCÓN, M. (dir.), *Escribir en internet. Guía para los nuevos medios y las redes sociales.* Barcelona: Galaxia Gutenberg, pp. 51-52.

ISLAS, J. O. (2008). "El *prosumidor.* El actor comunicativo de la sociedad de la ubicuidad", *Palabra Clave,* 11 (1), pp. 29-39.

MAINGUENEAU, D. y COSSUTA, F. (1995). "L'analyse des discoun constituants", *Langages,* 117, pp. 112-125.

MANCERA, A. (2011). *¿Cómo se habla en los cibermedios? El español coloquial en el periodismo digital*. Bern: Peter Lang.

— (2014). "Rasgos de carácter coloquial en los titulares de las noticias periodísticas en Internet", *Pragmalingüística*, 22, pp. 78-97.

MCLUHAN, M. y NEVITT, B. (1972). *Take Today: The Executive As Dropout*. New York: Harcourt Brace Jovanovich.

NARBONA, A. (1989). *Sintaxis española: nuevos y viejos enfoques*. Barcelona: Ariel.

REAL ACADEMIA ESPAÑOLA. (2018). *Diccionario de la lengua española*. Disponible en: <https://dle.rae.es/> (11-03-2019).

SALAVERRÍA, R. (ed.). (2005). *Cibermedios. El impacto de Internet en los medios de comunicación en España*. Sevilla: Comunicación Social.

SALAVERRÍA, R. y CORES, R. (2005). "Géneros periodísticos en los *cibermedios* hispanos", en: SALAVERRÍA ALIAGA, R. (ed.), *Cibermedios. El impacto de Internet en los medios de comunicación en España*. Sevilla: Comunicación Social, pp. 145-185.

SANMARTÍN, J. (2000). "La creación léxica (I). Neologismos semánticos: las metáforas de cada día", en: BRIZ GÓMEZ, A. y Grupo Val.Es.Co. (eds.), *¿Cómo se comenta un texto coloquial?*. Barcelona: Ariel, pp. 125-142.

STEEL, B. (1971). "Los estilos funcionales y la enseñanza del idioma", *Español actual,* 18, pp. 9-18.

TASCÓN, M. (2012). "Uso cotidiano", en: TASCÓN, M. (dir.), *Escribir en internet. Guía para los nuevos medios y las redes sociales*. Fundación del Español Urgente. Barcelona: Galaxia Gutenberg, pp. 33-40.

TOFFLER, A. (1980). *La tercera ola*. Barcelona: Plaza & Janés.

VAN DIJK, T. A. (1983). *La ciencia del texto*. Barcelona: Paidós.

EL ESPAÑOL ATADO A LA COLUMNA Y LA LENGUA EN LOS MEDIOS: REFLEXIONES DE AUTORA

LOLA PONS RODRÍGUEZ
Universidad de Sevilla

Igual que la sátira política está unida al humor gráfico, la noticia deportiva vinculada a la crónica y la opinión de parte ligada al editorial, la comunicación científica en medios sobre la lengua española parece estar atada a la columna de prensa. Estas líneas que escribo se deben a la invitación de la editora de esta obra, que ha considerado que puede ser de interés que, como autora de columnas periodísticas sobre asuntos lingüísticos, declare mi perspectiva y modos de trabajo al escribir piezas textuales sobre el idioma destinadas a su publicación en medios de comunicación. Mi objetivo, pues, en las líneas que siguen es hacer un bosquejo de los modos y razones que tengo en cuenta al escribir divulgativamente en prensa y exponer los fundamentos que sustentan mi escritura divulgativa, tanto los de tipo puramente científico como los que se dirigen a cuestiones de estilo y actitud.

Haré en estas páginas algunas consideraciones sobre cuál es mi posición en torno a la comunicación pública sobre la lengua española y las lenguas, para, a continuación, en un ejercicio que es reflexivo pero que huirá en lo posible de ser autocomplaciente, revisar las cuestiones básicas que vertebran mi trabajo como autora de textos en prensa sobre lingüística: recapitularé cuál ha sido mi recorrido profesional en ese ámbito, qué aspectos considero al escribir (elección del tema, elección del título, materiales adicionales que acompañan a los textos) y qué posición mantengo ante las vías de divulgación disponibles para el investigador actual y el papel que aún le queda por cumplir en los medios a la divulgación científica sobre el español y las lenguas de España.

1. Las reflexiones que aquí se suceden tienen como centro el trabajo de divulgación científica en redes sociales y en prensa española que he desarro-llado desde 2009 hasta la actualidad. Mi creación de contenidos de lengua española en las redes comenzó a través de un blog llamado *Nosolodeyod*, creado en noviembre de 2009 y aún vivo en la actualidad (con 330 entradas y 650 000 visitas hasta el momento), cuyos contenidos recuperé y amplié para convertirlos en el libro *Una lengua muy larga* (2016, Arpa Editores), ampliado en su cuarta edición para llamarse *Una lengua muy muy larga* (2017, Arpa Editores). De esa experiencia surgió mi participación como colaboradora de RTVE en el programa *La aventura del saber* durante la temporada 2016-2017 y mi incorporación a *El País* como colaboradora externa en junio de 2017.

Considero relevante mencionar este recorrido puesto que para mí, formada en la escritura de trabajos científicos de estilo académico, la entrada en la divulgación a través de un blog supuso toda una escuela de escritura divulgativa. Creé esta herramienta pensando primariamente en el alumnado de las asignaturas de lingüística diacrónica que imparto en la Universidad de Sevilla (según las épocas, estas han sido "Historia de la lengua española", "Etimología y lexicología históricas", "Análisis filológico de textos"...) y en poner a su disposición materiales, lecturas y reflexiones que tocaban tangencialmente al contenido de clase pero que podían ser pertinentes o de interés para completar el conocimiento de la materia. Pero a los nueve meses de crearlo, el blog *Nosolodeyod* había crecido muchísimo en visitas, tráfico y comentarios, de modo que se convirtió en una plataforma que terminó saliendo de mi ámbito docente y posicionándose como una página consultada y suscrita por muchos lectores que no eran filólogos. Ello me llevó a profesionalizar su diseño, a la compra de un dominio propio, al establecimiento de una periodicidad fija en las publicaciones y, en lo que se refiere a la propia práctica de escritura, me fue entrenando en algunos de los rasgos que considero constitutivos de la divulgación científica: el estilo breve, la concisión en la explicación técnica, la atención hacia el tema principal sin atender a ramificaciones necesarias en otra clase de escritura, la toma de referentes de la realidad más cercana para hacer accesibles los datos y teorías, el ocasional recurso al humor y el empleo de recursos externos (vínculos, imágenes, gráficos, participación en encuestas...) para afianzar la conexión con el lector. Si bien hoy existen iniciativas específicas de formación que entrenan a científicos para que exploten la ladera divulgativa que les permite su ciencia, y se ha vivido en el último bienio una clara valoración institucional y académica del desarrollo de tareas divulgativas, el inicio de mi carrera en este ámbito se desarrolló de forma autodidacta y con cierta indiferencia en mi entorno académico inmediato; por ello, fueron las bitácoras y ciberpáginas de compañeros que hacían divulgación en disciplinas como las matemáticas, el medioambiente o la historia las que me sirvieron de inspiración para mi propio cultivo y desarrollo como divulgadora. De hecho, se dio la paradoja de que, mientras que en la escritura científica se consolidaban en España en el segundo decenio del siglo XXI criterios de calidad científica cuantificables de forma externa, como los parámetros de impacto y la indexación en bases de datos de revistas y editoriales científicas, fui desarrollando, por vocación y sin presión externa alguna, mi propia actividad como creadora de contenidos divulgativos sobre lengua española guiada por los comentarios y el volumen de visitas de los lectores a mi blog. También fue a partir de tal blog cuando tempranamente entré en redes sociales para desarrollar idénticas tareas de divulgación: mis contenidos en Twitter, Instagram y YouTube, hoy activos con mayor o menor índice de visibilidad, derivaron primariamente del blog aunque ahora sean independientes de él.

Escribo estas líneas cuando han pasado diez años desde la apertura de mi blog *Nosolodeyod* y los blogs parecen acercarse ya a su fin, por cuanto estos ni se leen ni se comentan ni se actualizan tanto como antes, pero probablemente sin esa herramienta no habría entrenado mi escritura divulgativa ni habría descubierto todas las posibilidades que la comunicación científica sobre la lengua española y, particularmente, sobre la historia del idioma, me podría proporcionar.

Desde 2009 a 2015 mi tarea como divulgadora se limitó a la escritura en mis propias plataformas y redes; en 2016, esa trayectoria cambió con la publicación del libro *Una lengua muy larga*, que recopilaba y ampliaba historias de ese blog. Esta obra me permitió comprobar que, pese a la inevitable bondad y extensión de la comunicación científica en redes, existían cauces y entornos difícilmente transitables con el único pasaporte de lo digital y claramente franqueables con un libro en papel. De hecho, la distribución nacional y europea (en menor medida, americana) que tuvo *Una lengua muy larga* fue clave para dar a conocer mis textos de divulgación sobre historia del español nacidos en el blog y, paradójicamente, fue también la causa de que el blog comenzase a adelgazarse en nuevos contenidos, ya que fui contratada primero por RTVE y luego por el periódico español *El País* para que generase contenidos para sus canales, lo que hizo derivar mi escritura divulgativa a esos otros medios y mantener la publicación semanal del blog para recomendaciones de lecturas, anuncios de conferencias y hechos de agenda académica.

Comencé colaborando con *El País* en el verano de 2017 con dos tipos de texto: los incluidos en el suplemento digital *Verne* y las tribunas publicadas en la sección "Opinión". A fecha de escritura de estas páginas he escrito para este periódico medio centenar de piezas en *Verne* y una decena de tribunas de opinión. La diferencia de número entre un grupo y otro de textos se explica por el hecho de que mi participación como colaboradora en *Verne* tiene un compromiso quincenal o mensual (según las épocas en que la docencia e investigación universitarias hacen más compleja la compatibilización de tareas), en tanto que mi colaboración en la sección "Opinión" es libre y se desarrolla a demanda propia o por invitación del equipo editorial. Debo señalar que una sección y otra exigen muy distintos tipos de texto. En lo que se refiere a las tribunas, se trata de textos argumentativos, de setecientas a novecientas palabras, que muestran la opinión de la firmante y que, como se expone en la propia sección "Opinión"[1], no reflejan, como sí el editorial, la opinión del diario. En cuanto a *Verne,* se trata de un suplemento de actualización diaria (con unas tres piezas nuevas por día) dirigido a un público conocedor de la Red y las redes y lector de la actualidad informativa. Sus artículos, de unas mil palabras como máximo, versan sobre temas muy variados: polémicas o temas que copan las redes sociales o que son trascendentes en el mundo de la televisión, pero que no tienen el recorrido o la trascendencia social como para ser incluidos en esas secciones, piezas sobre hechos curiosos relacionados tangencialmente con cuestiones de actualidad, especiales temáticos ... En *Verne* no existe, por definición, la publicación en papel, mientras que las tribunas, en cambio, pueden publicarse o no en papel, según la concurrencia con otras piezas lo permita[2].

Junto con este diario, hace seis meses comencé a colaborar con la revista de lengua *Archiletras*, publicación trimestral que aparece en papel y en digital, y en la que he publicado dos piezas hasta el momento.

2. Expondré en lo que sigue los parámetros que como autora he seguido, adoptado o negociado al hacer divulgación científica de cuestiones de lengua. Me referiré al estilo, los temas elegidos, los recursos de redacción y el diálogo con los lectores.

---

[1] Así, el propio periódico separa dos formatos: "tribuna larga (1 100 palabras) o corta (740)" y aclara: "Cada día publicamos una larga y una corta en papel y en la web, en función de nuestra programación y la urgencia de las cuestiones tratadas, una tercera e incluso una cuarta" (extraído de: https://elpais.com/elpais/2016/05/31/opinion/1464711243_017451.html).

[2] En mi caso, en mis primeros seis meses como autora de tribunas estas salieron solo en digital y desde octubre de 2018 han aparecido en digital y en papel.

2.1. La divulgación científica sobre lengua española, con relevantes precedentes en el siglo XX (filólogos como Julio Casares o Fernando Lázaro Carreter, escritores como Unamuno, periodistas como Álex Grijelmo) ha tenido en la prensa una presencia mayoritariamente normativa, con gran acogida por parte del público de los textos y columnas periódicas consagrados a señalar anglicismos, a avisar de errores de concordancia y a advertir sobre las modas que se detectaban en el habla de políticos, deportistas o gente común. En ese sentido, mi primer escollo o reto fue la búsqueda de un estilo propio de divulgación que no fuera primariamente normativo y que alentara a considerar la variación lingüística (diacrónica y geográfica, sobre todo, ya que son las que más he considerado por mi propio recorrido como investigadora) como un elemento connatural a las lenguas y sustancial a todo idioma vivo. Si bien no rehúyo de entrada la necesaria información normativa que es propia de todo proceso de escolarización, inherente al desarrollo de la lectoescritura y al entrenamiento en los rudimentos de la comunicación oral y escrita, la observación de la información normativa obliga a repensar su posición de protagonismo en la lingüística de los medios: en los medios se ha atendido de forma privilegiada a cuestiones de variación normativa muy específicas y muy concretas (normalmente de naturaleza léxica) en las que ha sido el gusto de los hablantes, aquilatado más por el paso del tiempo que por la propia norma prescriptiva, el que ha dado la capacidad suficiente para que uno de los elementos en variación desaparezca o se asiente hasta introducirse en la norma consuetudinaria del idioma. Por ello, y pese a la innegable demanda social y periodística de lingüística normativa, mi primer y constante desafío ha sido hallar un estilo propio de lingüística periodística donde la información normativa se incluyese si fuera necesario, pero sin que este fuera el horizonte principal de la escritura ni su motivación primaria.

He utilizado con precaución el sintagma "lingüística periodística" a sabiendas de la novedad que supone este término, que solo se ha empleado esporádicamente en la tradición española para aludir al tipo de lengua usada en los medios, independientemente de los temas que esta abordase. Entiendo que habrá que distinguir un *periodismo lingüístico*, en el sentido de comunicación en forma de noticia de hechos de actualidad que tienen que ver con el idioma (acciones de las academias de la lengua, descubrimientos de lenguas nuevas o en desaparición, fotografías de la situación de las lenguas en nuestro entorno, publicaciones y congresos sobre lengua) y una *lingüística periodística* que apuntará, en mi propuesta, a la escritura científica sobre lengua con soporte en medios de comunicación de masas. Obviamente, ha existido una notable tradición de *lingüística periodística* en nuestro país, centrada, como se ha dicho antes, en la norma prescriptiva y vehiculada típicamente a partir del género de la columna. De hecho, *columna sobre la lengua* ha sido el nombre acuñado específicamente para aludir a esta clase de textos que aparecen regularmente bajo una misma firma y con contenidos divulgativos sobre el lenguaje y que pueden ser entendidos como una muestra de discurso valorativo que incluye valoraciones, concepciones y visiones privilegiadas o institucionales sobre el idioma. De hecho, a menudo en la propia definición de qué es una columna sobre lengua se insiste en que tienen carácter normativizador, una restricción de tema con la que estoy en desacuerdo y que constriñe innecesariamente el enfoque que adoptamos al escribir quienes practicamos el género. Por ello, el momento actual nos obliga a redefinir o a ampliar notablemente la idea de que la escritura sobre el español en los medios esté forzosamente *atada a la columna*, por cuanto, en primer lugar, no solo se divulga sobre el español a través de este género (pensemos en los varios canales de YouTube de notable éxito que se ocupan de lenguas más allá de su didáctica) y, en segundo lugar, incluso en las propias publicaciones en medios la columna no es el único tipo de pieza donde veremos información de autor sobre lengua. Particularmente, como autora, siento que mis piezas de *El País* no se ajustan con exactitud, ni en estilo ni en extensión, a lo esperado y definido como *columnas sobre la lengua* en la bibliografía reciente.

El rechazo a la adopción del sesgo normativo como única perspectiva válida se ha basado en mi caso en la aprehensión de que la lengua necesita también ser explicada como disciplina científica y que en los medios se incluyen informaciones de uso y de exposición sobre otros hechos de ciencia, sin que las primeras restrinjan la presencia de las segundas. Con todo, en mi caso, eso ha supuesto no partir de un modelo previo al que adscribirme, y esto me ha llevado a la búsqueda de mi propio estilo de escritura divulgativa. Aun con la práctica del blog, al entrar en la prensa mi estilo de escritura tuvo que hacerse aún más accesible y comprensible para todos los públicos, ya que en un medio nacional leído ampliamente en América y destinado a un público no avezado en lingüística el horizonte de lectores es muy diverso.

Para ello, tomé dos decisiones que se han ido consolidando con la práctica de la escritura. La primera y fundamental es no convertir el texto en una clase puesta por escrito; en mi opinión, ya existen páginas de enciclopedias en línea que explican los fenómenos lingüísticos del español o de las lenguas del mundo. Para no convertir la tribuna en un texto de difusión enciclopédica o en un texto académico resumido, una clave de utilidad está en partir de la noticia de actualidad informativa para leerla en clave lingüística; esto es: ir de la realidad sociopolítica hacia el idioma. Esta decisión de índole temática y de consecuencias estructurales ha de ser coherente con otra decisión de carácter interno y de consecuencias estilísticas: no huir del tecnicismo lingüístico, pero no hacerlo primario ni clave en la exposición[3]. Ambas decisiones se vinculan con lo que yo misma entiendo que ha de ser la divulgación: aunque existe cierta unanimidad en torno a la concepción de que el científico puede hacerse divulgador traduciendo los contenidos especializados a un lenguaje común, mi consideración es que el divulgador no debe ser un mero traductor. Entiendo que es necesario gestionar y reenfocar el contenido de entrada si no se quiere caer en el enciclopedismo. Esto es, no se trata de contar agradablemente y con léxico fácil lo que uno sabe, sino de responder a una realidad cambiante con los argumentos que nos da nuestro conocimiento científico, de ver con sesgo lingüístico los hechos no lingüísticos que nos rodean.

Más allá de estas dos peticiones de principio que asumí, hay otros elementos, más subjetivos (y, por el contrario, escasamente científicos) que tienen que ver con mi estilo de escritura. Supongo que buscando lo que la escritura científica convencional y académica no puede ni debe incluir, cuestiones como el humor o la poesía se repiten como constantes en mi forma de escribir. Por un lado, me gusta citar versos para ilustrar fenómenos o simbolizar determinadas relaciones entre la lengua y la sociedad; poetas como Lope de Vega, Pablo García Baena, Alejandra Pizarnik o Raquel Lanseros aparecen citados en mis textos. Por otro lado, se esconden constantemente guiños a mi entorno más cercano: desde una obvia tendencia a hacer alusión a lo andaluz cuando el tema da la oportunidad para ello, hasta algunas evocaciones no casuales que hay en la elección de determinados nombres de personas y lugares que solo algunos círculos íntimos entenderán. Igual que, por sus temas, mis piezas suponen en general un diálogo con la realidad informativa, para mí como autora estas están ancladas en mi propia realidad y mi historia, dialogan con ella y se nutren de mis propios estímulos como lectora.

---

[3] Normalmente, si es necesario que este léxico especializado figure lo hará entre paréntesis, tras una explicación y debidamente modalizado por el adverbio *técnicamente*.

2.2. Los temas que escojo para mis textos son muy variados. En ellos nunca he pretendido crear contenido científico nuevo, ya que este preexiste a la comunicación (primero se da la ciencia y luego la comunicación de la ciencia) y sí, como indiqué anteriormente, vincular la lengua con los hechos de nuestra realidad social y política. Cierto es que siempre hay temas de fondo, atemporales y otros que surgen para dar respuesta a una cuestión de actualidad: los primeros dan lugar a textos que se sostienen mejor en el tiempo, los segundos pagan con su temporalidad el hecho de atrapar más rápidamente la atención del lector.

Hay textos de lingüística periodística que he redactado porque ha habido una noticia de *periodismo lingüístico*, esto es, se ha dado una noticia política que ya tiene algo de lingüística en sí misma, y de ella ha surgido un texto de fondo que profundiza, opina o sitúa esa noticia en la perspectiva y los datos de la ciencia. Pienso, por ejemplo, en el debate en torno a *iros* que se dio en el verano de 2017 cuando se anunció la decisión académica de admitir, junto con *idos,* al generalizado imperativo *iros* en la norma del español. Era necesario señalar en las corrientes de opinión que suscitó el asunto el hecho de que la mayor parte de los hispanohablantes no estaban afectados por la oposición *idos/iros*, por cuanto una buena parte de la comunidad hispánica no utiliza *vosotros* sino *ustedes* como forma de alocución a la segunda persona del plural[4]. Más periféricas en lo que se refiere a lo lingüístico y más inclinadas hacia lo social estuvieron otras dos noticias con sesgo lingüístico que me permitieron escribir en clave científica sobre ellas. Ambas tienen relación con la variación meridional del español y su prestigio. Por una parte, el protagonismo que adquirió el acento andaluz de los candidatos en la campaña electoral de las elecciones al Parlamento andaluz de diciembre de 2018 y la clara opción que todos los candidatos mostraron por abrazar su acento y no camuflarlo o matizarlo como en ocasiones anteriores me dio a pie a hablar de cómo puede usarse en beneficio electoral propio algo tan identitario como el acento. Por otra parte, me ocupé de cómo se relacionan prestigio lingüístico y prestigio socioeconómico a partir de la noticia de la burla que un cargo institucional había hecho de la forma de pronunciar de una política andaluza. Ambos textos, en forma de tribuna de opinión, incidieron en la parte lingüística de sendas noticias, que podían ser explicadas (y de hecho lo fueron en otros textos) en

---

[4] "El *iros* solo importa a una parte de España", publicado el 21 de julio de 2017.

clave política o partidista[5]. Las elecciones volvieron a ser el punto de partida en la tribuna de opinión que publiqué cuyo centro era la historia de la palabra *escaño*[6]. Otro ejemplo de que un hecho de lengua en una noticia no lingüística puede explotarse científicamente se dio en el bronco debate parlamentario vivido en el Congreso de los Diputados el 21 de noviembre de 2018, que terminó con una apelación al orden por parte de la presidenta del congreso, Ana Pastor, en la que la política se lamentaba de que el carácter levantisco de los parlamentarios la abocaba a ella a ser calificada como *institutriz*, insulto que ella decía considerar machista. Una exploración por textos antiguos del español me permitió corroborar esa idea y apuntalarla con referencias literarias de distinta índole[7].

En otros casos, la noticia no es en absoluto lingüística, pero se convierte en adecuada excusa para hacer un excurso sobre lengua. Me refiero, por ejemplo, a la polémica que despertó la adquisición de una casa por la pareja de políticos Pablo Iglesias e Irene Montero. Esa vivienda, que en todos los medios se llamó *chalé*, dio lugar a que la citada pareja propiciara la celebración de un referéndum en su partido para validarse como líderes. Mi texto[8] partía de esa palabra para explicar la alternativa que el español vivió con el consonantismo final de *chalet/chalé*. Igualmente, la salida a Bélgica del político catalán Carles Puigdemont me permitió hablar de la relación entre los territorios flamencos y la lengua española[9], y la papeleta del referéndum catalán del 1 de octubre de 2017 fue la clave para explicar en la prensa qué es el aranés, dónde se habla y cuál es su familia lingüística[10].

Con todo, la política y los hechos de política me han resultado mucho menos sugerentes que otras cuestiones de actualidad: desde la ciencia o la sociedad a la banalidad del mundo del espectáculo. En estos ámbitos, la inspiración es constante y se adecua con pertinencia, por ejemplo, al tipo de noticia que gusta a los lectores de *Verne*. Entre los hechos de ciencia, el

---

[5] Se trata de las tribunas "Con acento andaluz" (30 de noviembre de 2018) y "El cónsul y los vendimiadores" (2 de agosto de 2017).

[6] "A lo que obliga el escaño", publicado el 13 abril de 2019.

[7] "De Menéndez Pelayo a Mary Poppins; la historia machista de la palabra institutriz", publicado el 21 de noviembre de 2018.

[8] "De *chalet* a *chalé*: así votaron los hablantes en contra de la 't' final", publicado el 28 de mayo de 2018.

[9] "Todo lo que nos dejó Bélgica (en la lengua)", publicado el 17 de noviembre de 2017.

[10] "¿Òc o non? La tercera lengua de la papeleta del referéndum de Cataluña", publicado el 8 de septiembre de 2017.

descubrimiento por parte de un equipo de científicos andaluces de una nueva forma geométrica en el tejido del epitelio llamada *escutoide*[11] me permitió explicar cómo se inventa una palabra en español. Entre los hechos sociales, me he referido al léxico de las migraciones[12] coincidiendo con la polémica por la política migratoria estadounidense y he hablado de la evolución de la ortografía del español a propósito de un aparente error ortográfico en el gigantesco anuncio de un ayuntamiento andaluz[13]. Muy rentable ha sido mi acercamiento a frases que se han hecho populares a través de música popular. De hecho, mi primera pieza para *Verne* versó sobre la canción del verano de 2017 (*Despasito*) y me permitió hablar del seseo[14], y mi primer texto para *Archiletras* trató sobre el adverbio *malamente* a partir de la conocida canción de Rosalía[15]; otros casos similares han sido el análisis de la *s* paragógica de la segunda persona singular de los pretéritos (*dijistes*) a partir de su aparición en una canción pop[16].

Por otro lado, han sido muy fructíferos, y sin duda ayudan a prever publicaciones, todos aquellos hechos del calendario español que permiten ser observados a la luz de la lengua o de la historia de la cultura escrita: la vuelta de las vacaciones de verano, que fue la *percha* para hablar de la formación de palabras en español[17], las celebraciones en torno al Día del Orgullo Gay, que me permitieron dedicar un texto a las palabras para denominar al lesbianismo en español y a las palabras que han cambiado su género desde el latín al romance castellano[18], y el Día contra el Acoso Escolar, que me dio pie a hablar sobre las connotaciones que tiene la palabra vernácula *acoso* frente al anglicismo *bullying*[19]. Las lecturas lingüísticas del Día de la Hispanidad (el

---

[11] "Tenemos una nueva palabra en español y la han inventado en Andalucía: escutoide", publicado el 1 de agosto de 2018.

[12] "El lenguaje también se desplaza: sobre migraciones, emigraciones e inmigraciones", publicado el 7 de noviembre de 2018.

[13] "Trasporte no es una falta de ortografía", publicado el 9 de febrero de 2018.

[14] "*Despasito* gana por goleada la batalla lingüística a *Despacito*', publicado el 2 de julio de 2017.

[15] "Malamante (tra, tra) no es tan malo", publicado el 18 de febrero de 2019.

[16] "Preguntamos si tiene lógica el 'contestastes' de Mecano y contestamos que sí", publicado el 1 de abril de 2019.

[17] "Tenemos que hablar de tus ex", publicado el 5 de septiembre de 2018.

[18] "Lesbianismo: cuando el armario se abrió, estaba lleno de palabras", publicado el 4 de julio de 2018, y "Masculinas, femeninas y viceversa: palabras con identidad transgénero", publicado el 14 de agosto de 2017.

[19] "El acoso, por su nombre", publicado el 2 de mayo de 2018.

gentilicio *americano* como inclusivo solo de lo estadounidense), el Día de Todos los Santos (para hablar de los subjuntivos de las lápidas), la celebración del llamado Viernes Negro o *Black Friday* (para explotar lingüísticamente todo lo que hay dentro de ese sintagma) y las Navidades (para tratar el *Auto de los Reyes Magos*, el cambio bu > gu a partir de la Nochebuena, la antroponimia vinculada con referentes navideños[20]) son otros ejemplos que ilustran acerca de cómo la lingüística periodística no solo es testigo de la evolución del idioma sino también testigo de la realidad social, cultural y política de una comunidad.

Por último, hay textos que resultan atemporales, independientes de la época en que han sido escritos, como las piezas que he dedicado a la ortografía y a la fonética (letra eñe, letra hache[21], el signo gráfico de la manecilla[22], la diferencia entre las letras be y uve, el fenómeno fonético del yeísmo[23], el signo de interrogación, la epéntesis de los cantantes[24]), al léxico del español (palabras para lo malo, palabras para robar, palabras para el trabajo y los trabajadores[25]), los pronombres y el leísmo[26], la diferencia morfológica de género[27], la onomástica y las evocaciones históricas de los nombres[28], el léxico de

---

[20] "Así se apropiaron los estadounidenses del gentilicio *americano*", publicado el 12 de octubre de 2017; "¿Por qué decir Black Friday cuando puedes decir Viernes negro?", publicado el 23 de noviembre de 2017; "Tenemos más Belenes que Natividades: los nombres navideños en España", publicado el 25 de diciembre de 2017; "Los Reyes Magos son los padres... del teatro", publicado el 5 de enero de 2019; "La Nochebuena es también *Nochegüena*", publicado el 24 de diciembre de 2018.

[21] "Desde el latín hasta Fañch: breve historia de la letra eñe", publicado el 16 de septiembre de 2017, y "La letra hache, ni muda ni inútil", publicado el 24 de julio de 2018.

[22] "Esto ☞ no es un emoji, es un símbolo ortográfico", publicado el 11 de julio de 2018.

[23] "Te juro que la b y la v se pronuncian igual", publicado el 16 de enero de 2018, y "10 palabras con elle para explicarte el yeísmo en español", publicado el 11 de abril de 2018.

[24] "¿Siguen siendo necesarios los signos de apertura de interrogación y exclamación?", publicado el 7 de noviembre de 2017, y "*Conocérete fue una suérete*: la vocal intrusa de los cantantes", publicado el 20 de febrero de 2018.

[25] "Las peores palabras del español", publicado el 18 de agosto de 2018; "En español, no hay palabra para tanto chorizo", publicado el 31 de agosto de 2017, y "El origen de la palabra 'trabajo' es una tortura", publicado el 1 de mayo de 2018.

[26] "Eres leísta y no lo sabes", publicado el 8 de diciembre de 2017.

[27] "La vida empuja a la lengua: de señora a señoro", publicado el 10 de octubre de 2018.

[28] "Las evocaciones de los nombres: ¿por qué *Ambrosio* nos suena a mayordomo?", publicado el 18 de octubre de 2018.

Andalucía[29], los marcadores discursivos[30] o léxico juvenil (el uso de *en plan* y de *lo siguiente*[31]). También las que no tratan de cuestiones de lingüística interna sino de variedades del español (como la variedad elaborada del español y su mal uso a partir del análisis de lo que entendemos como pedante[32]), el papel que concedemos al *Diccionario de la Real Academia Española (DRAE)* (a partir de los falsos mitos en torno a la inclusión de *almóndiga* en el diccionario[33]) o de cómo, más allá del empleo básico como gentilicio, se usa el adjetivo *español* en otras lenguas del mundo[34]. Por último, aunque con distinto tono interno, he escrito tratando de desbancar prejuicios bastante generalizados en la población sobre las lenguas y sus supremacías internas usando como guion la evolución de los nombres de color en español[35] y, en una tribuna que funciona a modo de pórtico o de manifiesto de mi propia posición ante los idiomas[36], repasando qué actitudes poco cuidadosas con el idioma deberíamos revisar.

Como se ve, he ido reuniendo un conjunto de textos en los que la lengua siempre ha sido el tema principal. También he abordado en otros artículos los devenires de la profesión de filóloga e historiadora de la lengua: la experiencia de trabajar con manuscritos, la evolución en la posición de la mujer dentro de la ciencia lingüística y el peso de las carreras de letras en la elección de grados universitarios tras el Bachillerato[37]. Como señalaba anteriormente, los temas y asuntos que he abordado reflejan mis propias preferencias como filóloga y están transidos de mi propia posición ante asuntos que no ignoro que pueden ser contemplados y descritos desde otros puntos de vista. En cualquier caso, la elección de los temas en las tribunas de opinión ha sido completamente libre,

---

[29] "Donde llueve harinilla: palabras que nos ha dado Andalucía", publicado el 1 de diciembre de 2018.

[30] "Estamos en plan explicando la expresión en plan", publicado el 2 de abril de 2018, y "O sea, la de muletillas que usamos, ¿sabes?", publicado el 19 de septiembre de 2018.

[31] "Esta expresión se ha puesto de moda no, lo siguiente", publicado el 13 de julio de 2017.

[32] "Tu afectada forma de proferir enunciados (o sea, hablas pedante)", publicado el 9 de mayo de 2018.

[33] "Toda la verdad sobre *almóndiga*", publicado el 10 de marzo de 2018.

[34] "Torturas, gripes y pajaritos: lo español fuera de España", publicado el 11 de febrero de 2019.

[35] "Te explicamos con colores por qué mucho de lo que pensamos de las lenguas es falso", publicado el 20 de marzo de 2018.

[36] "El árbol de la lengua", publicado el 12 de enero de 2019.

[37] Aludo a los textos "Lo que uno se puede encontrar estudiando manuscritos", publicado el 16 de agosto de 2018, "Queridas lingüistas", publicado el 4 marzo de 2018, y "Lo que nadie quiere", del 19 de junio de 2018.

mientras para las piezas de *Verne*, en torno a un 20 % de las que he publicado hasta el momento han sido encargos concretos sobre un tema recibidos desde la redacción.

Señalaré una cuestión más que es significativa en la época en que el periodismo sustenta sus ganancias sobre el tráfico y las visitas de los lectores: el título de los textos, que es casi tan relevante, en mi opinión, como el propio contenido. Así como para las tribunas de opinión el título suele ser sucinto, extraído del propio texto y notablemente breve, para las piezas de *Verne* puede permitirse licencias y extravagancias que llamen la atención del lector. Aunque en mis textos incluyo siempre dos o más propuestas de título para que el equipo de redacción escoja, en algunos casos esas propuestas han sido modificadas en la redacción de *El País*. Escribir en prensa obliga a adaptar la mentalidad a unos parámetros comunicativos diferentes. Habituados a escribir en revistas científicas y editoriales académicas en las que prácticamente todo cambio formal dentro del proceso editorial se consulta y revisa, el profesor universitario ha de hacerse al acortamiento de los artículos o, como en mi caso, a la modificación de los títulos[38].

2.3. Mi responsabilidad como autora es muy limitada en lo que se refiere a la inclusión de elementos paratextuales dentro de los textos sobre lengua que escribo para prensa. Me refiero con tal nombre a las imágenes que ilustran los artículos, los contenidos adicionales y los vínculos en línea que acompañan al contenido verbal central.

Las imágenes que se añaden a los textos son siempre elegidas por el equipo de redacción del periódico y, aunque en algún caso he sugerido una concreta, lo normal es delegar en la redacción, que solo ocasionalmente y en casos donde hay cierta sensibilidad entre los lectores me ha pedido autorización para que refrende la imagen seleccionada para mi texto. En las tribunas de opinión esa imagen suele ser una foto de actualidad extraída del fondo del periódico; en el caso de *Verne*, suelen ser composiciones, imágenes de vídeos o de películas donde se sobreimpresiona alguna palabra.

Los artículos también pueden estar acompañados de los llamados *despieces*: textos secundarios que desarrollan un subtema y que suponen un contenido

---

[38] Sea el caso de la tribuna "El árbol de la lengua" que apareció en *El País* (versiones impresa y digital) el sábado 14 de enero de 2019. Mi versión de esta tribuna tenía por título "Cuando". Creo sinceramente que la retitulación de este texto lo hizo ganar en capacidad de atención lectora y en su retención por el público.

tangencial o una exposición de alguna curiosidad adicional sobre el asunto básico del trabajo. La inclusión de despieces, tan común en la escritura periodística, es un elemento insólito en la redacción científica y, por ello, se convierte en una suerte de identificador para reconocer si hay un equipo de redacción y edición periodísticas detrás de la pieza divulgativa escrita por el científico. En mi caso, solo uno de mis artículos incorporaba de manera original un despiece[39]; en los otros casos, el despiece no ha sido de mi autoría o se trataba de un despiece interactivo, como en el test sobre registros del español que había al final de la pieza que escribí sobre el registro culto[40].

Además de estos contenidos adicionales, los textos que aparecen en prensa, salgan o no en papel, incorporan en digital hipervínculos que suelen enlazar con textos relacionados publicados en la misma cabecera o con otros recursos que puedan ayudar a completar el artículo. La escritura digital se aprovecha de esa posibilidad de profundizar en la divulgación con hipertextos, inserción directa de vídeos y otros recursos similares, de los que sí es responsable la autora.

3. En el momento en que escribo, es considerable la comunicación sobre el español en los medios a través de secciones fijas en programas de radio (*No es un día cualquiera,* dirigido por Pepa Fernández en RNE con la colaboración de Pilar García Mouton; el programa monográfico *Un idioma sin fronteras,* en RNE, con Ángela Núñez), prensa (Elena Álvarez Mellado en *eldiario.es*; Álex Grijelmo cada domingo en *El País*), prensa especializada (*Archiletras*), redes sociales (@*Vanfunfun* en YouTube, Carlota de Benito a través de blog y Twitter). Posiblemente, la filología y la lingüística como ciencia aún están lejos de haber conseguido un buen lugar dentro de la agenda política e institucional, pero, en cualquier caso, es tanta y tan diversa la divulgación sobre lengua que se está haciendo que conviene revisitar nuestra propia posición como investigadores al respecto de qué es y cuáles son los límites de la divulgación y su capacidad para hacer presente la ciencia en la actualidad mediática. En mi opinión, la nueva lingüística periodística trasciende el género de la columna no solo porque se hace divulgación sobre lengua a través de redes sociales, bitácoras, vídeos y foros virtuales, sino porque la propia escritura columnística ha sido rebasada

---

[39] En concreto, la incluye el texto "Cuando el armario se abrió, estaba lleno de palabras". El despiece incluido en el texto sobre el aranés ("¿Oc o non?") fue obra de la redacción de *Verne-El País*.

[40] "Tu afectada forma de proferir enunciados (o sea, hablas pedante)", citada anteriormente.

temáticamente y se han roto los lazos con la normatividad antes imperante. Esta nueva lingüística periodística nos muestra que, además de diccionarios, gramáticas y ortografías se puede hacer escritura ensayística sobre el idioma. Para desarrollarla se precisan versatilidad, competencia para adaptar el estilo y cierta paciencia con algunos lectores. Pero, sobre todo, la divulgación de calidad necesita de una ciencia que la respalde, ya que lo que no tiene calidad o es dudosamente científico no se puede ni se debería transmitir.

Por otro lado, no se debe olvidar la otra parte de nuestro perfil, el componente más primario y fundamental de nuestro trabajo: nuestra tarea como docentes universitarios. Si bien de las herramientas hermenéuticas y estrategias de comunicación que se desarrollan para la comunicación científica se pueden extraer excelentes enseñanzas que llevar al aula, hay que esforzarse por no confundir públicos y no hacer divulgación sino transmitir ciencia especializada cuando estamos ante el alumnado.

Dedicados a la enseñanza formal en centros educativos, los profesores universitarios tendemos a especializarnos en comunicar logros científicos y conocimiento de base a un sector especializado (los compañeros científicos) o en curso de especialización (el alumnado). Por ello, no solemos estar versados en la comunicación pública de la ciencia. Esta clase de comunicación se constituye, por otra parte, en enseñanza no formal, ya que a través de ella no se aspira a lograr un aprendizaje orgánico ni programado sino a presentar a la sociedad una visión científica del idioma, ajustada a lo que se enseña en las aulas universitarias y a lo que se publica en las obras del campo de investigación y destinada a completar lagunas, destruir prejuicios o consolidar cuestiones enseñadas en la instrucción formal. La comunicación científica ayuda a que la sociedad se conforme una opinión informada, coherente con los logros científicos, de cuestiones en que es preciso tener una opinión responsable. No se trata solo de corregir a aquel hispanohablante no avezado que dice "No creo que el subjuntivo se use mucho en español", sino a aquel hispanohablante profesional de la lengua que sigue pensando que solo se debe enseñar dentro de las clases de la universidad y no en el inmenso aulario que nos proporcionan los medios.

LAS COLUMNAS PERIODÍSTICAS QUE TRATAN DEL LENGUAJE EN UNA SITUACIÓN DE LENGUAS EN CONTACTO: EL CASO DE CATALUÑA[1]

Daniel Casals i Martorell - Mar Massanell Messalles
Universitat Autònoma de Barcelona

1. Introducción

La prensa de Cataluña tiene una larga tradición de inserción en sus páginas de columnas que tratan sobre la lengua catalana. Aunque su temática es variada y pueden difundir conocimientos generales sobre el catalán, como su extensión territorial, su división dialectal, su historia o su situación legal y sociolingüística, lo cierto es que las columnas periodísticas sobre la lengua catalana están enfocadas muy especialmente a la divulgación de la normativa ortográfica, gramatical y léxica, y suelen poner mucho énfasis en la corrección de errores que, a menudo, son debidos a la interferencia del castellano. Esto es así porque las características de los espacios que la prensa dedica al catalán están condicionadas por las circunstancias históricas en las que esta lengua ha tenido que desenvolverse y, en particular, por dos factores que recordamos brevemente.

Por un lado, por los largos periodos históricos de prohibición y persecución (Ferrer i Gironès, 1985), que arrancan del Decreto de Nueva Planta de Felipe V (1716), subsiguiente a la derrota catalana en la guerra de Sucesión (1701-1713/15), y que tienen como muestra más reciente la dictadura franquista (1939-1975), posterior a la guerra civil (1936-1939). En ellos, el catalán fue apartado del uso público, sustituido por el castellano, y esta situación

---
[1] Este capítulo es resultado del proyecto FFI2016-80191-P (AEI/FEDER, UE), financiado por el Ministerio de Economía y Competitividad, y del Grupo de Investigación en Historia de la Lengua Catalana de la Época Contemporánea (2017 SGR 1696), financiado por la Generalitat de Catalunya.

afectaba, en particular, a la lengua de la escolarización, con el resultado de que generaciones enteras de catalanes fueron privadas del estudio de la lengua propia: la instrucción se realizaba en castellano y el catalán se transmitía solo como lengua de uso familiar (Benet, 1995).

Por otro lado, al hecho anterior se sumó la recepción, especialmente durante la dictadura franquista, aunque también antes, de elevados contingentes de población inmigrante procedente de otras zonas del Estado español. Así, entre 1941 y 1975, Cataluña, que en 1940 tenía una población de 2 890 974 habitantes, recibió 1 648 865 inmigrantes, cifra sensiblemente superior al crecimiento natural de la población, que fue durante estos mismos años de 1 122 952 personas, incluidos los hijos de los inmigrantes (Cabré y Pujadas, 1989: 83, cuadro 31; 85, cuadro 36). Este volumen migratorio generó en Cataluña un intenso contacto con la lengua castellana, que fue fuente de entrada en la catalana de innumerables interferencias de tipo fonético, lexicosemántico y sintáctico (Payrató, 1985).

Ante esta situación, los medios de comunicación de Cataluña, conscientes de su responsabilidad social, han asumido tareas supletorias de formación de los lectores en conocimientos sobre la lengua catalana, especialmente mediante columnas centradas en la divulgación de los criterios lingüísticos que el Institut d'Estudis Catalans (IEC) fijó durante el primer tercio del siglo xx. En este esfuerzo periodístico por contribuir a la difusión de la normativa, se refleja cómo la selección de los temas para ser presentados a los lectores viene condicionada mayormente por la lucha contra la interferencia, que es percibida en términos altamente negativos. Esta circunstancia no sorprende si tenemos en cuenta que el máximo artífice de la codificación de la lengua catalana, Pompeu Fabra, concibió su tarea fundamentalmente en términos de depuración del catalán de la interferencia castellana (literalmente de "descastellanización"), para acercarlo al estado que habría tenido sin esta influencia exógena. Ello se expone, entre otros muchos textos, en el discurso que Fabra pronunció en el certamen poético de los Jocs Florals de 1918, celebrados en Mataró (*La Veu de Catalunya*, 02/08/1918)[2]:

Los iniciadores de nuestro renacimiento literario ya comprendieron de inmediato que la lengua escrita tenía que ser objeto de un trabajo de depuración y de

---

[2] Todas las citas han sido traducidas del catalán al castellano, con excepción del fragmento de "Mosen *Henric Porug*" (*Diario de Barcelona*, 16/08/1796), escrito en castellano originariamente.

enriquecimiento. Pero es seguro que ninguno de ellos tenía una idea exacta de la magnitud de la labor a realizar: justo iniciada la obra de enderezamiento de la lengua, no podían vislumbrar el estado de degradación al que esta había llegado [...] Ellos emprendieron, no obstante, ardidamente la labor de enderezamiento de la lengua escrita, que es en el fondo una labor de descastellanización: descubrir las palabras, las construcciones, las pronuncias castellanas que habían ido sustituyendo a las catalanas, y reencontrar estas con el estudio del lenguaje viviente y sobre todo del catalán medieval. [...] El ideal que perseguimos no es la resurrección de una lengua medieval, sino formar la lengua moderna que habría salido de nuestra lengua antigua sin los largos siglos de decadencia literaria y de supeditación a una lengua forastera[3].

Un siglo después sigue vigente, entre los lingüistas catalanes, la misma preocupación por la calidad de la lengua, la cual se vincula directamente a su grado de desnaturalización por presiones exógenas. Ponemos como ejemplo a Joan Solà, catedrático de Filología Catalana de la Universitat de Barcelona, que colaboró asiduamente en la prensa con secciones dedicadas a la lengua (§ 4), y el discurso que este pronunció, el 1 de julio de 2009, en el Parlament de Catalunya, la primera vez que esta institución invitó a un experto externo a hablar delante del pleno, según lo previsto por el reglamento de dicha cámara (*El Temps*, 14/07/2009):

La mala *salud filológica* del catalán es también fácil de percibir. Me refiero a la degradación alarmante de todas sus estructuras, fonéticas, sintácticas, fraseológicas, léxicas [...] [D]ebemos de ser el pueblo de la tierra que tiene más tratados de barbarismos y más libros de estilo (entre nosotros *libro de estilo* es un eufemismo de *tratado de barbarismos y solecismos*). [...] [T]odos ustedes, todos nosotros, toda la clase social más o menos acomodada —si a su vez es más o menos sensible a los aspectos lingüísticos—, todos los universitarios, todos los miembros de academias, todos los médicos, los arquitectos, los políticos, los dirigentes de banca, los artistas e incluso los novelistas nos preguntamos continuamente —medio haciendo broma, pero con una pena profunda que queremos ocultar para poder continuar viviendo— si en catalán esto o aquello es correcto, o como se dice en catalán tal o tal otro objeto, tal o tal animal o planta o concepto [...] ¿Se puede tolerar que una comunidad tenga que cuestionar continuamente la bondad, la genuinidad de lo que habla? ¿Que nuestros filólogos tengan que invertir un tiempo enorme en hacer listas de palabras elementales y de fenómenos que tenemos contaminados?

---

[3] Sobre la minusvaloración del catalán de la Edad Moderna, por ser percibido como una lengua muy castellanizada, véase Massanell (2019).

2. Polémicas lingüísticas en la prensa anteriores al establecimiento de la normativa de la lengua catalana

Como hemos dicho, el objetivo principal de los espacios que los periódicos dedican al catalán es contribuir a la divulgación de su normativa. A pesar de ello, ya antes de la fijación de esta la prensa de Cataluña había dado muestras de su interés por la lengua catalana y había hecho un hueco en sus páginas a algunas polémicas lingüísticas.

La primera conocida tuvo lugar a finales del siglo xviii, concretamente en 1796, cuando el *Diario de Barcelona* acogió un debate sobre la ortografía del catalán, iniciado a propósito de la publicación en este periódico de unas décimas en lengua catalana, cuyo autor se escondía bajo el pseudónimo de Lluch Cap cigrañ[4]. En dicha polémica se confrontaron propuestas sobre la escritura de las oclusivas en posición final y de las palatales [dʒ], [tʃ], [ʃ] y [ɲ]. Aunque los argumentos a favor de las diversas grafías solían basarse en la pronunciación, el uso y el origen de las palabras, hay alusiones a la posible interferencia gráfica castellana, como la de "Mosen *Henric Porug*" (*Diario de Barcelona*, 16/08/1796), que Segarra (1985: 104-116) identifica con el gramático Joan Petit i Aguilar:

> Tampoco tengo reparo sobre el modo con que escribe su apellido *Capcigrañ*, con tilde sobre la *ñ*, y no con *ny*. Porque aquel, y no este, es el modo con que se nos enseña à deletrear por la Cartilla. Pero estoy bien distante de condenar á los que escribiesen *Capcigrany*; porque me hago cargo que la *ny* puede en nuestra Lengua tener la misma fuerza que la *gn* entre Italianos y Franceses, y que tiene la *ñ* con la tilde; y si se me probase que escribirlo con *ñ* es cosa propia y puntual de la Lengua castellana, luego al punto escribiria [sic] con *ny*.

Esta polémica de finales del siglo xviii es el precedente de las que tuvieron lugar, de forma más intensa, durante la segunda mitad del xix, como consecuencia de la restauración, a partir de 1859, del certamen poético conocido como Jocs Florals de Barcelona (Nicolau d'Olwer, 2007) y de la aparición de las primeras publicaciones periódicas en lengua catalana (Figueres, 1994: 77-96), como *Lo Verdader Català* (1843), *Calendari Català* (1865-1882), *Lo Gay Saber* (1868-1869; 1878-1883), *La Renaxensa / La Renaixensa* (1871-1905), *Diari Catalá* (1879-1881), etc., puesto que el incremento en el uso escrito

---

[4] El ornitónimo *capsigrany* se usa, en sentido figurado, para referirse a alguien de poco juicio.

público del catalán hacía aún más evidente la necesidad de disponer de unas normas ortográficas unificadas.

Las grafías sobre las que se discutió en las páginas de la prensa fueron diversas, pero hubo un tema estrella que desató pasiones: la escritura con *a* o con *e* de la vocal desinencial de los elementos nominales femeninos en su forma plural[5]. La terminación en *-es*, cuyo máximo defensor fue el mallorquín Marià Aguiló, era la clásica y general en catalán desde los orígenes de la lengua y durante toda la edad media, mientras que la terminación en *-as*, defendida enérgicamente entre otros muchos por Antoni de Bofarull, se había difundido tardíamente en la Edad Moderna en los territorios del catalán central, cuando afloró en la lengua escrita un rasgo dialectal que, hasta entonces, había quedado al margen de la lengua culta: la confusión de [a] y [e] átonas en [ə] en el bloque dialectal oriental, de la cual ya hay constancia en el siglo XIII (Veny, 1998: 30).

En realidad, la controversia iba más allá de un tema puramente ortográfico y reflejaba una pugna de más calado entre dos concepciones de la lengua literaria, entre dos modelos lingüísticos antagónicos (Segarra, 1985: 173, 181): uno basado en la lengua catalana corriente por aquel entonces (el "catalá que ara's parla", que en realidad quería decir el catalán que ahora se habla *en Barcelona*, incluidos sus castellanismos) y otro que buscaba sus fuentes en el pasado, en la lengua medieval, y que tenía una visión más inclusiva de las variedades dialectales, al mismo tiempo que perseguía el alejamiento de la influencia de la lengua castellana y la recuperación de la genuinidad lingüística perdida. Aunque los argumentos de unos y otros se sustentaban en varios criterios internos, como la etimología latina (ROSAS) o la pronunciación occidental (*ros[e]s*), además de la ya mencionada tradición gráfica (medieval, *roses*, o moderna, *rosas*), no dejan de estar presentes las referencias al castellano, con plurales femeninos en *-as*, como muestra la afirmación de Josep Taronjí (*Revista Balear*, 15/09/1872) según la cual la terminación *-es* "contribuye a dar carácter a la lengua separándola de las terminaciones castellanas".

---

[5] A diferencia del castellano, en catalán la A átona final latina se cerró en [e] seguida de consonante (ROSAS > *roses*, CANTAS > *cantes*, CANTANT > *canten*), mientras que conservó el timbre en posición final absoluta (ROSA(M) > *rosa*, CANTABA(M) > *cantava*). En el bloque dialectal occidental (dialectos noroccidental y valenciano), aún hoy se mantiene tal distinción. Sin embargo, en el bloque oriental (dialectos central, rosellonés, balear y alguerés), las terminaciones átonas mencionadas comparten hoy la misma realización fonética, como consecuencia de la confusión de [a] y [e] átonas en una vocal central (Moll, 2006: § 87-89).

Dentro de las diversas contribuciones acerca de la lengua catalana que acogió la prensa decimonónica, merece una especial atención la llamada *campaña lingüística de L'Avenç*, que se inició en las páginas de esta revista en 1890 con dos artículos de Eudald Canibell (*L'Avens*, 31/07/1890 y 31/08/1890). En ellos, el autor se refería a los tres aspectos fundamentales que, a su juicio, afectaban al catalán de su época: la anarquía ortográfica, la coexistencia de dos modelos de lengua escrita —uno pretenciosamente culto y otro demasiado vulgar— y "la influencia castellana que vicia y estropea nuestra lengua materna", que es el aspecto que comenta más extensamente y que ilustra con una larga nómina de castellanismos lexicosemánticos y sintácticos, algunos sacados de la prensa, para los cuales proporciona la correspondencia catalana. La campaña se amplía con contribuciones de Jaume Massó i Torrents, fundador y director de la revista, Joaquim Casas i Carbó y del propio Fabra, quien en un futuro no muy lejano iba a convertirse en la pieza clave de la codificación del catalán, hasta merecer el apodo de *seny ordenador de la llengua catalana*, que ha hecho fortuna y que hoy se lee en su tumba en Prada de Conflent (Cataluña del Norte). El principal objetivo de la campaña era establecer unas normas ortográficas, que empezaron a aplicar a la revista, incluido su título, que en enero de 1891 pasó de *L'Avens* a *L'Avenç*. Muchas de sus propuestas ortográficas fueron a parar a las normas promulgadas en 1913 por el IEC, a las que nos referimos enseguida.

3. Fabra: máximo artífice de la codificación y autor de columnas periodísticas

El establecimiento del corpus normativo fundacional de la lengua catalana se produjo durante el primer tercio del siglo xx, entre la creación, en 1907, del IEC, por iniciativa de Enric Prat de la Riba, presidente de la Diputación de Barcelona, y el inicio de la guerra civil, como consecuencia del llamado Alzamiento Nacional contra el gobierno de la Segunda República, el 18 de julio de 1936. Durante ese periodo, aparecieron las cuatro obras en las que se asienta la normativa de la lengua catalana: por un lado, *Normes ortogràfiques*, de 1913, y *Diccionari ortogràfic*, de 1917, ambas publicados como obra colectiva del IEC, y por el otro, *Gramàtica catalana*, de 1918, y *Diccionari general de la llengua catalana*, de 1932, cuya autoría debemos en los dos casos a Fabra[6].

---

[6] El corpus normativo fundacional ha sido actualizado por diversas obras de finales del siglo xx e inicios del xxi: *Proposta per a un estàndard oral de la llengua catalana* (*I. Fonètica*,

Fabra fue asimismo un autor prolífico de textos periodísticos que divulgaban las recién establecidas normas ortográficas y gramaticales. Así, entre 1919 y 1928 publicó en *La Publicidad* (*La Publicitat* desde el 1 de octubre de 1922) la sección titulada "Converses filològiques", que alcanzó las 840 intervenciones[7]. De acuerdo con el ideario de Fabra, el artículo que inauguró dicha sección lleva por título "Per la puresa de la llengua. Els castellanismes" y contiene la siguiente declaración de intenciones (*La Publicidad*, 18/11/1919):

> En estas notas diarias trataremos de dar una idea de como es de grande el número de castellanismos de la lengua actual para demostrar así la necesidad de recurrir abundantemente al arcaísmo, a menos que queramos contentarnos con una depuración somera de la lengua, consistente en la sola extirpación de los castellanismos más aparentes.

Pero lo más interesante de ese primer artículo, más allá de la definición del objetivo de la sección, es que revela la calidad lingüística y filológica de Fabra, presente en toda su obra. Lejos de contentarse con ofrecer una lista de castellanismos acompañados de su equivalencia catalana —que es un tipo de texto al que se ha recurrido, y se recurre, hasta la saciedad—, Fabra muestra la diversidad de formas que puede tomar la interferencia lexicosemántica, estableciendo una tipología que se irá enriqueciendo en las sucesivas columnas y que se ampliará también a la interferencia sintáctica. No en balde Lamuela y Murgades (1984: 50-51) consideran que "Fabra fue también un gran estudioso, *avant la lettre*, de la interferencia lingüística; entendida esta [...] como el proceso de influencia ejercido por parte de una lengua sociopolíticamente dominadora sobre una lengua sociopolíticamente dominada".

> Los castellanismos del catalán moderno son incalculablemente más numerosos de lo que permite vislumbrar un examen superficial de la lengua.

1990; *II. Morfologia*, 1992; *III. Lèxic*, 2018), *Diccionari de la llengua catalana* (1a ed. 1995; 2a ed. 2007), *Ortografia catalana* (2017), *Gramàtica de la llengua catalana* (*GIEC*) (2016), de la cual existe una versión reducida y adaptada para la consulta en línea bajo el título de *Gramàtica essencial de la llengua catalana* (2018) (https://geiec.iec.cat).

[7] Estos textos periodísticos breves constituyen el séptimo volumen de las obras completas de Fabra, junto con otras colaboraciones suyas en la prensa, en los rotativos *El Poble Català* (1905-1913), *La Revista* (1917), *La Publicitat* (1929-1930), *Mirador* (1930), *El Matí* (1930) y, en el exilio, *La Humanitat* (1945-1947), estas últimas nuevamente con el título de "Converses filològiques".

Los hay que son bien fáciles de reconocer, como *puesto, cuento, ruedo,* palabras cuya sola forma delata inmediatamente como forasteras[8]. Pero ya cuestan más de descubrir aquellas que tienen una forma que puede ser igualmente catalana y castellana, como *tonelada,* o bien aquellas que han sido investidas de una forma catalana, como *estribació.*

En el caso de las palabras *tonelada* y *estribació,* para tildarlas de castellanismos nos hace falta reparar en que son derivados de *tonel* y *estribo,* del mismo modo que, en el caso de una palabra como *hermós,* debemos darnos cuenta de que la pérdida de la *f* inicial latina es una transformación fonética extraña al catalán, en el que por consiguiente una palabra como *formosus* podía dar *formós* o *fermós,* pero nunca *hermós,* que no es sino una catalanización de la palabra castellana *hermoso.* Pero después hay, todavía, castellanismos, como *enterar,* que solamente nos son revelados por su ausencia en los textos antiguos y por el hecho de encontrar en estos las ideas que hoy denotan expresadas constantemente por otras palabras; castellanismos, pues, cuyo descubrimiento exige un estudio profundo de la lengua.

Y, aun, sin salir del léxico, hay una clase de castellanismos más difíciles de descubrir y que son quizá los más humillantes. Son los que consisten, no en el préstamo de una palabra forastera, sino en el cambio de significación de una palabra catalana bajo la influencia de una palabra castellana. Al verbo *lliurar,* por ejemplo, le hemos dado la significación de *deslliurar,* que tiene el verbo castellano *librar;* al verbo *remetre,* la significación de *trametre,* que tiene el verbo castellano *remitir.*

Fabra también publicó en el mismo rotativo, entre febrero y junio de 1929, la sección "Pràctiques de gramàtica", de nivel avanzado, espacio en el cual se realizó un concurso de corrección de textos que tuvo mucho éxito (Murgades, 2008); lo ganó Eduard Artells, quien en el futuro se convertiría en un corrector de referencia y en divulgador lingüístico en la prensa (§ 4.1).

---

[8] En catalán hay pocos casos tanto de *o* átona final como del diptongo creciente *ue,* pues, a diferencia del castellano, la apócope de vocales inacentuadas distintas de A fue general y la O breve tónica desembocó en *o* abierta. Contrástense las formas castellanas *suelo* (< SŎLU), *puente* (< PŎNTE) y *cuerda* (< CHŎRDA) con las correspondientes catalanas: *sòl, pont* y *corda.*

4. Las columnas periodísticas sobre el catalán en dictadura y en democracia

A partir del establecimiento de las bases de la normativa de la lengua catalana por parte de la Secció Filològica del IEC, creada en el seno de esta institución en 1911, la prensa de Cataluña ha acogido con asiduidad columnas dedicadas a su divulgación. Muchas de ellas se orientan a la corrección de errores lingüísticos frecuentes, a menudo originados por el contacto con el castellano, tanto por el uso de este, durante décadas, como única lengua del ámbito público —de la escuela, de los medios de comunicación de masa, de la administración— como por la coexistencia en los registros populares del catalán con el castellano traído por el numeroso contingente de población inmigrada (§ 1). Estos contenidos han estado presentes en la prensa por el interés social que despiertan, y el género periodístico ha contribuido a tratarlos con claridad y concisión, pensando en el común de los lectores.

La divulgación de la normativa se ha llevado a cabo tanto en periodos de oficialidad del catalán, en los cuales dichos espacios refuerzan su enseñanza reglada, como en épocas de prohibición, cuando las columnas sobre lengua han ejercido una cierta suplencia del sistema educativo, han recordado las características de los registros de uso formales y, sobre todo, han reivindicado el idioma con su sola presencia (Casals, 2018). Sin ánimo de exhaustividad, mencionamos a continuación algunas de las columnas que ha acogido la prensa de Cataluña con posterioridad a las "Converses filològiques" de Fabra.

Durante la Segunda República (1931-1939), cuando el catalán era legalmente lengua oficial, Emili Vallès, autor del *Diccionari de barbarismes del català modern* (Barcelona: Central Catalana de Publicacions, 1930), elaboró la sección "La llengua i la gramàtica" para el diario *El Matí* entre 1931 y 1932 (Solà, 1977: § 55-58). También son de este periodo los artículos que el escritor, gramático y traductor Cèsar August Jordana publicó en la columna "Cada dia un raig", del rotativo *L'Opinió,* entre marzo de 1933 y mayo de 1934 (Jordana, 2018).

Con el Franquismo (1939-1975), se apartó al catalán del ámbito público y no fue posible usarlo en la prensa generalista, toda ella escrita en castellano. Pese a los intentos de publicar un diario en catalán, ello no fue posible hasta 1976, ya muerto el dictador, cuando apareció *Avui*. Previamente, sin embargo, hubo cabeceras en catalán de ámbito reducido o especializadas, y también espacios en esta lengua o sobre esta lengua en cabeceras en castellano, en las cuales se recuperaba la labor de Fabra, cuya muerte en el exilio, la Navidad de 1948, había sido silenciada por la prensa española de la época.

Solà (1977: § 71) cuenta que el pionero en este tipo de secciones en Cataluña, después de la guerra civil, fue Mateu Piguillem, quien, a partir de 1955 y hasta 1960, publicó en *Jovenívola*, boletín interior del Orfeó Català, la columna "Secció filològica", que tomaba el título del departamento homónimo del IEC, institución que, por aquel entonces, tenía que trabajar en la clandestinidad. La revista cultural *Serra d'Or* también dedicó espacios a la lengua catalana. Durante su primera etapa, publicó la sección "Per la puresa del llenguatge", a cargo de Osvald Cardona, entre junio de 1958 y setiembre de 1959[9]. Le siguió, en su segunda etapa, Eduard Artells, ya desde octubre de 1959, con una sección de título variable que se prolongó hasta enero de 1971, cuando le sobrevino la muerte[10].

Una cierta permisividad llegó durante la década de los años sesenta. Son muestra de ello los artículos que el filólogo menorquín Francesc de Borja Moll pudo escribir, desde 1962 hasta 1965, para un diario generalista como *El Correo Catalán*, la mayoría de los cuales bajo el título "El hombre por la palabra"[11]. La celebración, en 1968, del "Any Fabra", con múltiples iniciativas de la sociedad civil para conmemorar el centenario del nacimiento de esta personalidad querida y respetada de la cultura catalana, actuó como detonante para la puesta en marcha de nuevas columnas periodísticas sobre lengua, la viabilidad de las cuales se vio favorecida por la tímida reforma legislativa del sector periodístico que supuso la Ley de Prensa e Imprenta de 1966 o ley Fraga. Son reflejo de ello diferentes espacios, tanto de la prensa generalista, escrita en castellano, como de la prensa especializada, en ocasiones escrita en lengua catalana.

Así, por lo que respecta a las cabeceras en castellano, podemos mencionar la sección "Lecciones de catalán para todos", insertada en *El Correo Catalán* entre noviembre de 1969 y febrero de 1975, escrita por Lluís Artigas de Quadras e ilustrada por Enric Cormenzana Bardas, que se presentaba en forma de tira dibujada con diálogos (Casals, 2007). Por su parte, el diario *Tele/eXprés* acogió, desde diciembre de 1967 hasta su cierre en diciembre de 1980, una

---

[9] Nótese la similitud con el título de la primera de las "Converses filològiques" de Fabra (§ 3).

[10] Osvald Cardona retomó entonces la tarea entre mayo de 1971 y diciembre de 1972 (Solà, 1977: § 75-79).

[11] Dichos textos, traducidos al catalán, se recogen en el libro *L'home per la paraula* (Palma: Moll, 1974).

sección de título cambiante firmada por Josep Munté i Vilà, escrita en castellano hasta marzo de 1975 ("Aprenda Vd.: El catalán a través del castellano", "Diálogo sobre cuestiones de/en catalán"), momento en el que pasó al catalán como "Qüestions de català" (Munté, 1996). Hasta octubre de 1970, los textos de Munté se acompañaban de dibujos del escritor e ilustrador Avel·lí Artís-Gener, *Tísner*.

En cuanto a la prensa en catalán, el semanario *Tele/estel* publicó, a partir de su fundación en julio de 1966, la columna "Aclariments lingüístics", iniciada por Josep Ibàñez Senserrich, a quien sucedió Albert Jané desde setiembre-octubre de 1967 hasta la desaparición de la revista en junio de 1970 (Casals y Faura, 2015)[12]. También la publicación infantil y juvenil *Patufet* publicó, desde su aparición en diciembre de 1968 hasta su cierre en junio de 1973, la sección de lengua "La Nuri també en vol saber", de formato epistolar, a cargo de Josep Miracle i Montserrat (Jané, 2017), autor, entre otras obras, de una biografía de Fabra (Barcelona: Aymà, 1968).

A partir de la Transición (1975-1982) y durante la democracia actual (desde 1982), la divulgación lingüística ha continuado presente en la prensa de Cataluña, en un contexto de incremento progresivo de las publicaciones en catalán y con una legislación favorable a la normalización del idioma. Un ejemplo lo constituye la columna diaria "El llenguatge", obra nuevamente de Albert Jané, aparecida en el diario *Avui* desde su primer número, del día de Sant Jordi de 1976, hasta abril de 1985[13]. A partir de junio de 1982 la *Hoja del Lunes* de Barcelona publicó, por iniciativa de su nuevo director, Josep Maria Cadena, la columna "Clar i català", escrita por Joan Fortuny i Escoda, entonces jefe de corrección del diario *Avui*, pero dicho espacio se vio interrumpido por el cierre de la *Hoja del Lunes* en febrero de 1983, a causa de la salida de los diarios también el primer día de la semana (Casals, 2019).

Otro autor que ha escrito asiduamente sobre temas lingüísticos en la prensa es Joan Solà, quien publicó entre 1974 y 1976 en *Diari de Barcelona*, entre 1981 y 1984 en el semanario *El Món*, entre 1990 y 1991 nuevamente en *Diari*

---

[12] La editorial Barcino, con una amplia trayectoria en la publicación de manuales de lengua, reunió los textos de este último autor en tres volúmenes de título homónimo (Barcelona: Barcino, 1973).

[13] Jané también es el autor de la sección "Racó de l'idioma", publicada en 1987 en la revista de corta vida *Ara*, una cabecera dedicada a informar en catalán sobre programas de radio y televisión (Jané, 2017).

de Barcelona y entre 1991 y 2010 en *Avui*[14]. Por su parte, Albert Pla Nualart es autor de las columnas "El català de terrasseta", aparecida en el diario *Avui* entre agosto de 2009 y octubre de 2010, y "Un tast de català", que se publica desde diciembre de 2010 en el diario *Ara*, del cual Pla es el responsable de corrección. Otro espacio, "Etcètera", se publica en el diario *El Punt Avui* desde diciembre de 2011, donde alternan los artículos de Núria Puyuelo con los de David Paloma.

Para ilustrar el carácter de las columnas periodísticas dedicadas a la lengua catalana, hemos seleccionado dos, representativas de dos momentos históricos —la dictadura franquista y la democracia actual— y de dos concepciones de la lengua —una muy próxima a la autoridad normativa y otra bastante crítica con esta.

4.1. "Llenguatge i gramàtica", de Eduard Artells, en la revista Serra d'Or *(1959-1971)*

Eduard Artells i Bover, gramático, corrector y profesor de catalán, autor de *Vocabulari castellà-català abreujat* (Barcelona: Barcino, 1958) y *Vocabulari català-castellà abreujat* (Barcelona: Barcino, 1961, 2 vol.), y traductor de Oscar Wilde al catalán, publicó una sección sobre lengua en la revista mensual *Serra d'Or* desde el primer número de la segunda época, de octubre de 1959, hasta su muerte, acaecida en enero de 1971[15]. El título de dicha sección fue inicialmente "De Lingüística", pero ya en el número doble de agosto-setiembre de 1962 cambió a "Llenguatge i gramàtica", que es también el título del libro, en dos volúmenes, en el que fueron recogidos dichos textos, que se elevan a 72, acompañados de otros seis publicados anteriormente por Artells en las revistas *Antologia dels fets, les idees i els homes d'Occident* (1947),

---

[14] Solà mismo proporciona el recuento en su artículo de despedida "Adéu-siau i gràcies!", publicado seis días antes de su fallecimiento (*Avui*, 21/10/2010): "Amigos lectores: ha llegado el momento de cerrar mi colaboración en esta sección del periódico. Durante 36 años de escribir un artículo semanal en la prensa, he publicado unos 1050 en tres rotativos". Sus textos han sido recogidos en diversos libros, como *Plantem cara. Defensa de la llengua, defensa de la terra* (Barcelona: la Magrana, 2009).

[15] El número de febrero de 1971 de *Serra d'Or* contiene una sección titulada "Comiat a Eduard Artells", en la que glosan su figura Jordi Sarsanedas, Bartomeu Bardagí y Àlvar Valls.

Germinabit (1959) y *Criterion* (1963)[16], además de una comunicación presentada en el II Congrés Litúrgic de Montserrat (1967) y del proemio al libro *El català sense "lo" neutre* (Barcelona: Barcino, 1969), del monje de Montserrat Pacià Garriga i Ribé.

Artells formó parte de la oficina de revisión de originales del IEC y siguió fielmente las enseñanzas de Fabra y del filólogo Ramon Aramon i Serra, quien fue secretario general de dicha institución entre 1942 y 1989, periodo durante el cual realizó una tarea fundamental en pro de su continuidad y de su reconocimiento internacional. A ambos dedica Artells su libro: "A Pompeu Fabra, el *Mestre*, que me hizo aprender y amar mi lengua", "A Ramon Aramon i Serra, su fiel seguidor, que me ha enseñado —y me enseña aún— a perfeccionarla y a depurarla", donde aflora la idea de la depuración del idioma, eje rector de la normativización del catalán.

No es de extrañar, pues, que en su columna Artells dedique una muy considerable atención a los castellanismos que oye por las calles, en el tranvía, en el teatro o escuchando un disco de reciente aparición, o bien que lee en rótulos, en notas manuscritas, en las cartas que recibe o en alguna novedad editorial en catalán, pues obtiene la materia primera para sus artículos de la lengua usada por sus conciudadanos. Sus reflexiones, como muestran los siguientes fragmentos, se orientan tanto a la corrección de castellanismos léxicos evidentes (*Serra d'Or*, 08/1961) como a denunciar los que son más difíciles de percibir, porque responden al calco de una estructura que se rellena con palabras catalanas (*Serra d'Or*, 11/1963):

> No hace mucho, un escritor nuestro se lamentaba de que en una narración le habían enmendado la frase "No em vinguis amb qüentos" convirtiéndole los *qüentos* en *històries*, y alegaba que *qüentos* es una palabra "viva" de la lengua actual. Viva, sí, pero incorrecta e innecesaria a la vez, puesto que no era preciso recurrir a una palabra forastera para expresar una idea que en catalán cuenta con suficientes palabras todas apropiadas: ultra *històries*, que nos parece perfecta en la frase mencionada, el autor podía haber empleado *romanços*, *orgues*, o *brocs*, si tanto convenía, y todavía otras, tan vivas, si no más, como el forasterismo *qüentos*.

---

[16] *Criterion* fue la primera revista catalana de filosofía. De periodicidad trimestral, publicó 44 números entre 1925 y 1936, cuando estalló la guerra civil. En el tardofranquismo, se intentó reanudar su publicación, pero tuvo que reaparecer en formato de libro para poder superar la censura gobernativa, a pesar de la cual consiguió sacar a la luz una cuarentena de volúmenes entre 1959 y 1969 (Sopena: 2018). El volumen en el que aparece el texto de Artells es el 17, ordenado por Joan Triadú y titulado *La llengua catalana*.

En una novela no hace mucho publicada, uno de los personajes, sistemáticamente, *posa el motor en marxa*: nunca *engega el motor*. Y osamos preguntarnos: de estas dos expresiones, ¿cuál es más "viva", cuál es más "popular"? Si nos decantamos por la primera y arrinconamos poco a poco el verbo *engegar*, que ya quiere decir "posar en marxa" (*engegar la ràdio, engegar l'aigua, engegar l'estel, engegar l'escopeta*), nos arriesgamos a perder esta palabra tan nuestra y tan "viva" y tan "popular" todavía, y que representa un beneficio sobre el castellano. De hecho, pues, la expresión "posar el motor en marxa", hecha de palabras perfectamente catalanas, constituye, al fin y al cabo, un castellanismo innecesario.

Más allá de los castellanismos léxicos, Artells señala también incorrecciones provocadas por interferencias morfológicas y sintácticas de la gramática castellana sobre la catalana. Entre las primeras, ponemos como ejemplo el cambio de género de algunos sustantivos, que trata en un artículo en el que señala el progreso de dicho fenómeno a pesar de los esfuerzos hechos por los divulgadores de la normativa (*Serra d'Or*, 02/1962):

Basta que los sustantivos *costum, senyal, corrent, llegum, avantatge* y otros sean femeninos en castellano para que también los hagamos femeninos en catalán. [...] Y viceversa: basta que los sustantivos *anàlisi, calor, vall* (llanura entre montañas), *fi* (término), etc., sean masculinos en castellano para que los hagamos así mismo masculinos en catalán. [...] Y no solamente no es nada raro constatar, demasiado a menudo todavía, estos cambios indebidos de género bajo la influencia castellana —y no es que los gramáticos no se hayan afanado lo suficiente, un día y otro día, a reprobarlos—, sino que incluso, por la misma causa, claro, hoy ya es posible oir decir: *venia a obrir una conta corrent, tinc una dubta, pagar una deuta*, en vez de *venia a obrir un compte corrent, tinc un dubte, pagar un deute* (*compte, dubte* y *deute*, sustantivos masculinos), e, incluso, a la inversa, *m'ha caigut un dent!* Y que conste que no exageramos, pues hemos sentido estas frases en un establecimiento bancario, en el tranvía, en un bar y de boca de un niño, respectivamente.
Conclusión: que, cuanto más va, menos valemos, si Dios no pone freno.

Entre las que considera como interferencias sintácticas, hemos escogido como muestra las que señala en "Les preposicions *a* i *en* davant un infinitiu" (*Serra d'Or*, 08/1967), porque reflejan la norma vigente desde la publicación de la *Gramàtica catalana* de Fabra de 1918 hasta la aparición en 2016 de la *GIEC*, que ha flexibilizado este y otros puntos de la normativa gramatical, en particular aceptando —como formas secundarias— las que Artells condena de acuerdo con la normativa entonces vigente[17]:

> Hemos recibido a la vez una participación de boda y otra de defunción. La primera empieza así: "En Tal i na Tal *es complauen en assabentar-vos...*" Y la segunda acaba diciendo: "*Al comunicar-vos* aquesta trista nova..."
>
> O sea, que, después de tanto esforzarse sobre el uso de las preposiciones *a* y *en* delante de infinitivo, he aquí, todavía, dos casos más "de acercamiento al castellano". [...] [E]n el caso de la participación de boda, aunque el verbo *complaure's* rige la preposición *en* cuando el complemento es un pronombre o un sustantivo: "es complauen *en això*", "es complauen *en la lectura*", se tenía que haber escrito: "En Tal i na Tal *es complauen a assabentar-vos*", el complemento introducido siendo un infinitivo.
>
> Ahora bien: cuando el infinitivo no es complemento de un verbo anterior que rige la preposición *a* [...], sino que forma parte de una determinación circunstancial de fuerza adverbial, entonces este infinitivo se introduce mediante la preposición *en*, no con la combinación *al*, calco de la construcción castellana equivalente [...] [E]n el caso de la participación de defunción se tenía que haber escrito: "*En comunicar-vos* aquesta trista nova...*", toda esta frase siendo una determinación circunstancial con valor temporal.

Más allá de las interferencias lexicosemánticas y morfosintácticas, Artells también reprocha los cambios de código motivados por el creciente olvido de los refranes propios, que se suple con el recurso al refranero castellano, como refleja el artículo "Expressions caçades al vol", el último que Artells pudo publicar (*Serra d'Or*, 01/1971):

> Capítulo aparte merecen los refranes, que no es nada raro oír de cuando en cuando en boca de personas que, hablando catalán, de sopetón os sueltan un "A la vejez, viruelas", o "Cuando el río suena...", o "Sonó la flauta...", o "A buen entendedor..." Algunos hacen preceder el refrán así: "Com diuen els castellans...", como si en catalán no tuviéramos refranes equivalentes. No: cuando hablamos en catalán, tenemos que decir en catalán también los refranes, que bastante rica es de ellos nuestra lengua.

---

[17] "Tanto el mantenimiento de *en* y *amb* como el cambio de preposiciones son aceptables, pero el cambio es la solución preferible en los registros formales" (*GIEC*, § 26.5.2), "Al lado de la construcción '*en* + infinitivo', a la que se ha dado preferencia en los registros formales, existe también la construcción '*al* + infinitivo'" (*GIEC*, § 31.4.2.1*f*).

Dada la actividad de Artells como corrector, en sus textos reflexiona a menudo sobre el buen quehacer de esta profesión y defiende la necesidad de que todos los productos culturales en los que interviene el idioma —todos los libros, las obras de teatro, los discos, etc.— pasen por una revisión lingüística. Aunque a menudo polemiza sin amedrentarse con autores que se quejan de la intervención del corrector, no evita tampoco la condena de los excesos en los que algunos caen por poner demasiado celo en su labor. Es una buena muestra de ello el texto "Corregits i correctors" (*Serra d'Or*, 04/1965), que Artells publicó como respuesta a un artículo homónimo que Pere Calders había incluido en su sección "Qüestions obertes" (*Serra d'Or*, 03/1965):

> En efecto: hemos visto sustituir, inútilmente o erróneamente, *pròxim* por *proper*[18], *prolongar* por *perllongar*; *benevolència* por *benvolença*[19], *terme* por *termini*; *juvenil* per *jovenívol*; *pàgina* por *plana*; *cigarret* por *cigarreta*; *targeta* por *tarja*[20], *invitar* per *convidar*; *haig de fer* per *he de fer*, etc.[21], enmiendas hechas solo por el afán de corregir, para que el texto sea "más catalán", o porque el corrector "cree" que el autor ha cometido una incorrección.

4.2. *"El català de terrasseta"*, de Albert Pla Nualart, en el diario Avui *(2009-2010)*

Albert Pla Nualart es el responsable lingüístico del diario *Ara*, donde escribe la columna sobre lengua "Un tast de català". Anteriormente, entre el 1 de agosto de 2009 y el 25 de octubre de 2010, había publicado la sección "Català

---

[18] La mayor parte de las parejas de esta cita son sinónimos, uno de los cuales se parece al castellano, lo cual puede motivar su sustitución innecesaria por el que no tiene paralelo en dicha lengua.

[19] En este caso se trata de dos parónimos que el corrector confundió, considerando un castellanismo al que tiene la terminación culta -*ència* (< -ENTĬA), paralela a la castellana -*encia*, frente al que contiene su variante popular -*ença* (Moll, 2006: § 388).

[20] Aún hoy el servicio de consultas lingüísticas Optimot, de la Direcció General de Política Lingüística de la Generalitat de Catalunya, dedica una ficha a la hipercorrección de usar *tarja* 'placa donde hay escrita una indicación' en vez de *targeta*, por la similitud de esta con la palabra castellana *tarjeta*, de igual significado (www.gencat.cat/optimot/).

[21] Tanto *haig* como *he* son formas patrimoniales derivadas de la 1a p. del presente de indicativo de HABERE, a través de dos evoluciones distintas: HABEO > hab[j]o > ha[dʒ]o > ha[dʒ] > ha[tʃ] *haig*, por un lado, y HA(B)EO > ha[j]o > ha[j] > h[ɛ] > h[e] *he*, coincidente con el castellano, por el otro (Moll, 2006: § 181).

a la terrasseta" en *Avui*, del cual Pla fue corrector durante 25 años. Una parte de estos artículos, en concreto 59, acompañados por otros sobre la lengua de los medios y sobre la situación del catalán, que aparecieron en el mismo periódico y sitúan el cómputo final en 85, están recogidos en el libro *Això del català* (Barcelona: Columna, 2010), con una extensa reflexión precedente.

Este volumen recopilatorio, al cual siguió *Un tast de català* (Barcelona: Columna, 2011), con artículos aparecidos tanto en *Avui* como en *Ara*, lleva un prólogo de Joan Solà, miembro de la Secció Filològica del IEC, en el que advierte de las discrepancias entre el autor del libro y las directrices normativas de dicha institución (pp. 20-21):

> Dudé de si yo podía hacer un prólogo a este libro. Pla expresa a menudo sus posiciones con un lenguaje duro. Incluso le pedí si podía suavizar ese lenguaje, y en buena parte lo ha hecho. ¿Por qué lo tenía que suavizar? Por tres o cuatro razones: porque no siempre sabemos toda la verdad o la realidad de las personas, los hechos o las instituciones puestas en cuestión; porque para el lector es más útil y convincente un ejemplo de lo que queremos decir que no una denuncia desgarrada; porque un hecho puede no ser imputable a un individuo o a la norma que el individuo vulnera sino a una situación social o política más poderosa que el individuo y que la norma (y aludo a la multifacética vacilación de los catalanes delante de su lengua); y porque yo pertenezco y debo lealtad a la institución a la que el autor critica con una acritud a veces exagerada o innecesaria. [...] La extremadamente delicada situación (filológica, política y social) de la lengua nos ha llevado a muchos profesionales a la misma irritación que expresa Albert Pla. Y la irritación, inevitablemente, la focalizamos en algún responsable máximo, porque no tenemos otra salida: exactamente igual que hace años y siglos nos pasa con los aspectos más políticos de nuestro pueblo.

En este mismo prólogo se lee que "Pla toca temas a menudo nuevos; y en concreto toca muchos relacionados con la enojosa cuestión de las interferencias" (p. 19). Las opiniones, a propósito de estas, de dicho asesor lingüístico y columnista se expresan en fragmentos como el siguiente (p. 79), donde diferencia dos situaciones provocadas por el contacto de lenguas: por un lado, los calcos que penetran en la lengua como resultado de las circunstancias sociolingüísticas adversas y que lo hacen desplazando estructuras propias; por el otro, los préstamos que se han integrado en el sistema porque cubren una necesidad comunicativa. Mientras que considera muy negativamente a los primeros, y llama a combatirlos, propugna la necesidad de aceptación para los segundos.

Dejádmelo expresar de manera contundente: creo que se tiene que plantar cara a la interferencia hasta las últimas consecuencias, es decir, no debemos dejar pasar ni una. Y creo que no hacerlo es entreguismo suicida. Tiene unos efectos destructivos y desmoralizadores de primera magnitud.

Ahora bien: no es interferencia aquello que ha penetrado tan adentro en la lengua que ya forma parte de su estructura. No lo es aquello que, teniendo un origen castellano, se usa desde hace muchos años, nadie lo siente como castellano y expresa de manera más clara y funcional que cualquier otra forma lo que queríamos decir. No lo es todo aquello a lo que hemos llegado por nosotros mismos como consecuencia de una evolución que se ha hecho, inevitablemente, en un determinado marco sociolingüístico.

La interferencia, el calco, es una forma que se superpone, es un cuerpo extraño que estorba y entorpece. El préstamo es una forma que se integra y enriquece, que se siente tanto de la lengua como cualquier otra. La obsesión por la interferencia puede llevar a obviar esta diferencia crucial, y obviarla ha hecho y está haciendo un daño enorme al catalán.

De acuerdo con esta distinción entre la interferencia innecesaria y el préstamo enriquecedor, los artículos de Pla alternan entre el combate de un buen número de calcos lingüísticos que observa en el catalán y la defensa de la aceptación de ciertas formas de origen castellano ya muy integradas en el idioma. Es un ejemplo del primer tipo de artículos —los más numerosos— el que inauguró la sección "Català a la terrasseta" (*Avui*, 01/08/2009), en el que Pla corrige una interferencia sintáctica a partir de las declaraciones de un personaje público, Joan Laporta, que por aquel entonces era presidente del Futbol Club Barcelona y tenía una notable presencia en los medios:

Lo decía Joan Laporta el otro día: "Aquest país hauria de tenir líders que s'aixequin cada dia tenint 15 preguntes que respondre". Se trata de un castellanismo sintáctico bastante habitual y que va ganando terreno. El catalán, a diferencia del castellano, no permite hacer los relativos con un infinitivo. O ponemos un verbo en forma personal o introducimos el infinitivo con preposición. O son "preguntes que volen resposta" o bé "preguntes per respondre". Y es importante no confundir un pronombre relativo con uno interrogativo. Así, es catalanísimo "No sé què dir ni on anar" (donde *què* y *on* son interrogativos) pero es un calco inadmisible "Tinc coses que dir i llocs on anar" (donde *que* y *on* son relativos). Es fantástico, pues, que Laporta se levante con preguntas que responder. Ahora falta que lo aprenda a decir bien.

Por contra, la posición de aceptación de determinados castellanismos ya muy consolidados e integrados en el sistema lingüístico catalán se refleja en un artículo como "Bocamolls i xivatos" (*Avui*, 25/08/2009), que sabemos por el propio Pla que fue objeto de críticas ("Me reprocha Eugeni S. Reig, un incansable trabajador por la lengua, que abone *xivato*", *Avui*, 23/10/2009).

Hay un purismo que, con la mejor intención, quiere cerrar el paso a cualquier palabra de origen castellano, por más arraigada que esté en el uso. Por no aceptar *xivato* forzaría tanto el sentido de *bocamoll* que al final ya no sabríamos qué quiere decir. Un *bocamoll* es alguien que no sabe guardar secretos, que dice lo que conviene callar, que se le escapa todo. Sin mala fe, por pura incontinencia. Un *xivato*, en cambio, es alguien que delata, a posta, con mala fe, sabiendo que perjudica. *Delator* es de otro registro. Un *espieta* sobre todo espía. *Confident* es un término policial. *Xerraire* quiere decir *que habla mucho* y es también sinónimo de *bocamoll*. *Xivato*, *xivar*, *xivatada* son catalanes porque hace muchos años que los hacemos servir y no sabemos prescindir de ellos. Si el IEC nos deja decir *xarlatà*, un italianismo pasado por el castellano que no nos hace tanta falta (tenemos *engalipador*, *entabanador*, *arrencaqueixals*), ¿por qué nos priva de *xivato*? ¿Es otra palabra maldita porque acaba en *o*?

Los castellanismos cuya aceptación es vista con buenos ojos por Pla suelen ser términos usados en registros informales, como *tonto*, *xuleta* 'apunte que se lleva oculto para copiar en los exámenes' o *nòria* 'artilugio de feria consistente en una gran rueda con asientos que gira verticalmente'. En el artículo "El català col·loquial" (*Avui*, 29/04/2009), Pla trata los problemas que genera la interferencia en este registro, que es el que presenta un grado de castellanización más elevado, muy superior al que se encuentra en los registros más formales del idioma. Al mismo tiempo, es en la lengua oral de cada día donde resulta más difícil sustituir determinados términos y expresiones propios de la coloquialidad, puesto que la renovación de este registro familiar, cambiante por naturaleza, proclive a las notas de humor e incluso al vulgarismo, ya no se hace con recursos propios de la lengua catalana, sino que el castellano ha llenado este espacio.

Las lenguas, como los árboles, tienen raíces por donde suben los nutrientes que las vivifican. La calle, el uso más espontáneo, es el grueso de materia orgánica que el arte de los escritores convertirá en literatura o filosofía. Pero en el caso del catalán, esta materia orgánica está cada vez más castellanizada, y la savia que llega a los creadores de lengua, si pasa por un cedazo normativo demasiado espeso, puede perder la sustancia necesaria para dar frutos sabrosos[22]. [...] Y es que la idea de que un registro coloquial se puede inventar contradice su misma esencia. El coloquial es, por definición, *lo que se dice* y sustituirlo por *lo que se tendría que decir* puede fácilmente convertir a quien lo hace en un extraño, si no un pedante, entre los suyos. El reto en estos casos es no cortar tan a ras que te quedes sin dedo. [...] Porque el catalán coloquial que hierve en nuestras calles es tan mestizo como nuestra sociedad, y los profesionales de la lengua no podemos ignorarlo cuando ha enraizado tan adentro que arrancándolo arrancamos partes de nuestros recursos expresivos. Los peligros que asedian al catalán, decía Josep Murgades en una reciente entrevista en *Avui*[23], son la vasquización (retroceso en el uso) y la galleguización (erosión formal). Pero hay un peligro quizá más letal, la latinización: encastillarnos en un purismo estéril que nos ponga en las peores condiciones para ganar al castellano la ya harto difícil batalla de la calle.

Otro aspecto tratado por Pla son las hipercorrecciones que se producen en el afán de rehuir hipotéticos castellanismos, como resultado de la inseguridad de los hablantes en el uso del idioma, derivada de la consciencia de utilizar una lengua muy interferida. Así, es la hipercorrección la que genera el enunciado que comenta Pla en la columna "20 hi voten a favor i 10 s'hi abstenen" (*Avui*, 11/08/2009), con un clítico *hi* necesario para el primer verbo pero incorrecto para el segundo:

Hablamos mucho del retroceso de los pronombres *hi* y *en*[24]. Cada día más gente dice *em nego* sin saber que se está ahogando[25]. Pero la inseguridad también

---

[22] Sintagma que evoca el poemario *Els fruits saborosos*, de Josep Carner, obra clave del inicio del Novecentismo, publicada en 1906 (Barcelona: Impr. Joaquim Horta), año del I Congrés Internacional de la Llengua Catalana, y reeditada, siguiendo la ortografía del IEC, en 1928 (Sabadell: La Mirada).

[23] Entrevista de Francesc Puigpelat al catedrático de la Universitat de Barcelona y codirector de la revista *Els Marges,* Josep Murgades (*Avui*, 02/04/2009).

[24] *Hi* (< ĬBI / HĪC) y *en* (< ĬNDE) son pronombres adverbiales, sin paralelo en castellano, omitidos por hablantes de sintaxis interferida. *Hi* denota el 'sitio en donde o hacia donde' (*Són a casa? No, no hi són* [¿Están en casa? No, no están], *La Maria surt de la feina quan jo hi entro* [María sale del trabajo cuando yo entro]) y se usa también para referirse a complementos preposicionales no introducidos por *de* (*Has parlat amb el Joan? No, fa dies que no hi parlo* [¿Has hablado con Juan? No, hace días que no hablo con él], *No puc deixar de pensar-hi!* [¡No puedo dejar de pensar en ello!] y en construcciones con clítico inherente (*És cec: no hi veu* [Es ciego: no ve], *No hi havia lloc* [No había sitio]). A su vez, *en* denota el 'sitio desde donde' (*Has passat a veure l'àvia? Ara en vinc* [¿Has pasado a ver a la abuela? Ahora vengo de verla] y se utiliza también para referirse a complementos introducidos por *de* (*T'he parlat mai de la meva*

provoca exceso, como este *hi* de *s'hi va abstenir*. El *hi* es necesario cuando lo que representa también lo es. Votamos a favor o en contra *de una cosa* —*hi* votem a favor o en contra—, pero abstenernos, no votar, no pide nada. Diferentes acepciones de un mismo verbo tienen regímenes diferentes. Una puede exigir un complemento y la otra ninguno. *Abstenir-se* queriendo decir *privar-se* exige uno. Por eso, cuando no fumo, *me n'abstinc*. Pero *abstenir-se* queriendo decir *no votar* no exige ninguno. Por eso, si no voto, *m'abstinc*.

Pla se refiere también a las interferencias que provoca el inglés por la presión cultural que ejerce a distancia una potencia mundial como son los Estados Unidos. En este caso, como ocurre con las lenguas subordinadas (Lamuela, 1987), la interferencia llega al catalán mediatizada por el castellano, que actúa como lengua de interposición (Aracil, 1983). Escogemos como muestra el artículo "Oblida-ho" (*Avui*, 04/08/2009):

> Una de las invasiones más sutiles es la que nos viene del inglés vía doblaje de films al castellano. ¿Por qué fuerzan la lengua los dobladores? Porque la cámara enseña los labios del actor, y *forget it* no puede ser *no pienses más en ello*. Y si Cary Grant ya decía a Ingrid Bergman "Olvídalo, nena", quién es capaz ahora de sustituir un *oblida-ho* tan glamuroso por un vulgar *deixa-ho córrer*. Es curioso lo que nos pasa con *oblidar*. Hace medio siglo muchos catalanes ni lo sabían decir, decían *olvidar*, pero también decían "No et descuidis de preguntar-ho" o "Pensa a agafar les claus". Ahora todo lo olvidamos. Y de esto no tiene la culpa Cary Grant, ni es ninguna invasión sutil[26]. Es el evidente e imparable proceso que va erosionando todo lo que nos hace diferentes del castellano. En cierto modo, y aunque pueda parecer paradójico, aquel *olvidar* era más catalán que el actual *oblidar*.

---

germana? No, parla-me'n [¿No te he hablado nunca de mi hermana? No, háblame de ella]) y con valor partitivo (*Et poso cafè? No en vull, gràcies* [¿Te pongo café? No quiero, gracias]).

[25] En catalán existe un verbo *negar-se* sinónimo de *ofegar-se* 'ahogarse' (*Vaig tenir un tall de digestió i quasi em nego* [Tuve un corte de digestión y casi me ahogo]) y un verbo *negar-se* 'decir que no (a hacer algo)' que rige un complemento preposicional obligatorio introducido por *a*, cuya omisión fuerza la presencia del pronombre *hi*: *Em nego a fer-ho, i tant!, m'hi nego* [Me niego a hacerlo, ¡y tanto!, me niego].

[26] Sintagma que evoca el cuento *Invasió subtil*, escrito por Pere Calders después de su retorno a Cataluña tras veintitrés años de exilio. Apareció en la revista *El Pont, la cultura catalana tal com l'anem fent* (05/1969), que fundó el escritor, gramático y editor Miquel Arimany i Coma, y posteriormente dio nombre a un volumen recopilatorio que alcanzó un gran éxito (Barcelona: Edicions 62, 1978).

5. Conclusión

En este capítulo nos hemos referido a las secciones que los medios de comunicación escritos de Cataluña han dedicado y dedican a la divulgación de conocimientos sobre el catalán y, en particular, a la difusión de su normativa ortográfica, gramatical y léxica. A partir de una muestra representativa de textos periodísticos de distintas épocas, hemos puesto de manifiesto la insistencia con que en ellos se trata el tema de las interferencias.

Dicho género de divulgación lingüística, que tiene sus precedentes en las polémicas ortográficas que la prensa catalana acogió desde finales del siglo XVIII y, con más intensidad, durante la segunda mitad del XIX, dispone hoy de una larga tradición. Tanto es así que este tipo de secciones han estado presentes en los rotativos de Cataluña desde principios del siglo XX, inmediatamente después de la promulgación de la normativa ortográfica (1913, 1917) y gramatical (1918) del IEC. El mismo Fabra, máximo artífice de la codificación de la lengua catalana, fue un gran divulgador de esta en la prensa, principalmente a través de la sección "Converses filològiques" que publicó en el periódico *La Publicidad / La Publicitat* ya a partir de 1919 y hasta 1928.

Desde entonces y hasta la actualidad, ha sido constante la presencia de columnas periodísticas dedicadas a la divulgación de la normativa de la lengua catalana, muy a menudo centradas en la corrección de errores causados por el contacto con el castellano. La inserción de dichos espacios se ha producido en todos los contextos sociopolíticos en los que el catalán ha tenido que desenvolverse, tanto en épocas de presencia en la vida pública como en periodos de prohibición.

Las muestras aportadas en el presente capítulo ponen de manifiesto que las numerosas interferencias lingüísticas del castellano sobre el catalán, las cuales tienen unas hondas causas históricas y sociolingüísticas, son percibidas por los columnistas en términos muy negativos y perjudiciales para el futuro del idioma, lo cual lleva a la proscripción de las palabras y estructuras no genuinas tratadas en dichas columnas, aunque puntualmente se abogue por la aceptación de determinados préstamos ya muy incardinados en el sistema lingüístico y de difícil sustitución. A pesar, pues, de algunas discrepancias menores sobre la necesidad de incluir en la lengua correcta ciertos elementos lingüísticos de origen castellano que la autoridad normativa no admite, las columnas de divulgación de la normativa siguen el camino marcado a inicios del siglo pasado por Fabra y la Secció Filològica del IEC, que situaron como eje rector principal de su tarea la depuración o "descastellanización" de la lengua catalana.

Bibliografía

ARACIL, L. V. (1983). *Dir la realitat*. Barcelona: Edicions Països Catalans.

ARTELLS, E. (1969-1971). *Llenguatge i gramàtica*, 2 vol. Barcelona: Barcino.

BENET, J. (1995). *L'intent franquista de genocidi cultural contra Catalunya*. Barcelona: Publicacions de l'Abadia de Montserrat.

CABRÉ, A. y PUJADAS, I. (1989). "La població: immigració i explosió demogràfica", en: NADAL I OLLER, J., MALUQUER DE MOTES, J., SUDRIÀ I TRIAY, C., CABANA I VANCELLS, F. (dirs.), *Història econòmica de la Catalunya contemporània*. Vol. 5: *s. xx. Població, agricultura i energia*. Barcelona: Enciclopèdia Catalana, pp. 11-128.

CASALS, D. (2007). "La difusió de la codificació fabriana als mitjans de comunicació durant el tardofranquisme. Publicació del curs 'Lecciones de catalán para todos' (1969-1975) al diari *El Correo Catalán*", en: MONTSERRAT, A., CUBELLS, O. (eds.), *Entorn i vigència de l'obra de Fabra*. Valls: Cossetània, pp. 27-37.

— (2018). "Tradició en l'extensió social de la llengua des dels mèdia", en: CASALS, D., MASSANELL, M., SEGARRA, M. (eds.), pp. 27-32.

— (2019). "L'extensió social del català normatiu a la premsa durant la Transició. La secció 'Clar i català' (1982-1983), de Joan Fortuny i Escoda, per a *La Hoja del Lunes*", *Estudis Romànics*, XLI, pp. 147-175.

CASALS, D. y FAURA, N. (2015). "Contribució de Josep Ibàñez i Senserrich a la difusió i a la reivindicació del català durant el Franquisme a la premsa: la primera etapa (1966-1967) de la secció 'Aclariments lingüístics', de *Tele/estel*", *Estudis Romànics*, XXXVII, pp. 85-113.

CASALS, D., MASSANELL, M. y SEGARRA, M. (eds.). (2018). *L'extensió social de la normativa als mitjans de comunicació*. Barcelona: Publicacions de l'Abadia de Montserrat.

FABRA, P. (2010). *Obres completes*. Dirección de J. Mir y J. Solà. Vol. 7: *Converses filològiques*. Barcelona: IEC/Proa/Edicions 62/Edicions 3 i 4/Moll.

FERRER I GIRONÈS, F. (1985). *La persecució política de la llengua catalana*. Barcelona: Edicions 62.

FIGUERES, J. M. (1994). *Breu història de la premsa a Catalunya*. Barcelona: Barcanova.

GIEC = Institut d'Estudis Catalans. (2016). *Gramàtica de la llengua catalana*. Barcelona: IEC.

JANÉ, A. (2017). "Els comentaris lingüístics a la premsa escrita", *Llengua Nacional*, 99, pp. 5-8.

JORDANA, G. (2018). "La llengua catalana des de L'Opinió: C. A. Jordana", en: CA-SALS, D., MASSANELL, M., SEGARRA, M. (eds.), pp. 47-61.

LAMUELA, X. (1987). Català, occità, friülà: llengües subordinades i planificació lingüística. Barcelona: Quaderns Crema.

LAMUELA, X. y MURGADES, J. (1984). Teoria de la llengua literària segons Fabra. Barcelona: Quaderns Crema.

MASSANELL, M. (2019). "Que ja·s parla different que·s parlava deu anys ha esta part. El català modern: la baula imprescindible", Caplletra, 66, pp. 183-206.

MOLL, F. de B. (2006). Gramàtica històrica catalana. València: Universitat de València.

MUNTÉ I VILÀ, J. (1996): "Ibàñez Escofet i el català a Tele/eXprés", en: CÒNSUL, I. (ed.), Tísner. Miscel·lània d'homenatge. Barcelona: Publicacions de l'Abadia de Montserrat, pp. 205-209.

MURGADES, J. (2008). "Notícia i tast de més textos desconeguts de Fabra", Els Marges, 84, pp. 87-96.

NICOLAU D'OLWER, L. (2007). "Prefaci del llibre dels Jocs Florals de la Llengua Catalana del 1957: Any XCIX de la seva restauració", en: Democràcia contra dictadura. Escrits polítics, 1915-1960. Barcelona: IEC, pp. 563-566.

PAYRATÓ, L. (1985). La interferència lingüística. Comentaris i exemples català-castellà. Barcelona: Curial / Publicacions de l'Abadia de Montserrat.

PLA NUALART, A. (2010). Això del català. Podem fer-ho més fàcil? Barcelona: Columna.

SEGARRA, M. (1985). Història de l'ortografia catalana. Barcelona: Empúries.

SOLÀ, J. (1977). Del català incorrecte al català correcte. Barcelona: Edicions 62.

SOPENA, M. (2018). El risc de la modernitat. La revista Critèrion (1959-1969). Barcelona: Publicacions de l'Abadia de Montserrat.

VENY, J. (1998). Els parlars catalans. Palma de Mallorca: Moll.

2.

MEDIOS PERIODÍSTICOS CATALANES
DE EXPRESIÓN CASTELLANA

EL ACENTO CATALÁN EN ALGUNOS COMUNICADORES: EL CASO DE LOS *LATE NIGHT*

Alba Igarreta Fernández
Universitat Autònoma de Barcelona

1. Introducción

Los medios de comunicación se emplean en las sociedades para informar y comunicar de manera masiva, y dado que constituyen instrumentos culturales que tienen un gran impacto en la sociedad, su influencia es innegable. Tal y como señala Iglesias Casal (2003: 390), "para muchos se han erigido en modelos de autoridad, tanto en los valores y actitudes que muestran como de la formación y difusión de la lengua", razón por la cual un amplio número de investigadores ha mostrado interés por estudiar la lengua en los medios de comunicación. Como resultado de dicho interés, se pueden encontrar trabajos tanto de carácter descriptivo como de carácter normativo que analizan esta variedad diafásica del idioma.

Por un lado, abundan los trabajos de carácter descriptivo, como los de Romero Gualda (1993), Casado Velarde (1995), Garrido Medina (1999), Iglesias Casal (2003) o Luis Barcía (2005), entre muchos otros. Por otro, existen los trabajos de carácter normativo, entre los cuales destacan los manuales de estilo elaborados por los distintos periódicos, televisiones o emisoras de radio, como el *Manual de español urgente* (de la Agencia EFE), el *Libro de estilo* de *El País*, ambos centrados en prensa, el *Manual de estilo de TVE* (Mendieta, 1993), el *Libro de estilo de Telemadrid* (Telemadrid, 1993), el *Libro de estilo Canal Sur Televisión y Canal 2 Andalucía*, (Allas y Díaz, 2004), el *Manual de estilo y referencia. CNN en español* (CNN, 2002), y la *Guía de estilo Onda Cero Radio* (Onda Cero Radio, 1996). Alcoba (2009: 5) apunta que el objetivo de un libro de estilo "es, fundamentalmente, ofrecer una solución única y uniforme a las variaciones lingüísticas" y, dado que no se trata de una gramática, un diccionario o una ortografía, el libro de estilo "establece, recuerda o precisa algunas reglas gramaticales de la lengua; resuelve cuestiones de regularidad, extensión y uso de algunas palabras; y fija aspectos de sonido o de grafía" (Alcoba, 2009: 5). La mayoría de estos manuales se centran en aspectos relacionados con el léxico o la gramática, y aunque sí tratan otros relacionados con la pronunciación, hacen poco hincapié en este elemento de la lengua. Aguilar señala que:

> (s)i se toman como referencia los periodistas radiofónicos y los presentadores de TV en los dos continentes, la tendencia a la unidad idiomática resulta más evidente en el terreno del léxico que en la pronunciación, donde se mantienen aquellos rasgos de dicción y entonación que no crean conflictos de significados ni de identidad (Aguilar, 2009: 130).

Además, generalmente estos libros de estilo no suelen tener en cuenta el español hablado en las distintas regiones bilingües en las que se hablan el gallego, el vasco o el catalán. Por ello, la presente investigación, de carácter descriptivo, tiene como objetivo analizar las características de la pronunciación del español de presentadores, locutores o colaboradores de origen catalán que trabajan en televisión en español, y estudiar si hay una transmisión de rasgos fonéticos del catalán al castellano de estos comunicadores.

2. La pronunciación del español en los medios de comunicación

Tal y como se ha mencionado anteriormente, los libros de estilo tienden a ofrecer breves explicaciones en lo que a los aspectos de la pronunciación se refiere. Aguilar (2009) apunta que prácticamente todos los manuales de estilo coinciden en señalar algunos fenómenos que suscitan dudas de manera recurrente y que resultan fáciles de describir, como la pronunciación de las oclusivas -b, -d, -g en posición final, el ceceo y el seseo, y el yeísmo. También añaden aspectos, que, en palabras de la autora, "a menudo quedan fuera de los estudios lingüísticos, como la correcta lectura de nombres extranjeros" (Aguilar, 2009: 132). La investigadora subraya que

> (e)n general, los libros de estilo, y, por extensión, los profesionales de los medios identifican el desprestigio de las producciones ceceantes, diferente de la

espontaneidad que puede llegar a transmitir la relajación de la -*d*- intervocálica en los participios acabados en -*ado*. Por el contrario, no prestan atención a otros fenómenos que, sin embargo, son claros indicadores de descuido en el habla (Aguilar, 2009: 137).

El trabajo de Aguilar (2009) ofrece un análisis de los problemas de pronunciación del español detectados en los medios de comunicación y presenta unas consideraciones descriptivas generales de concepto, clases y usos. Uno de los problemas detectados es el de la gran variedad de pronunciación de las consonantes /p, t, k, b, d, g/. La autora recomienda la pronunciación aproximante de aquellas que se encuentran en posición final de sílaba y censura tanto los reforzamientos del punto de articulación como las elisiones. Añade que, en el caso de la consonante /d/, está muy extendida su elisión en los participios acabados en -*ado* y en posición final de palabra, incluidos los casos de habla culta, pero sí se considera vulgarismo fónico la elisión cuando las terminaciones -*ado*, -*ada*, -*ador* forman parte de un sustantivo o si el participio no pertenece al paradigma de la primera conjugación. Otro problema detectado es el de la pronunciación de las consonantes en posición de coda silábica, por lo que Aguilar (2009) indica que la norma acepta la elisión de la primera consonante solo en los casos de codas complejas, pero no en combinaciones como /b/ + consonante o /k/ + consonante. Sin embargo, recomienda mantener la pronunciación en grupos /ns/ + consonante, lo que en ocasiones da lugar a casos de ultracorrección. En cuanto al problema relacionado con la confusión en los grupos vocálicos que aparecen en interior de palabra, Aguilar (2009: 139) señala que "se etiqueta de vulgar la monoptongación de diptongo" a pesar de que esta reducción vocálica se registra con frecuencia en contextos y estilos de habla informal. El último de los problemas detectados por la investigadora es el de la vacilación entre la pronunciación en sinéresis (monosilábica) o separada (hiática) de las vocales en contacto en el margen de palabra, y es que, a pesar de que la sinalefa se considera propia del español y, en ausencia de acento, es preferible la separación silábica, se observa que en los medios de comunicación desaparecen las sinalefas como consecuencia del exceso de acentos enfáticos situados a lo largo de la frase, incluso en artículos contractos.

Tal y como se ha señalado anteriormente, los libros de estilo no suelen tener en cuenta la posible transmisión de rasgos de otras lenguas al español en comunidades bilingües. Sin embargo, la *Guía de estilo Onda Cero Radio* aconseja "el uso de la norma de pronunciación conocida como norteña. Los acentos propios de cada región son respetables, pero deben evitarse en intervenciones en cadena" (Onda Cero Radio, 1996: 81). A pesar de que esta guía de estilo, en su descripción del sistema consonántico del español, no hace referencia expresa a las posibles interferencias de otras lenguas, sí señala en relación con el fonema dental oclusivo sonoro /d/ que "(h)ay que evitar su pronunciación como /t/ o como /θ/ en final de palabra" (Onda Cero Radio, 1996: 81), aspecto que, tal y como se expone en el siguiente apartado, es propio del español hablado en Cataluña. Cabe destacar la descripción que esta guía de estilo realiza del sistema vocálico del español: "En cuanto a los sonidos vocálicos, basta con decir que son cinco (/a/, /e/, /i/, /o/, /u/), y que deben evitarse pronunciaciones abiertas o cerradas de cada uno de ellos, propias de otras lenguas romances (catalán, por ejemplo) y que no se dan en castellano" (Onda Cero Radio, 1996: 81).

3. Contacto de lenguas y transmisión de rasgos fonéticos del catalán al español

Los estudios que analizan la interferencia entre español y catalán son muy numerosos, especialmente durante la segunda mitad del siglo xx, y la mayoría de ellos abordan esta cuestión desde una perspectiva sociolingüística. Existe un amplio número de estudios que analiza los fenómenos de interferencia centrados en aspectos léxicos, morfológicos o sintácticos, como los trabajos pioneros en este campo de Moll (1961), Badia Margarit (1955, 1965 y 1979) y Colón (1967), los que inician el análisis de los fenómenos de interferencia de Cerdà (1984), Payrató (1985), Marsá (1986), y los que les siguen de Szigetvári (1994), Galindo Solé (2003), Prat Sabater (2003), Blas Arroyo (2004), Sinner (2004), Sinner y Wesch (2008), Klee y Lynch (2009), entre otros.

El número de investigaciones que se proponen analizar las características fonéticas del español en contacto con el catalán es mucho más reducido, y entre ellas se pueden encontrar trabajos como los de Badia Margarit (1979) y Casanovas (1995), los cuales presentan observaciones de carácter auditivo, o trabajos de carácter experimental como los de Balari, Llisterri y Poch (1989), Poch-Olivé y Harmegnies (1994), Harmegnies, Bruyninckx, Llisterri y Poch (1989, 1990 y 1992), Machuca y Poch (2016) y Poch (2016).

Badia Margarit (1979) señala que no es de extrañar que en algunos medios populares catalanes no se distinga entre /s/ y /z/ al hablar en castellano, es decir, que una palabra como *azul* sea pronunciada como [a'sul]. En relación con la pronunciación de la sibilante fricativa, tanto este investigador como Casanovas (1995) apuntan que puesto que el catalán sonoriza la /s/ final delante de la vocal inicial de la siguiente palabra (fenómeno conocido como "liaison"), en español se da una sonorización de /s/ por fonética sintáctica.

Otro rasgo del catalán que, según la bibliografía, se transmite a la pronunciación en castellano de la mayoría de los catalanes en cualquier contexto es la resonancia velar fuerte de la /l/. Badia Margarit (1979: 148-149) apunta que se ha constatado en diversas ocasiones que muchos universitarios catalanes no distinguen la diferencia existente entre las dos modalidades de /l/, la catalana y la castellana, lo que explica por qué la /l/ velar es tan empleada por gente cultivada cuando se expresa en castellano.

En cuanto a los sonidos oclusivos, Casanovas (1995) señala la articulación ensordecida de la /d/ implosiva, que se convierte prácticamente en [t], como otra de las características del español hablado por catalanohablantes. Ejemplo de ello sería la pronunciación de *calidad* como [kali'ðat]. Esta investigadora también apunta que la articulación de [ð] se mantiene en cualquier contexto, incluso en participios acabados en -*ado*. La autora indica que otro aspecto reseñable es el de la pronunciación culta de los grupos consonánticos sin la relajación propia de las áreas hispanohablantes, es decir, que *acceso* es [ak'θeso] y *máximo* es ['maksimo].

En lo que concierne a la pronunciación de las vocales del español por hablantes de catalán, existen trabajos de carácter auditivo, como el de Badia Margarit (1979: 148-149), quien señala que los catalanes, al hablar en castellano, pronuncian la /e/ y la /o/ como la /e/ y /o/ abiertas del catalán. El trabajo de Casanovas (1995) sigue la línea del anterior investigador y apunta que la presencia de vocales abiertas (/e/ como [ɛ] y /o/ como [ɔ]) en el español de los hablantes de Lérida puede considerarse como el fenómeno más representativo de la pronunciación de dicho lugar.

De acuerdo con Machuca y Poch (2016: 154), los resultados de las investigaciones de carácter experimental citadas al comienzo de este apartado "muestran fenómenos diferentes a los señalados en las observaciones de carácter auditivo". Los trabajos de Balari, Llisterri y Poch (1988) y Poch-Olivé y Harmegnies (1994) sugieren que los informantes bilingües empleados en sendos estudios eliminan las realizaciones [ɛ] y [ɔ], propias del catalán, cuando se expresan en español. De los diversos estudios de Harmegnies, Bruyninckx, Llisterri y Poch (1989, 1990 y 1992) se puede concluir que los hablantes bilingües suelen presentar mayor variación en su comportamiento fónico en su lengua dominante, mientras que en la no dominante la variabilidad observada es menor. Estos resultados son corroborados por el estudio de Machuca y Poch (2016), en el que las investigadoras señalan que los hablantes bilingües cuya lengua dominante es el español muestran un comportamiento muy similar al de los hispanohablantes nativos, mientras que aquellos de dominancia catalana no presentan realizaciones abiertas de los fonemas /e/ y /o/.

4. Diseño del corpus

Para realizar este trabajo se han analizado algunos vídeos, que se detallarán a continuación, de los programas de televisión *Buenafuente (BFN)* (emitido desde el 2005 hasta el 2011), *Buenas noches y Buenafuente* (emitido en 2012), *En el aire* (emitido desde 2013 hasta 2015) y *Late Motiv* (activo en la actualidad desde 2016). Todos ellos comparten una serie de características: se trata de programas *late night* en los que se mezclan actualidad, humor y entrevistas a distintas personas que en ese momento fueron consideradas relevantes en el panorama nacional. Además, han sido producidos por El Terrat (productora de origen catalán), se emiten o se han emitido en cadenas de televisión de ámbito nacional y son presentados por Andreu Buenafuente y copresentados por Berto Romero, comunicadores muy conocidos.

Se han analizado más de 350 minutos de grabaciones de los programas señalados. El corpus obtenido es equilibrado en lo que a la tipología de los vídeos se refiere, ya que se han analizado las distintas secciones de los programas (monólogos, entrevistas, secciones de colaboradores y secciones dedicadas a la improvisación) con el fin de obtener el mismo número de muestras de distintos tipos de habla (espontánea, semiespontánea o no espontánea). Los monólogos se han considerado muestras de habla no espontánea, dado que son previamente escritos y ensayados; las entrevistas y las secciones en las que participan colaboradores ofrecen ejemplos de habla semiespontánea puesto que, a pesar de que las preguntas se preparan con anterioridad, a lo largo de la sección o entrevista surgen otras nuevas, así como comentarios o intervenciones que no han sido preparadas de antemano; y las secciones dedicadas a la improvisación se han considerado como muestras de habla espontánea. Cabe señalar que, en el caso de Romero, ninguno de los fenómenos analizados se ha considerado como habla no espontánea dado que en todas sus intervenciones hay una gran parte de improvisación. Además, el corpus analizado también es equilibrado en lo que al número de realizaciones por cada informante se refiere.

Con el fin de llevar a cabo el estudio de las grabaciones, se ha realizado un análisis acústico sistemático con el apoyo de la técnica espectrográfica mediante el programa Praat. De esta manera, se han podido examinar los distintos ejemplos de palabras en las que podían aparecer los fenómenos de transmisión de rasgos del catalán al español citados en la bibliografía. Los fenómenos analizados en este trabajo son los siguientes:

a. Confusión entre /s/ y /z/ y sonorización de /s/ antes de vocal
b. Articulación de /l/ velarizada
c. Ensordecimiento de /d/ y pronunciación cercana a [t]
d. Pronunciación de [ð], incluso en participios acabados en -*ado*
e. Pronunciación culta de los grupos consonánticos
f. Vocales abiertas, especialmente los fonemas /e/ y /o/

5. Análisis

A. Confusión entre /s/ y /z/ y sonorización de /s/ antes de vocal

El análisis de las grabaciones seleccionadas ha permitido observar que ninguno de los comunicadores catalanes confunde /s/ y /z/, y que no se han dado casos de seseo. Sí se han detectado algunas realizaciones de /s/ sonorizada en el habla de ambos comunicadores, aunque tan solo en el 5 % de las sibilantes analizadas. Esta característica propia del catalán ha aparecido en palabras en las que este fonema se encuentra en posición intervocálica y en situaciones en las que el tipo de habla es espontánea. Además, estas sibilantes sonorizadas presentan las mismas características que las del catalán, ya que la duración de las mismas oscila entre los 55 y 75 ms, y de acuerdo con Recasens (2014: 251), "(s)egons dades del dialecte oriental, la durada de les fricatives sonores intervocàliques és força inferior a la de les sordes corresponents: 77 ms (/z/), 81 ms (/ʒ/)", y la duración de los elementos sonorizados realizados por los comunicadores oscila entre los 55 y 75 ms. En cuanto a la duración media de las realizaciones de /s/ producidas por Buenafuente, es de 100 ms, y las de Romero de 86 ms.

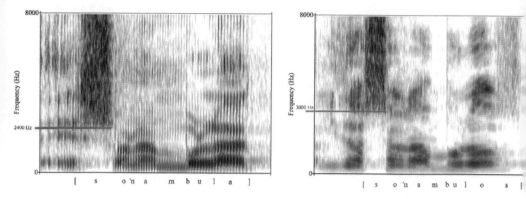

Figura 1. *Espectrogramas de las palabras* sonámbula *y* sonámbulos
articuladas por Buenafuente y Romero, respectivamente

Un aspecto que no ha sido contemplado en la bibliografía que analiza la transmisión de rasgos fonéticos del catalán al español, pero que se ha podido detectar al llevar a cabo este análisis, es el comienzo de la energía de la sibilante fricativa en el espectro. Durante la realización de este estudio se han podido detectar diferencias entre las realizaciones de /s/ producidas por Buenafuente y por Romero. La producción del primero se caracteriza porque la energía de las sibilantes fricativas que articula comienza a una altura media de 2694,3 Hz, mientras que las de Romero comienzan a una altura media de 3296,2 Hz. Ejemplo de ello son las palabras *sonámbula* y *sonámbulos,* que aparecen en los espectrogramas de la figura 1. En el primer espectrograma (izquierda), correspondiente a la realización de Buenafuente, se observa que la energía de la sibilante comienza en torno a los 2400 Hz. En el caso del segundo espectrograma, correspondiente a la realización de Romero, la energía de la sibilante fricativa comienza a la altura de los 3000 Hz.

De acuerdo con la RAE (2011: 182), la /s/ apical del español comienza en torno a los 3500-4000 Hz y la predorsal en torno a los 5000 Hz. Se observa, pues, que las realizaciones de Romero se aproximan más a las propias del español, mientras que las de Buenafuente se alejan bastante de las características de las sibilantes fricativas de esta lengua, pero se aproximan a los valores de las realizaciones del fonema /ʃ/ del catalán, el cual, según Recasens (2014: 250), presenta el comienzo de energía en torno a los 2000-3000 Hz.

B. Articulación de /l/ velarizada

Sobre la realización velarizada del fonema /l/, se han analizado las alturas a las que aparecen los formantes, dado que, de acuerdo con Recasens (2014: 211), las variantes velarizada (oscura, como él la denomina) y la no velarizada (clara) presentan diferentes características en lo que a los formantes se refiere. Según el investigador,

> La variant fosca presenta un F2 baix a causa de les dimensions considerables de la cavitat emplaçada entre els indrets d'oclusió alveolar anterior o dentoalveolar i de constricció postdorsal, un F1 relativament alt relacionat amb la posició baixa del predors i de la mandíbula, i un F3 també alt associat amb l'indret d'articulació especialment anterior de la consonant. Per contra, en comparació amb la variant fosca, la variant clara de /l/ és més breu, s'articula amb cos lingual avançat i elevat i una oclusió menys anterior, la qual cosa fa que F1 i F3 presentin una freqüència més baixa i F2 una freqüència superior (Recasens, 2014: 211).

El cuadro 1 muestra los valores medios de F1, F2 y F3 del fonema lateral /l/ realizado por los comunicadores, el rango de frecuencias y la duración media de estos sonidos. No se puede afirmar que los fonemas /l/ articulados por los informantes estén plenamente velarizados. Sí se encuentran algunas características que los acercan a la forma velarizada, como los valores más altos de F1, los cuales están relacionados con la posición baja del predorso de la lengua y de la mandíbula.

	Andreu Buenafuente	Berto Romero
F1 **Rango**	494,4 Hz 365,4-694,4 Hz	514,4 Hz 363-668 Hz
F2 **Rango**	1279,8 Hz 817,7-1460 Hz	1369,2 Hz 1037-2082 Hz
F3 **Rango**	2388,3 Hz 2024-2648	2362 Hz 2033 - 2596 Hz
Duración	68,14 ms.	53,18 ms.

Cuadro 1. *Datos extraídos del análisis del fonema /l/
producido por los dos informantes*

Se ha podido detectar que en uno de los casos analizados Buenafuente, en un contexto de habla no espontánea, articula la palabra *Barcelona* como lo haría en catalán (vocales abiertas y cerradas y /l/ velarizada). En este caso, F1 aparece en 382 Hz, F2 en 817,7 Hz y F3 en 2633 Hz. Estos formantes sí presentan las características propias de la /l/ velarizada descritas por Recasens (2014). Por lo tanto, se observa una tendencia similar a la detectada en el apartado anterior (realización de las sibilantes fricativas): dado que los presentadores son conscientes de las diferentes realizaciones de /l/, procuran acercar su pronunciación a la propia del español, aunque en ocasiones, especialmente dependiendo del contexto, las articulan de una manera cercana a la velarización, o incluso emplean estas diferencias como herramienta para adaptarse al contexto y situación, como en el caso de *Barcelona*.

C. Ensordecimiento de /d/ y pronunciación cercana a [t]

Se ha podido observar que, en el caso de Buenafuente, no hay ensordecimiento de /d/ final y pronunciación cercana a [t] dado que elide este sonido en el 100 % de los casos analizados. En el caso de Romero se ha detectado elisión en el 89,5 % de las realizaciones, mientras que en el 10,5 % restante sí presenta un ensordecimiento de /d/ y pronunciación [t]. Este fenómeno ha aparecido en contextos de habla espontánea.

En la figura 2 aparece el espectrograma de la palabra *escuchad* producida por Romero, y en él se observa que al final aparece una barra de explosión propia de la realización de [t].

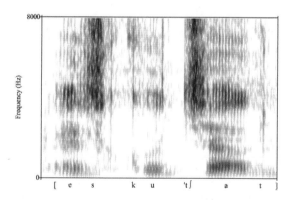

Figura 2. *Espectrograma de la palabra* escuchad *producida por Romero*

Estos resultados indican que, por lo general, los comunicadores tienden a elidir la /d/ final, realización que, tal y como se ha indicado en el apartado 3, está muy extendida, incluso en el habla culta. De esta manera, aproximan su pronunciación a la del español. Cabe señalar que, pese a que el porcentaje de interferencia del catalán en la pronunciación del español es bajo, y puesto que los casos detectados han aparecido en habla espontánea, hay cierta transmisión de rasgos del catalán al castellano, y puesto que los comunicadores son conscientes de ello, intentan evitar que esto suceda para acercar su pronunciación a la del español norteño.

D. Pronunciación de [ð] no elidida, incluso en participios acabados en -ado

Del análisis de la elisión o no de [ð] intervocálica se han podido extraer los datos que aparecen en los cuadros 2 (análisis de todas las realizaciones de [ð] intervocálica), 3 (análisis de las realizaciones en las que ha habido elisión de [ð] intervocálica según el tipo de habla) y 4 (análisis de las realizaciones en las que no ha habido elisión de [ð] intervocálica según el tipo de habla).

	Buenafuente	Romero
Elisión de [ð]	72,5 %	70 %
No elisión de [ð]	27,5%	30 %

Cuadro 2. *Datos extraídos del análisis de todas las realizaciones de [ð] intervocálica*

	Buenafuente	Romero
No espontánea	72,42 %	
Semiespontánea	6,90 %	42,85 %
Espontánea	20,68 %	57,15 %

Cuadro 3. *Datos extraídos del análisis de las realizaciones en las que ha habido elisión de [ð] intervocálica según el tipo de habla*

	Buenafuente	Romero
No espontánea	45,45 %	
Semiespontánea	45,45 %	66,7 %
Espontánea	9,1 %	33,3 %

Cuadro 4. *Datos extraídos del análisis de las realizaciones en las que no ha habido elisión de [ð] intervocálica según el tipo de habla*

Se observa que, en el caso de Buenafuente, el 20,68 % de las elisiones (cuadro 3) se han detectado en contextos de habla espontánea, mientras que en habla no espontánea el porcentaje de elisiones asciende al 72,42 %. Los monólogos cómicos de este comunicador han sido previamente escritos y ensayados, por lo que a pesar de que este tipo de elisión se considera un vulgarismo fónico, y dado que lo que pretende es hacer reír a los espectadores, el presentador acerca su pronunciación a una menos formal y más relajada.

En el caso de Romero, el porcentaje de elisión de [ð] intervocálica (cuadro 2) es bastante elevado (70 %), lo que, al igual que en el caso de Buenafuente, puede ser un indicador de que el comunicador pretende crear un ambiente más distendido en el que hacer reír a los espectadores, por lo que intenta acercar su pronunciación a la de estos. En cuanto a los casos en los que no hay elisión (cuadro 4), se puede observar que un mayor número de ellos (el 66,7 %) se da en habla semiespontánea, es decir, en la sección que el comunicador y humorista tiene preparada, frente a un 33,3 % de no elisión en habla espontánea. Esto puede deberse a que Romero, en situaciones de habla semiespontánea, juega con aparentar más seriedad para provocar nuevamente la hilaridad, por lo que la lengua que emplea adquiere un tono más formal.

E. Pronunciación de los grupos consonánticos

En relación con el análisis de la realización de los grupos consonánticos por parte de los dos informantes, se han clasificado las realizaciones en cultas o relajadas (cuadro 5) y se ha indicado en qué tipo de habla ha tenido lugar cada una de ellas (cuadros 6 y 7).

	Buenafuente	Romero
Pronunciación culta	53,33 %	53,33 %
Pronunciación relajada	47,67 %	47,67 %

Cuadro 5. *Datos extraídos del análisis de todas las realizaciones de los grupos consonánticos*

	Buenafuente	Romero
No espontánea	18,75 %	
Semiespontánea	37,5 %	75 %
Espontánea	43,75 %	25 %

Cuadro 6. *Datos extraídos del análisis de las realizaciones en las que ha habido pronunciación culta, clasificados según el tipo de habla*

	Buenafuente	Romero
No espontánea	21,43 %	
Semiespontánea	50 %	57,05 %
Espontánea	28,57 %	42,85 %

Cuadro 7. *Datos extraídos del análisis de las realizaciones en las que ha habido pronunciación relajada, clasificados según el tipo de habla*

Se puede observar que en los dos comunicadores los porcentajes de realización culta o relajada (cuadro 5) están bastante equilibrados. En el caso de Buenafuente, se ha detectado que la mayoría de las realizaciones cultas (cuadro 6) se dan en situaciones de habla semiespontánea o espontánea, es decir, cuando no hay preparación previa de lo que se va a decir, frente al 18,75% de realizaciones cultas en habla no espontánea. En cuanto a la pronunciación relajada (cuadro 7), se observa que un 50 % de las realizaciones han tenido lugar en contextos de habla espontánea, es decir, en entrevistas en las que probablemente quiere que el entrevistado se sienta en un ambiente cómodo y distendido, por lo que su pronunciación se torna más relajada.

En el caso de Romero, el 57,15 % de las realizaciones relajadas se dan en habla semiespontánea, y el 43,85 % en habla espontánea (cuadro 5). Tan solo el 25 % de las realizaciones cultas se dan en habla semiespontánea, más concretamente en la sección que prepara con anterioridad, en la que también cabe la improvisación.

Dado que los factores que influyen en que la pronunciación sea culta o relajada son diversos, y puesto que el porcentaje de realizaciones está bastante equilibrado, no se puede afirmar que las realizaciones sean las propias del español, pero tampoco se aprecia que exista una clara transferencia de rasgos del catalán al español producido por estos comunicadores.

F. Vocales abiertas

Con el fin de analizar las características de las vocales producidas por Buenafuente y Romero, se han analizado los valores de los formantes de las mismas. El primer formante (F1) está relacionado con la abertura oral, y cuanto más abierta es la vocal más elevada es la frecuencia (Hz) del mismo. El segundo formante (F2) está relacionado con la posición anterior o posterior de la lengua, y que la frecuencia (Hz) sea más alta significa que la articulación de la vocal es más anterior.

		/i/	/e/	/a/	/o/	/u/
	RAE	298	465	753	455	283
F1	**Buenafuente**	423	529,1	632,1	495,5	421,9
	Romero	420,6	544,6	667,1	492,2	428
	RAE	2188	1780	1260	910	865
F2	**Buenafuente**	1898	1677	1420,5	1158,6	1053,5
	Romero	1889	1670,8	1467,8	1216,5	1083,7

Cuadro 8. *Frecuencias medias (Hz) de los formantes F1 y F2 articulados por los informantes en comparación con los que indica la RAE (2011)*

Se observa que los valores de F1 correspondientes a la realización del fonema /i/ de los informantes son más elevados que los del español, lo que significa que la realización de esta vocal por parte de Buenafuente y Romero es más abierta que la del castellano. En cambio, los valores de F2 son más bajos, lo que indica que la realización es más posterior que la correspondiente en español.

En cuanto a la realización del fonema /e/, los dos comunicadores presentan unos valores de F1 ligeramente más elevados que los indicados por la RAE, lo que se traduce en que la vocal se realiza de una manera algo más abierta que la del español. Los valores de F2 son menos elevados que los del castellano, lo que significa que la realización de esta vocal es algo más posterior.

La realización del fonema /a/ se caracteriza porque los valores de F1 son más bajos que los del español, por lo que la pronunciación de estos sonidos por parte de los comunicadores es más cerrada. Cabe señalar que estos valores se aproximan mucho a los que, según Recasens (2014), son propios del catalán, ya que en esta lengua el F1 correspondiente al fonema /a/ aparece en torno a los 670-713 Hz. En cuanto a los valores de F2, se observa que son más elevados que los del español, por lo que la vocal es más anterior, y, al igual que en F1, los valores son más similares a los de la F2 de /a/ del catalán, los cuales oscilan entre 1420 y 1498 Hz (Recasens, 2014: 18).

En relación con el fonema /o/, los valores de F1 de las realizaciones de Buenafuente y Romero son prácticamente iguales que los del español, lo que indica que la abertura oral es la misma. En cambio, los valores de F2 sí son más elevados que los propios del castellano, por lo que la articulación de la vocal es más anterior. Estos valores se aproximan a los correspondientes de la [ɔ] del catalán, los cuales, según Recasens (2014: 18), aparecen en torno a los 1111-1129 Hz.

La realización del fonema /u/ por parte de los comunicadores se caracteriza porque los valores de F1 son más elevados que los del español, lo que hace que la vocal sea más abierta. En cuanto al F2, también es más elevado, por lo que la vocal se articula de manera más anterior que la del castellano.

Del análisis de la realización de las vocales producidas por Buenafuente y Romero se concluye que los fonemas /i, a, u/ presentan más variabilidad y están más alejados de los valores propios del español, mientras que /e, o/ se muestran más cercanos a los indicados por la RAE. Estos resultados siguen la estela de los trabajos de Balari, Llisterri y Poch (1988), Poch-Olivé y Harmegnies (1994) y Machuca y Poch (2016).

6. Conclusión

A lo largo de este trabajo no se han detectado casos de confusión entre /s/ y /z/ y han sido muy pocas las ocasiones en las que /s/ ha aparecido sonorizada. Sin embargo, se han podido observar diferencias en las frecuencias en las que comienza la energía de las sibilantes fricativas de los dos comunicadores, lo que indica la transmisión de características del sistema fonético catalán al español de estos informantes. En cuanto a la realización del fonema lateral /l/, se ha podido detectar una tendencia similar a la anterior, ya que, aunque no se puede afirmar que los informantes pronuncien dicho sonido velarizado, sí hay realizaciones que se aproximan mucho a las del catalán y se alejan de las propias del español, lo que depende en muchas ocasiones del contexto y el tipo de habla. En relación con la articulación de /d/ en posición final, se ha podido observar que los informantes la eliden constantemente con el fin de evitar la característica realización de dicho sonido como [t] que aparece, según la bibliografía, en la pronunciación del español de los catalanohablantes. Otro aspecto reseñable de este trabajo es que el porcentaje de elisión de [ð] intervocálica ha resultado ser bastante elevado. En cuanto a los grupos consonánticos, no se puede decir que haya una clara transmisión sistemática de rasgos del catalán al español de Buenafuente y Romero, pero se ha podido constatar que las realizaciones no siempre son como las propias del español. Finalmente, y en relación con la realización de las vocales, se ha observado más variedad y más flexibilidad en la pronunciación de los fonemas /i, a, u/, y más rigidez en la de los fonemas /e, o/.

Esto indica que los comunicadores objeto de estudio conocen algunos de los rasgos característicos del catalán que pueden aparecer en el español hablado por catalanohablantes, e intentan acercar su producción a la norma castellana, aunque no siempre consiguen que no haya dicha transmisión. Además, en ocasiones estos profesionales de la comunicación se alejan, probablemente de manera consciente, de la norma castellana culta, lo que puede deberse a que en este tipo de programas de televisión se pretende crear una sensación de cercanía con el espectador.

De cara a futuras investigaciones, resultaría interesante analizar la producción del español de otros profesionales de la comunicación catalanohablantes en otro tipo de programas (tanto de televisión como de radio), de manera que estas observaciones se tengan en cuenta a la hora de crear nuevos libros de estilo para los distintos medios.

Bibliografía

AGENCIA EFE (2015). *Manual del español urgente*. Madrid: Debate.

AGUILAR, L. (2009) "Pronunciación y estándar en los medios", en: ALCOBA, S. (coord.), pp. 122-145.

ALCOBA, S. (coord.), R. SARMIENTO, J. M. PÉREZ TORNERO *et al.* (2009). *Lengua, comunicación y libros de estilo*. Disponible en: <http://mediamentor.org/es/publications>.

ALEXA, M. *et al.* (2006). *Lengua española para los medios de comunicación: usos y normas actuales*. Valencia: Tirant lo Blanch.

ALLAS, J. M. y DÍAZ, L. C. (2004). *Libro de estilo de Canal Sur Televisión y Canal 2 Andalucía*. Sevilla: RTVA.

BADIA MARGARIT, A. M. (1955). *Fisiognómica comparada de las lenguas catalana y castellana*. Discurso leído en la recepción pública del Dr. Don Antonio M. Badía Margarit en la Real Academia de Buenas Letras de Barcelona: Barcelona, Real Academia de Buenas Letras.

— (1965). "La integració idiomàtica i cultural dels inmigrants. Reflexions, fets, plans", en *Qüestions de vida cristiana*, 31, pp. 91-103.

— (1979). "Notes sobre el castellà parlat per catalans", en *Llengua i cultura als països catalans*, Barcelona: Edicions 62.

BALARI, S., LLISTERRI, J. y POCH, D. (1989). "La estructuración fonética de la materia sonora en hablantes bilingües", *ELUA*, 5, pp. 93-98.

BLAS ARROYO, J. L. (2004). "El español actual en las comunidades del ámbito lingüístico catalán", en CANO AGUILAR, R. (coord.), *Historia de la lengua española*. Barcelona: Ariel, pp. 1065-1086.

CASADO VELARDE, M. (1995). "El lenguaje de los medios de comunicación", en: SECO, M., y SALVADOR, G. (coords.), *La lengua española, hoy*. Madrid: Fundación Juan March, pp. 153-164.

CASANOVAS, M. (1995). "La interferencia fonética en el español de Lleida: algunos apuntes para su estudio", *Sintagma*, 7, pp. 53-59.

CERDÀ. R. (1984). "Comentarios en torno a la influencia léxica del castellano sobre el catalán actual", en *Beiträge zur Romanischen Philologia*, 23, 2, pp. 275-281.

CNN EN ESPAÑOL. (2002). *Manual de estilo y referencia. CNN en español*, CNN.

COLÓN, G. (1967). "Elementos constitutivos del español: catalanismos", en: ALVAR, M. *et al.* (eds.), *Enciclopedia Lingüística Hispánica. Vol. 2: Elementos constitutivos, fuentes*. Madrid: CSIC, pp. 193-238.

EL PAÍS (2014). *Libro de estilo*. Madrid: Aguilar.

GALINDO SOLÉ, M. (2003). "Language contact phenomenon in Catalonia: The influence of Catalan in spoken Castilian", en SAVAHI, L. (ed.), *Selected Followings of the First Workshop on Spanish Sociolinguistics*. Somerville: Cascadilla Followings Project, pp. 18-29.

GARRIDO MEDIDA, J. C. (coord.) (1999). *La lengua y los medios de comunicación: actas del Congreso Internacional celebrado en la Universidad Complutense de Madrid en 1996*. Madrid: Universidad Complutense de Madrid, Servicio de Publicaciones.

HARMEGNIES, B., BRUYNINCKX, M., LLISTERRI, J. y POCH, D. (1989). "Effects of language change on voice quality. An experimental contribution to the study of the Catalan-Castilian case", en *Eurospeech 1989. Proceedings of the 1ˢᵗ European Conference on Speech Communication and Technology, vol. 2*, pp. 489-492.

— (1990). "Bilinguisme et qualité vocale. Contribution à l'analyse des variations du spectre à long terme sous l'effet du changement de langue", en LANDERCY, A. (ed.), *Melanges de phonétique et didactique des langues. Hommage au professeur Renard*. Mons : Presses Universitaries de Mons / Didier Erudition, 43-53.

HARMEGNIES, B. y POCH-OLIVÉ, D. (1992). "A study of style-induced vowel variability. Laboratory versus spontaneous speech in Spanish", en *Speech Communication*, 11, pp. 429-437.

IGLESIAS CASAL, I. (2003). "Lengua y medios de comunicación: sobre gazapos, disparates y otros infortunios", en Actas del XIV Congreso Internacional de ASELE, Burgos.

KLEE, C. A. y LYNCH, A. (2009). *El español en contacto con otras lenguas*. Washington, D.C.: Georgetown University Press.

LUIS BARCIA, P. (2005). "La lengua en los medios orales de comunicación". Conferencia pronunciada en el marco del IV Curso de Lexicografía Hispánica.

MACHUCA, M. J., y POCH, D. (2016). "Dinámica de las vocales del español en contacto con el catalán", en *Oralia*, pp. 153-175.

MARSÁ, F. (1986). "Sobre concurrencia lingüística en Cataluña", en GARCÍA DE LA CONCHA, V. *et al.* (eds.), *El castellano actual en las comunidades bilingües de España*. Salamanca: Junta de Castilla y León, Consejería de Educación y Cultura, pp. 93-104.

MENDIETA, S. (1993). *Manual de estilo de TVE*. Madrid: Labor.

MOLL, F. de B. (1961). "El castellano en Mallorca", en *Homenaje ofrecido a Dámaso Alonso por sus amigos y discípulos con ocasión de su 60° aniversario. Vol. 2*. Madrid: Gredos, pp. 469-474.

ONDA CERO RADIO (1996). *Guía de estilo Onda Cero Radio*, Madrid: Onda Cero Radio.

PAYRATÓ, Ll. (1985). *La interferència lingüística: comentaris i exemples català-castellà*. Barcelona: Curial / Abadia de Montserrat.

POCH OLIVÉ, D. (ed.) (2016). *El español en contacto con las otras lenguas peninsulares*. Madrid/Frankfurt am Main: Iberoamericana/Vervuert.

POCH-OLIVÉ, D. y HARMEGNIES, B. (2010). "Centralización y reducción en las lenguas románicas". *Actes du XXVe Congrès International de Linguistique et de Philologie Romanes*. Berlin: De Gruyter, pp. 137-146.

PRAT SABATER, M. (2003). *Préstamos del catalán en el léxico español*. Bellaterra: Universidad Autónoma de Barcelona, Departamento de Filología Española. Disponible en línea: http://www.tdx.cat/handle/10803/4864 (Última consulta: 24/11/2017)

REAL ACADEMIA ESPAÑOLA (2011). *Nueva Gramática de la Lengua Española: Fonética y fonología, vol. 3*. Madrid: Espasa.

RECASENS, D. (2014). *Fonètica i fonologia experimentals del català. Vocals i consonants*. Colección Biblioteca filológica, 74. IEC (Editorial).

ROMERO GUALDA, M. V. (1993-2008). *El español en los medios de comunicación*. Madrid: Arco/Libros, S.L.

SINNER, C. (2004). *El castellano de Cataluña. Estudio empírico de aspectos léxicos, morfosintácticos, pragmáticos y metalingüísticos*. Tübingen: Max Niemeyer Verlag.

SINNER, C. y WESCH, A. (eds.) (2008). *El castellano en tierras de habla catalana*. Madrid/Frankfurt am Main: Iberoamericana/Vervuert.

SZIGETVÁRI, M. (1994). *Catalanismos en el español actual* (tesis de licenciatura). Budapest: Eötvös Loránd Tudományegyetem. Disponible en línea: http://carstensinner.de/castellano/szigetvari.pdf (Última consulta: 24/11/2017).

TELEMADRID (1993). *Libro de estilo de Telemadrid*. Madrid: Telemadrid.

LA INTERRELACIÓN LINGÜÍSTICA DERIVADA DEL CONTACTO DE LENGUAS: COLUMNAS PERIODÍSTICAS ESCRITAS EN ESPAÑOL POR AUTORES DE ORIGEN CATALÁN

Joseph García Rodríguez

Universitat Autònoma de Barcelona

1. Introducción

Español y catalán son dos lenguas románicas y sus puntos en común desde las perspectivas gramatical, léxica y semántica son inevitables por razones etimológicas. La finalidad de este estudio es analizar, desde la perspectiva sincrónica, la influencia recíproca que se refleja en la prensa, editada de manera simultánea en ambas lenguas en el territorio que comparten. De un modo más concreto, dentro del contexto del bilingüismo, se pretende profundizar en el posible influjo que ejerce el catalán sobre el español, considerado menos probable desde el punto de vista tradicional, aunque lingüísticamente perceptible, según se demostrará.

La presente investigación se centra, como se indica en el título del capítulo, en la revisión de columnas periodísticas escritas en español por autores nacidos en territorio de habla catalana, cuya característica es que dominan ambas lenguas. Los medios de comunicación para los que colaboran no realizan una revisión exhaustiva en las versiones escritas en español, puesto que intentan mantener intactos los originales producidos por los correspondientes autores.

Desde la óptica lingüística, el estudio se fundamenta, por un lado, en la localización de interferencias (del tipo *dar las culpas*, por ejemplo) y, por otro, menos estudiado, en el fenómeno de la convergencia, basado en la proximidad lingüística que ofrecen determinados elementos léxicos o expresiones en que, a pesar de ser normativamente aceptables en español, la opción escogida está más generalizada en catalán (por ejemplo, el uso de *preferido* en vez de *favorito*, este último más frecuente en español).

2. El contacto de lenguas: determinación terminológica y conceptual

La convivencia de dos o más lenguas en un mismo espacio geográfico puede explicarse a través de diferentes causas: los movimientos migratorios, las conquistas y las relaciones comerciales. Por este motivo, no es de extrañar que, más allá de la influencia lingüística mutua, la presencia de dos lenguas en un territorio también implique una relación directa entre dos culturas y dos escenarios político-sociales (Weinreich, 1974 [1953]). Todo esto favorece la aparición de ciertos fenómenos que surgen del uso que los hablantes hacen de los idiomas en contacto.

Cuando dos o más lenguas forman parte de una misma comunidad, es probable que se produzca una influencia entre ellas y esto conlleve la aparición de algunos elementos de una lengua en la otra. Aun en la actualidad, los investigadores no se ponen de acuerdo en si debe considerarse un proceso natural, fruto del contacto lingüístico, o asociarse a un desvío de la norma como consecuencia del poco dominio por parte del hablante de la lengua en la que se producen dichas incursiones. Incluso en algunas de las denominaciones que se utilizan en la clasificación de estos fenómenos suelen aparecer dos términos para significar lo mismo, pero con una connotación distinta, como se comprobará a continuación.

Como viene siendo habitual, existe una falta de unanimidad terminológica y taxonómica relacionada con los tipos de fenómenos del contacto de lenguas. Thomason y Kaufman (1988) establecen la distinción entre *préstamo* e *interferencia*. El primero está relacionado, según los autores, con una situación de *mantenimiento de la lengua A*. En este sentido, la lengua A se ve influenciada por una lengua B, sobre todo a nivel léxico, pero no se produce la sustitución de una lengua por la otra. El segundo, al contrario que el caso anterior, hace referencia al *desplazamiento de la lengua A*, lo que en ocasiones puede conllevar el reemplazamiento de una lengua en detrimento de la otra. En la misma línea, Rotaetxe Amusategui (1988: 98) señala cinco consecuencias que puede desencadenar el contacto de lenguas: "la sustitución de una lengua por otra", "el desplazamiento lingüístico", "la amalgama de sistemas lingüísticos" (variedades fronterizas, *pidgins* y criollos), "la interferencia lingüística" y "el cambio o conmutación de códigos", esta última denominación para advertir el uso de distintas lenguas[1].

---

[1] Por *variedades fronterizas* se entiende la creación de una nueva modalidad lingüística por el contacto de dos o más lenguas en una zona fronteriza, cuyos límites no necesariamente

Más tarde, Moreno Fernández (2005) admite que pueden diferenciarse tres situaciones relacionadas con el contacto de lenguas de las que pueden derivarse algunos fenómenos: el contacto de sistemas, el uso de varias lenguas y el contacto lingüístico como creador de variedades. Bajo el primer grupo, el autor distingue entre *interferencia, convergencia, préstamo* y *calco*. En el segundo, Moreno Fernández establece una distinción entre *elección de lengua, cambio de código* y *mezcla de códigos*. El autor utiliza *elección de lengua* para referirse a la selección por parte del hablante de una lengua u otra en función del contexto y de los interlocutores. Por *cambio de código*, originalmente en inglés *code-switching*, entiende el uso de dos lenguas de manera alterna sin que se produzca un influjo de las reglas gramaticales entre ellas[2]. Es necesario resaltar que otros autores han preferido las denominaciones *alternancia de códigos* (López Morales, 2004; Moreno Cabrera, 2016), *intercambio de códigos* (Silva-Corvalán, 1989; Pérez Patón, 2009) o, como se ha comprobado anteriormente, *conmutación* (Rotaetxe Amusategui, 1988). En cuanto a la *mezcla de códigos*, el investigador considera que este fenómeno está relacionado con la aparición de algunos elementos propios de la lengua en contacto durante el discurso. Finalmente, en el tercer caso, diferencia entre *pidgins, criollos* y *variedades de frontera*, ya definidas anteriormente.

Uno de los términos más utilizados a la hora de tratar el contacto de lenguas es el de *interferencia*, entendido por Weinreich (1974 [1953]: 1) como "those instances of desviation from the norms of either language which occur in the speech of bilinguals as a result of either familiarity with more than one language, i.e. as a result of language contact, will be referred to as *interference* phenomena". De la definición propuesta por el autor, es importante resaltar, por un lado, el matiz peyorativo que adquiere este fenómeno al tratarlo como una desviación de la norma y, por el otro, la distinción que Weinreich establece entre las interferencias a nivel de lengua y a nivel de habla.

En cuanto al primero, en numerosas ocasiones ha sido debatido si la interferencia debe considerarse como un aspecto negativo resultante del contacto de lenguas, como Blas Arroyo (1992), quien en su obra dedica un apartado a

---

se corresponden con la frontera política (Medina López, 2002). El *pidgin* es un idioma surgido por la necesidad de comunicarse, sobre todo en situaciones comerciales, cuando un conjunto de personas no habla la misma lengua. En el momento en que este idioma pasa de generación en generación y se convierte en la lengua nativa de algunos hablantes pasa a denominarse lengua *criolla* (Lipski, 2004).

[2] Sobre este concepto, véase también Blas Arroyo (1998).

discutir el valor de *error* que se le suele otorgar al concepto. Tal fue el impacto producido por dicho término que, años más tarde, Clyne (1967) propuso utilizar *transferencia* en detrimento del anterior para evitar una concepción negativa del fenómeno. Sin embargo, en la actualidad el término que prevalece en la mayoría de las obras consultadas es el de *interferencia*, aunque algunos investigadores, como Casanovas Català (2004), también incluyen el acuñado por Clyne como si se tratara de dos vocablos intercambiables[3]. Es necesario resaltar que la concepción de *desvío* que utiliza Weinreich (1974 [1953]) cuando se produce algún fenómeno de interferencia sigue estando presente en la actualidad, como puede comprobarse en Prat Sabater (2015) y Echevarría Arriagada (2016), entre otros, quienes consideran la interferencia lingüística como una desviación. Otros autores, como Payrató (1985: 58), definen el concepto de *interferencia* de una manera más amplia: "canvi lingüístic (= una innovació, una pèrdua, una substitució) que té lloc en una llengua A (o registre), i que és motivat directament per la influència d'una llengua B (o d'un altre registre de la mateixa llengua, si aixì s'especifica)". Esta visión también es compartida por Serrano Vázquez (1996) y Atienza Cerezo, Battaner Arias, Bel Gaya *et al.* (1998), entre otros.

Por lo que se refiere al segundo, es importante tener en cuenta que el nivel en el que se produce la interferencia no es el mismo. Si bien es cierto que en ocasiones los fenómenos que aparecen en el habla pueden, con el tiempo, estabilizarse y formar parte de la lengua general, una interferencia aislada a nivel de habla no conlleva necesariamente un cambio en las reglas de la lengua influenciada. Para diferenciar terminológicamente estos fenómenos, Mackey (1970: 1) distingue entre *interferencia* e *integración* y señala lo siguiente: "By interference, I mean use of elements of one language or dialects while speaking or writing another; it is characteristic of the message. By integration I mean the incorporation into one language or dialect of elements from another;

---

[3] También es posible encontrar, sobre todo en el contexto de aprendizaje de segundas lenguas, la distinción entre *transferencia positiva* y *transferencia negativa*, conceptos utilizados, entre otros, por Odlin (1989) y, *a posteriori*, por numerosos investigadores, como Blanco Gómez y Henderson Osborne (1997), Domínguez Vázquez (2001) y Gil Valdés (2010). El primer término se utiliza para indicar que las similitudes halladas entre dos lenguas pueden ayudar al proceso de adquisición de la L2. En el lado opuesto se encuentra el segundo, que suele utilizarse como sinónimo de *interferencia*, para destacar los problemas y errores que un hablante puede cometer a causa de las diferencias que se establecen entre los dos idiomas que se conocen (Odlin, 1989).

it is characteristic of code"[4]. Este último concepto, el de *integración*, ha suscitado algunas críticas entre los estudiosos, puesto que establecer el límite entre lo que es interferencia y lo que ya puede considerarse como elemento incorporado en la lengua es complejo (Sinner, 2004; Prat Sabater, 2015). Por este motivo, es necesario tener en cuenta factores como la frecuencia y el uso, por ejemplo, para poder comprobar si un elemento ya forma parte de la lengua, aunque no siempre esto será suficiente para decidir si se trata de una integración o no (Sinner, 2004).

Relacionado con la transferencia y la interferencia se encuentra el fenómeno de la *convergencia*[5]. Este se produce cuando en una comunidad bilingüe los hablantes tienden a usar de manera preferente una estructura o un elemento en detrimento de otros posibles por la influencia que ejerce una lengua sobre la otra, sin que esto suponga un uso agramatical de dichas estructuras. De todos modos, tal y como señala Blas Arroyo (1993), en ocasiones es complejo diferenciar entre interferencia y convergencia.

En la misma dirección, Kabatek (1997: 223) señala que este fenómeno "corresponde a la realización preferente de los elementos de la zona de confluencia AB, tanto por razones de economía lingüística como también por desconocimiento de los elementos divergentes" (1997: 223). Precisamente, la diferencia existente entre la convergencia y la interferencia "no es su 'negatividad', sino ni más ni menos que su índole de desviación cuantitativa, dada solo por la frecuencia de uso de un recurso lingüístico que por lo demás es castizo" (Echevarría Arriagada, 2016: 103). Por este motivo, para poder justificar un caso de convergencia es necesaria la consulta de los corpus textuales, tal y como se va a proceder en este estudio.

---

[4] Entre las múltiples concepciones que pueden encontrarse en la bibliografía acerca de lo que se considera *interferencia y transferencia*, Silva-Corvalán y Enrique-Arias (2017) defienden el uso de estos términos para referirse a la estabilidad del fenómeno. Para estos autores, la *interferencia* es "pasajera, inestable, ocasional", mientras que el fenómeno de la *transferencia* lo entienden como aquellos "elementos transferidos de una lengua a otra que se mantienen en forma más o menos estable en la lengua receptora" (2017: 299). De todos modos, los mismos autores añaden que las definiciones propuestas en su trabajo "no son universalmente aceptadas" (2017: 299).

[5] Algunos autores prefieren el término *interferencia de frecuencia* (véase, a modo de ejemplo, Echevarría Arriagada, 2016). En esta investigación, para evitar la confusión entre ambas denominaciones, se usará *convergencia*, ya que, como se ha comentado anteriormente, la noción de *interferencia* está relacionada con un resultado agramatical.

Otro de los fenómenos que han estudiado en profundidad autores como Gómez Capuz (1998) es el de *préstamo*, entendido como "la transferencia directa de un elemento de una lengua a otra" (1998: 32)[6]. Sin embargo, dicha denominación suele ir acompañada de términos como *extranjerismo*, *préstamo léxico* y *calco*, entre otros, que en ocasiones se han tratado como sinónimos[7]. La diferencia entre los dos primeros radica, sobre todo, en el momento temporal en que se encuentra el proceso de integración: "la entrada de extranjerismos se sitúa en el punto inicial (sincronía) de un proceso continuo que con el paso del tiempo y las posibles adaptaciones lingüísticas (o no) que puedan producirse culmina con un resultado diacrónico (préstamos léxicos)" (Prat Sabater, 2016: 248). Estos dos tipos de préstamos se relacionan con la adición de nuevos elementos en la lengua receptora, por lo que se trata de importaciones que no conllevan un desplazamiento de las unidades pertenecientes al otro idioma[8]. En cuanto al calco, los autores suelen relacionarlo con la sustitución, ya que "implica la idea de 'traducción' y 'sustitución de morfemas'" (Gómez Capuz, 2009: s. p.), de ahí que Haugen (1953) distinga entre *creaciones* y *extensiones* a la hora de abordar los tipos de calcos que pueden aparecer: los primeros estarían vinculados con la incorporación de nuevas estructuras formales y los segundos con la ampliación del significado de un elemento ya existente en la otra lengua.

Si bien es cierto que *préstamo* suele ser la palabra que engloba estos tres vocablos, es necesario aclarar que no todos poseen la misma naturaleza. Los dos primeros (*extranjerismo* y *préstamo léxico*) pueden agruparse bajo el término de *préstamo integral*, como ya señaló Betz (1949, en Gómez Capuz, 2009), y han seguido otros autores posteriores, como Prat Sabater (2016) para referirse a la incorporación tanto de significante como de significado de una unidad en la lengua meta; mientras que *calco* debe situarse bajo el término de *préstamo parcial*, puesto que el grado de transferencia que posee la unidad

---

[6] En esta investigación, los *elementos* a los cuales hace referencia Gómez Capuz (1998) pueden ser palabras o expresiones, tal y como también considera Moreno Cabrera (2016).

[7] Es necesario resaltar, también, la relación que se puede hallar entre las interferencias y los préstamos, puesto que en algún momento de la transferencia sería posible que estos últimos se reconocieran como interferencias.

[8] La diferencia entre *importación* y *sustitución* es originaria de Haugen (1953). En relación con estos conceptos, este mismo autor distingue entre *préstamos puros* (aquellos que suponen una importación) y *préstamos híbridos* (los que tienen como consecuencia una sustitución morfémica parcial).

que se incorpora en la lengua receptora no es total, sino que solo se añade la parte formal o semántica del elemento en cuestión[9].

De entre todos los fenómenos mencionados por todos estos autores, reconsiderados en la figura 1, en este capítulo se tendrán en cuenta las posibles convergencias e interferencias producidas en los niveles gramatical y léxico-semántico por parte de individuos bilingües.

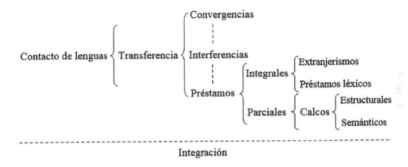

Figura 1. *Los fenómenos del contacto de lenguas*

3. La relación entre el español y el catalán en los medios de comunicación: aspectos metodológicos

La presencia de fenómenos derivados del contacto lingüístico entre el español y el catalán puede observarse ya en el siglo XIX en determinadas obras literarias (véase el capítulo de Poch Olivé en este mismo volumen), en algunas cartas personales escritas en español por catalanes y, también, en vocabularios o diccionarios publicados en esa época (Gallardo Richards, 2017). La interferencia, la convergencia y el cambio de código, entre otros, son algunas de las consecuencias originadas por dicho contacto; sin embargo, hasta hace relativamente poco los estudios realizados acerca de este tema eran limitados (Blas

---

[9] Aun así, los criterios para diferenciar entre los distintos tipos de préstamos son variados: Moreno Fernández (2005) propone discernir entre *préstamo estable* y *préstamo espontáneo* para determinar si un elemento lo utiliza la comunidad en general o si su uso es individual, respectivamente. Por su parte, Moreno Cabrera (2016) distingue entre préstamos *adaptados* y *adoptados*, según si el elemento ha sufrido o no, respectivamente, los cambios fonéticos, semánticos o morfológicos oportunos para integrarse en la lengua meta.

Arroyo, 2004). Paulatinamente fue creciendo el interés por conocer el influjo de otras lenguas sobre el español y de esta manera se fueron desarrollando investigaciones que muestran las características del español que se habla, por ejemplo, en las regiones catalanas. Aun así, los estudios centrados en el conocimiento de la variedad del español de Cataluña requieren todavía de especial atención, puesto que es necesario seguir avanzando en su conocimiento, tal y como mostró Poch Olivé (2016).

Los medios de comunicación se consideran una fuente inagotable de información lingüística. Algunos autores, como Cortés y Jáuregui (2004), ya demostraron la presencia de determinados fenómenos de contacto de lenguas en la prensa oral de México debido a la influencia del inglés, por estar situado el país en una zona de frontera. Sin embargo, para el estudio de las lenguas peninsulares, concretamente del español y el catalán, no se encuentra un número elevado de investigaciones que utilicen el material proporcionado por los medios de comunicación para confirmar la hipótesis de que existe una variedad del español hablado en Cataluña. No obstante, es posible hallar trabajos centrados en esta temática, como el de García Sanz (2011), que estudia determinados elementos léxicos considerados calcos del catalán y su presencia en algunos periódicos.

Teniendo en cuenta la necesidad de aportar más datos al respecto, en esta investigación se parte de la premisa de que la prensa puede proporcionar información relevante sobre las características que presenta el español en Cataluña. Para conseguir dicho fin, se han consultado las columnas periodísticas de *El Periódico* y *La Vanguardia*. Concretamente, se han tenido en cuenta de manera aleatoria los artículos de opinión firmados por autores catalanes que escriben en español y publicados tanto en papel como en línea en los últimos tres años (2016-2019). *A posteriori*, los resultados se han clasificado según su tipología (morfosintácticos o léxico-semánticos).

Para ampliar la información recogida y justificar el fenómeno al cual se adscribe cada caso se han consultado la *Nueva gramática de la lengua española* (*NGLE*) y la *Gramàtica essencial de la llengua catalana* (*GEIEC*), así como los diccionarios normativos del español y el catalán (*DLE* y *DIEC2*, respectivamente), el *Diccionario panhispánico de dudas* (*DPD*) y, cuando ha sido necesario, la web de la Fundéu. Además, para demostrar si se trata de un fenómeno de interferencia o convergencia se ha acudido a los corpus textuales disponibles para los dos idiomas (*CORPES XXI*[10] y *CTILC*, respectivamente) y, de este modo, diferenciar, también, entre elementos considerados *macroscópicos*, es decir, que se producen en la colectividad, y los denominados *microscópicos*, aquellos que se dan en situaciones aisladas (Alvar, 1986). Este estudio se centra en el primero de ellos para conocer los rasgos generales del español de Cataluña, aunque debe tenerse en cuenta que no se trataría de una variedad uniforme, ya que, como han comentado algunos autores, es posible encontrar diferencias lingüísticas dentro de una misma comunidad bilingüe e incluso dentro de una misma persona (Sinner y Wesh, 2008).

Para no exceder los límites de extensión establecidos, a pesar de haber hallado una cantidad elevada de ejemplos, solo se muestran tres contextos para cada uno de los fenómenos tratados. Asimismo, es necesario resaltar que en futuros estudios sería necesario aportar datos estadísticos (sobre todo para los casos de convergencia) con el fin de corroborar en su totalidad la información hallada en esta investigación.

4. Los rasgos del español de Cataluña en las columnas periodísticas

4.1. Influencia del catalán desde el punto de vista morfosintáctico

4.1.1. Perífrasis verbales

Los medios de comunicación son un recurso inagotable de información lingüística que pueden ayudar a conocer el uso de la lengua, en general, y las propiedades específicas que presenta una variedad concreta, en particular. Como se va a demostrar a continuación, los artículos de opinión elaborados por autores catalanes que escriben en español presentan algunos de los rasgos propios de lo que se considera como español de Cataluña debido a la influencia que ejerce el catalán sobre esta lengua.

En el corpus manejado se han encontrado varios casos en los que algunas de las perífrasis verbales del español (concretamente, *tener que* + infinitivo, *haber de* + infinitivo y *deber (de)* + infinitivo) se usan de un modo más o menos frecuente por influencia del catalán. Según la *NGLE* (2009: § 28.6a),

---

[10] Cabe resaltar que los datos resultantes extraídos del corpus para esta investigación son, únicamente, los que están relacionados con el español de España.

estas construcciones pueden expresar un sentido radical o personal, esto es, que atribuyen a alguien "cierta capacidad, habilidad, obligación, voluntad, disposición u otra manifestación similar de naturaleza intencional en relación con algo" o pueden poseer un sentido epistémico, impersonal o proposicional, entendido este como "objetivamente necesario, posible o probable, a juicio del hablante [...]". Aun así, como en el caso de *deber* y *deber de* en español, es conveniente prestar especial atención al uso, al valor y la forma de algunas de estas perífrasis, tal y como se comentará más adelante.

Por un lado, algunos autores como Sinner (2003 y 2004) y Martínez Díaz (2003) señalan que en los territorios catalanes *haber de* + infinitivo prevalece en detrimento de la forma más habitual en español, *tener que* + *infinitivo,* para expresar obligación. Esto ocurre porque la lengua catalana solo reconoce como normativa la construcción *haver de* + infinitivo para denotar dicho fin, lo cual permitiría justificar la gran extensión que presenta su equivalente en español en Cataluña.

A partir de los diarios consultados, se ha podido obtener una gran cantidad de ejemplos que corroboran lo anteriormente expuesto.

(1)   Nada se puede hacer por generación espontánea, **hemos de** dar tiempo a que vayan emergiendo, se **han de** cultivar. / [...] las declaraciones de la exconsellera Dolors Bassa afirmando que el independentismo no **ha de** hacer caer a Sánchez [...]. / Es legítimo, pero se **ha de** explicar. / **Ha de** haber un cambio de liderazgos en el independentismo [...]. / Cree que si **ha de** haber relevo, lo **han de** practicar tanto Oriol Junqueras como Carles Puigdemont. *El Periódico* (20/01/2019).

(2)   La libertad que se predica para todos **ha de** ser ejemplarizada [...]. / Gran decisión a la que todos los llamados a tomarla **han de** acercarse desde su única y exclusiva responsabilidad individual. / Este es el fundamento del ejercicio responsable del que puede y **ha de** decidir. *La Vanguardia* (10/10/2017).

(3)   [...] es un profesional que cree que los criterios técnicos **han de** tener precedencia sobre otras consideraciones [...]. / Es también natural que con el advenimiento de la democracia los criterios técnicos **hayan de** competir con otros. / Cuando pasa a la empresa privada, su competencia **ha de** ponerse al servicio de los objetivos de la empresa [...]. / Los antiguos profesionales, aquellos que **habían de** obedecer no sólo a las leyes comunes sino

también a las normas de sus colegios [...]. / [...] en cualquier país decente las consideraciones técnicas **han de** combinarse con otras muchas [...]. / Estas son decisiones que **habremos de** pagar en el futuro [...]. *La Vanguardia* (30/08/2016).

Como se puede comprobar, cada uno de los autores utiliza, en varias ocasiones y de manera repetida, dicha construcción. Si se tienen en cuenta los datos que aporta el *CORPES XXI*, *tener que* + infinitivo es la perífrasis que se emplea con más frecuencia en el español de Europa para denotar obligación (74515 ocurrencias), a diferencia de lo que ocurre con *haber de* + infinitivo (14809). En suma, el uso de esta construcción, tal y como se ha mostrado en los casos anteriores, es un claro ejemplo de convergencia y su presencia mayoritaria en el español de Cataluña debe justificarse por la influencia del catalán, cuya forma es *haver de* + *infinitivo*.

Por otro lado, se han encontrado casos en los que algunos columnistas catalanes utilizan la perífrasis *deber de* + infinitivo con el valor de obligación.

(4) Miles de millones de euros invisibles cambian de dueño sin hacer ruido, sin violencia ni sangre, y las aseguradoras **deben de** dar la cara a fin de mantener el negocio. *La Vanguardia* (30/01/2019).

(5) La huelga feminista **debe de** leerse más allá del ámbito laboral. *La Vanguardia* (27/01/2018).

(6) Todo esto sin ningún medio interpuesto [el plasma] ni sustitución de la persona que **debe de** ser la principal protagonista. / [...] señalan que **debe de** ser la propia Cámara la que decida. / Pero eso no soluciona la actual polémica, por lo que **debe de** haber un pronunciamiento rápido. *El Periódico* (15/01/2018).

Si bien es cierto que la *NGLE* (2019: § 28.6k) admite como válida la forma sin preposición para expresar probabilidad debido a la extensión que presenta dicha construcción en todos los niveles de la lengua, sí que se muestra determinante a la hora de indicar que "para expresar obligación se recomienda la variante sin preposición".

Como se ha comentado en el párrafo anterior, en catalán, tal y como recoge la *GEIEC* (2018: § 29.3), existe la forma *haver de* + infinitivo para expresar obligación; no obstante, también es posible utilizar *deure* + infinitivo, cuyo valor puede ser tanto de obligación como de probabilidad, según las definiciones que aporta el *DIEC2* (s. v. *deure*[1])[11].

De todos modos, los corpus textuales ayudan a arrojar luz a lo anteriormente expuesto. El *CORPES XXI* registra 94699 casos para *deber* + infinitivo, mientras que solo recoge 9010 para *deber de* + infinitivo. Esto permite confirmar la hipótesis de Seco presentada en el *DDDLE* (2005: 149)[12]:

> [...] se observa en la lengua culta actual una preferencia por *deber* (sin preposición) en las dos significaciones. [...]. Es más frecuente el uso, no académico, de *deber* + infinitivo en el sentido de probabilidad, que en el de *deber de* + infinitivo en el sentido de obligación.

En el contexto catalán, según el *CTILC*, el verbo *haver* como auxiliar cuenta con 655385 ocurrencias, mientras que con *deure* se registran 34598 casos[13]. Estos datos muestran una mayor extensión en el uso de la perífrasis de obligación catalana *haver de* + infinitivo en detrimento de *deure* + infinitivo, cuya utilización parece ser más frecuente cuando se emplea con el sentido de suposición.

Teniendo en cuenta todo lo expuesto hasta ahora, así como la gran cantidad de datos encontrados referentes al uso de *deber de* + infinitivo con el sentido de obligación en las columnas escritas por autores catalanes de expresión castellana, es posible llegar a la conclusión de que esta forma es más abundante en el español de Cataluña debido al influjo de la perífrasis catalana *haver de* + infinitivo, con el mismo valor. En este sentido, la presencia de la preposición en catalán puede ser uno de los motivos por los que en esta zona bilingüe se encuentran varios ejemplos de la construcción española *deber de* + infinitivo, a pesar de que la tendencia, en el resto de España, sea la contraria.

---

[11] Acepción 3. 'Haver (de fer quelcom), no poder deixar (de fer quelcom)'. *L'home deu menjar per viure. Un noi deu obeir els seus pares. A mi deu atribuir-se tota la culpa.* / Acepción 4. 'Davant d'infinitiu, ésser d'inferir l'ocurrència de quelcom'. *Deu haver plogut, perquè tot és mullat. Encara no són ací: deuran arribar amb el tren de les deu. Seieu: deveu estar cansats. Se'n va anar corrents: devia tenir pressa.*

[12] En su obra, el autor presenta ejemplos extraídos de obras literarias. En este sentido, en futuras investigaciones sería interesante seguir la estela del presente volumen y ahondar en los fenómenos de contacto de lenguas que pueden encontrarse en este tipo de obras escritas por autores catalanes.

[13] El número de ocurrencias presentado recoge el uso del verbo con los dos valores. Es necesario señalar que, según la información que aporta el corpus, la mayoría de los ejemplos construidos con este verbo expresan probabilidad.

4.1.2. *Construcciones comparativas*

Otro de los casos encontrados es el uso de *mayor* como adjetivo comparativo. En catalán es habitual utilizar la estructura *més gran que* para indicar, por un lado, que algo excede en tamaño a otra cosa y, por otro, que alguien excede en edad a otra persona. En cambio, para el español, la norma determina que el uso de *mayor* como comparativo de *grande* no debe ir acompañado de las marcas de grado *más*, *muy* o *tan* y, por tanto, debe construirse del siguiente modo: *mayor que*. Contrariamente, cuando este adjetivo se emplea en grado positivo, esto es, con los significados de 'adulto' (*cuando seas mayor, lo entenderás*), 'de no poca edad' (*eres muy mayor para jugar con esto*) o 'de edad avanzada' (*era un hombre tan mayor como mi abuelo*), y no como comparativo, el *DPD* (s. v. *mayor*) y la Fundéu reconocen la posibilidad de utilizar dichas marcas.

Para el caso de *más*, *muy* o *tan mayor que*, la *NGLE* (2009: § 45.2n) indica que estas formas "se consideran [...] incorrectas y se recomienda evitarlas". Aun así, añade que "este uso se registra en España —raramente en América— en ciertas variantes del habla popular o rural".

Para esta investigación se han encontrado abundantes casos en los que los autores de columnas periodísticas utilizan la estructura considerada no normativa en español para expresar comparación, aunque solo se han hallado evidencias relacionadas con la edad:

(7)   Triste, que te utilicen para hacerse los graciosos es triste, y normalmente eran chicos **más mayores que** yo. *La Vanguardia* (28/01/2019).

(8)   Y es que las tarifas de datos para los 'smartphones', cada vez más asequibles, hicieron que la 'app' de mensajería triunfara sin remisión, incluso entre públicos **más mayores que** los habituales de las redes sociales. *El Periódico* (23/02/2017).

(9)   [...] les defienden algunos jóvenes -también marroquís- algo **más mayores que** ellos. Barcelona no ha resultado ser la ciudad con la que soñaban. *El Periódico* (18/04/2016).

Todos estos ejemplos pueden identificarse como interferencias del catalán, puesto que la norma española no reconoce dicha estructura como parte de la lengua general. La misma opinión mantiene Casanovas (2000) al señalar que se trata de una interferencia morfosintáctica. El influjo de la construcción

catalana *més gran que* sobre la forma comparativa *mayor que* en español posibilita la presencia de las marcas de grado (en este caso, únicamente con *más*).
Los datos que aporta el *CORPES XXI* permiten afianzar lo comentado anteriormente, puesto que se registran 2455 ocurrencias para *mayor que*, mientras
que para la forma no normativa solo recoge 12 casos.

4.1.3. *Locuciones*

Las unidades fraseológicas son aquellas expresiones formadas por dos o
más palabras cuyas características básicas son la fijación y la idiomaticidad,
ambas en distinto grado. Al tratarse de estructuras prefabricadas en la lengua,
cuando el hablante posee competencias similares en dos o más idiomas es posible que se produzcan casos de influencia entre aquellas construcciones que
son similares, a pesar de que cada lengua posee sus propios rasgos tipológicos,
como se ha demostrado en García Rodríguez (2018 y 2019).

Un ejemplo claramente documentado en las columnas periodísticas consultadas es la locución adverbial *de sobra*, con el significado de 'abundante-
mente, con exceso o con más de lo necesario' (*DLE*, s. v. *sobra*). En catalán,
a diferencia de lo que ocurre en español, es posible utilizar dicha locución
tanto en singular (*de sobra*) como en plural (*de sobres*), según la información
hallada en el *DIEC2*; sin embargo, el *CTILC* recoge solo 80 casos para la primera y 311 para la segunda, por lo que es notorio un uso mayoritario de esta
expresión con el morfema flexivo plural.

Teniendo en cuenta estos datos, es posible justificar por qué en el corpus
empleado para esta investigación se han encontrado varios casos donde los
autores utilizan la forma en plural, aun no siendo normativa.

(10)   Pese a anunciarlo, Ribas no cantó, pero el espectáculo de luz y música cum-
       plió una vez más, y **de sobras**, las expectativas. *El Periódico* (01/01/2019).

(11)   Es **de sobras** conocido que el 'president' Quim Torra ha abogado por una
       vía hacia la independencia que todos los partidos excepto la CUP han criti-
       cado de uno u otro modo. *El Periódico* (12/12/2018).

(12)   El 1-O demostró que Rajoy estaba dispuesto a reprimir un intento de sepa-
       ración de Catalunya, pero entre esa jornada y el día 27 en que se proclamó
       la DUI había tiempo **de sobras** para valorarlo. *La Vanguardia* (19/11/2017).

Los casos que se acaban de mostrar son interferencias, puesto que la lengua española no cuenta con la forma en plural. En este sentido, los autores catalanes utilizan *de sobras* para significar, como se ha comentado anteriormente, 'en exceso o más de lo estrictamente necesario'. En la misma línea, el *DPD* (s. v. *sobra*) indica que "debe evitarse en español la forma *de sobras*, cuyo uso por parte de hablantes españoles se debe en muchos casos al influjo del equivalente catalán de esta locución (*de sobres*)".

Por lo que se refiere a la información que se registra en el *CORPES XXI*, la locución española *de sobra* cuenta con 976 ocurrencias, mientras que la forma no normativa solo aparece en 43 casos, la mayoría de ellos situados en Barcelona. Por tanto, debido a todo lo expuesto hasta el momento, es posible corroborar la influencia del catalán en la producción de la estructura en plural en las columnas que componen el corpus del presente estudio.

Asimismo, se han encontrado algunos casos, aunque no tan abundantes, donde el verbo de una locución altera la estructura debido a la influencia que ejerce su equivalente en catalán. Concretamente, se han hallado ejemplos de *dar la culpa*, cuando la forma que registra el diccionario y, por tanto, la única que se considera propia del español, es *echar la culpa*.

(13)   Antes **daba la culpa** a los sindicatos, luego a los inmigrantes, luego a los del 15-M, para acabar culpabilizando al *procés* catalán [...]. *El Periódico* (26/01/2018).

(14)   Incluso Christian ha confesado que le pareció desmesurado la actitud de Rubén **dándole la culpa** a Maico. *La Vanguardia* (11/12/2017).

(15)   La historia, sin embargo, nunca llegó a ver la luz y la periodista **da la culpa** a Damon y Crowe. *El Periódico* (14/10/2017).

El *DLE* (s. v. *culpa*) define *echar la culpa* como 'atribuirle la falta o delito que se presume ha cometido', del mismo modo que lo hace el *DIEC2* con la expresión catalana *donar la culpa*. Debido a la influencia del catalán sobre el español, el verbo *echar* se cambia por *dar*, como también ocurre con otros verbos analizados en García Rodríguez (2018). Este es, por tanto, otro ejemplo de interferencia.

Una vez más, los corpus ayudan a corroborar la información aportada. En el *CORPES XXI* se registran 362 casos donde la locución se construye con el verbo *echar*, a diferencia de los únicamente 4 contextos que se encuentran relacionados con el verbo *dar* (y todos ellos escritos por catalanes). Además, se observa que los verbos más prolíficos a la hora de producir esta expresión son, en primer lugar, *tener* y, en segundo lugar, *echar*. En catalán, el verbo *tenir* es el que más veces coaparece con el sustantivo *culpa*, aunque también son destacables, como en el caso del español, las ocurrencias con *donar*.

4.2. Mayor frecuencia de uso de determinados vocablos: nivel léxico-semántico

4.2.1. Adjetivos y sustantivos

La influencia del catalán sobre el español es evidente, también, en la utilización de algunos elementos léxicos en detrimento de otros posibles. Esto se debe, según señalan los estudiosos, a que los hablantes bilingües tienden a escoger, de manera inconsciente, las palabras o construcciones que son semejantes a la única opción que ofrece la otra lengua. En este sentido, si el catalán solo presenta una alternativa para hacer referencia a algo y, en cambio, en español se encuentran dos maneras de hacer mención a lo mismo, los hablantes que viven en esta comunidad emplean con más abundancia la forma que se acerca a la que se utiliza en catalán por influencia lingüística.

En las columnas periodísticas que conforman el corpus de esta investigación se han hallado varios casos que reflejan lo expuesto anteriormente. El primero de ellos es el uso del adjetivo *preferido* en detrimento de *favorito*, más frecuente en español:

(16) Sin embargo, Valverde sorprendió por su valentía. Y eso que el Sevilla es la víctima **preferida** del argentino, que le ha marcado 32 goles. *La Vanguardia* (23/01/2019).

(17) [...] la judicialización como recurso **preferido** del Gobierno central, y la utilización de las instituciones en un choque de legitimidades funesto para su credibilidad. *El Periódico* (26/01/2018).

(18) Mientras no las convoque, Mas repetirá su mantra **preferido** —"¿a quién estorbo?"— con la confianza de que ni Pascal ni Santi Vila osarán levantar el dedo para responder "a mí, a todos nosotros, no a la CUP". *El Periódico* (14/04/2017).

A diferencia de algunos estudios publicados con anterioridad, en el presente capítulo se aportan datos cuantitativos extraídos de los corpus textuales disponibles para corroborar la hipótesis planteada. En el *CORPES XXI* se han encontrado 88 ocurrencias para *preferido* y 3808 para *favorito*. Lo contrario sucede con el catalán, puesto que en el *CTILC* se registran 463 casos para *preferit* y 127 para *favorit*, ambos adjetivos recogidos en el *DIEC2*.

Algo parecido ocurre con *tozudo*, cuyo uso en español no es tan frecuente, a diferencia de otros adjetivos como, por ejemplo, *terco*. En catalán es más abundante *tossut* que otras denominaciones posibles:

(19)   Faltan a la verdad quienes me presentan como un estúpido, **tozudo** federalista favorable a un superestado europeo. *La Vanguardia* (15/02/2018).

(20)   [...] ninguno de estos atentados ha destruido o debilitado la democracia, que tiene muchos defectos, pero es resiliente, resistente y **tozuda**. *El Periódico* (17/08/2017).

(21)   [...] los comunistas, quienes predominaban en todos los comandos del ejército republicano, gente muy **tozuda**. *La Vanguardia* (15/04/2017).

En estos casos es posible observar cómo el adjetivo se emplea para hacer referencia a 'obstinado, testarudo' (*DLE*, s. v. *tozudo, da*). El hecho de que los autores utilicen esta palabra y no otra más extendida en el español general se debe, según los datos obtenidos y la información que proporcionan tanto los investigadores como los corpus, a una influencia del catalán sobre el español. En el *CORPES XXI* se registran 163 casos para *tozudo*, mientras que se encuentran 243 ocurrencias para *terco*. Aunque la diferencia no es altamente notoria, la mayor parte de los ejemplos relacionados con *tozudo* se ubican en Barcelona. Por lo contrario, solo para *tossut*, el *CTILC* recoge 462 casos de este adjetivo, lo cual ayuda a justificar por qué algunos catalanes emplean dicho vocablo con más frecuencia que el resto de los hablantes de español.

Finalmente, otro de los adjetivos que se han encontrado en el corpus de columnas que conforman la presente investigación es *parlante*. Si bien es cierto que el *DLE* (s. v. *parlante*) señala que este vocablo se emplea para hacer referencia de manera jocosa o despectiva a algo o alguien 'que parla', esto es, que revela lo que debe callar o que habla en demasía y con desembarazo, se han encontrado algunos casos en los que se emplea con el significado de 'persona que utiliza una determinada lengua':

(22) [...] que es lo que ha pasado en Israel, donde un niño de tres años y medio, de una familia drusa **árabe parlante**[14], se ha convertido en el centro de atención de los medios de comunicación [...] / [...] su nivel de inglés era el de un pequeño de tres años de una familia **angloparlante,** mientras que su árabe estaba muy por debajo del nivel medio. *El Periódico* (03/06/2018).

(23) Estamos hablando de una tensión obsesiva que tiene como principal piedra de toque, la lengua catalana, el tercer idioma más hablado en la Península, con unos diez millones de **parlantes** concentrados en Catalunya [...]. *La Vanguardia* (25/02/2018).

(24) Convivimos **castellanoparlantes** como yo con **catalanoparlantes** y con **parlantes** de mil y una lenguas. *La Vanguardia* (21/05/2018).

En este sentido, tal y como señala el *DPD* (s. v. *parlar*), el uso de esta palabra "no es ni ha sido nunca frecuente en español (no se dice, normalmente, *los parlantes de español*)". Como se puede comprobar en los dos primeros ejemplos, los autores utilizan el adjetivo *parlante* de forma independiente con el significado de *hablante*, pero también son destacables (y mayoritarias) las palabras compuestas formadas por este adjetivo con función de sufijo, como se observa en elprimero y el tercero, que a su vez pueden utilizarse como sustantivos. Para estos casos, el *DPD* (s. v. *parlar*) advierte de que "aunque los compuestos con *parlante* se consideran aceptables, se recomiendan los equivalentes formados con *hablante* (*hispanohablante, anglohablante, catalanohablante,* etc.). La Fundéu apoya dicha información y añade que, aunque el *DLE* recoge *castellanoparlante*, "*castellanohablante* [...] es el sustantivo más adecuado para referirse a 'quien habla el castellano como lengua propia y usual'". Al contrario, la *NGLE* (2009: § 6.10f) no se pronuncia al respecto, pero señala que "los derivados construidos por *parlante* y *hablante* [...] constituyen una pauta muy productiva".

Autores como Sinner (2004: 493) están de acuerdo en que la preferencia de uso de una u otra forma está justificada por el fenómeno denominado convergencia, ya que "el uso como sufijo aparentemente tiene una frecuencia más alta en Cataluña, posiblemente debido a la continua influencia del catalán [...]". Los datos aportados por el *CORPES XXI* apoyan esta hipótesis, puesto

---

[14] Se ha copiado literalmente el texto original del autor. El *DPD* indica que estos compuestos se deben escribir en una sola palabra y sin guion.

que *hablante* posee 495 contextos, a diferencia de *parlante,* que solo se recoge en 4 casos, todos ellos escritos por catalanes.

4.2.2. *Verbos*

En relación con lo anterior, también se han encontrado ejemplos de verbos cuyo uso viene determinado por la influencia del catalán. La estructura formada por el verbo y la preposición *hacer de* es uno de los casos que se repiten en los artículos de opinión. Dicha construcción es totalmente válida tanto en español como en catalán, dado que en ambos idiomas se puede emplear para hacer referencia a 'desempeñar una función, representar un papel o servir de algo' (*DLE*, s. v. *hacer*). No obstante, el verbo *fer* (equivalente de *hacer*) es más frecuente en catalán que en español, según han señalado algunos autores como Rosselló (2002) y Schmid (2016), entre otros. En este sentido, El *DPD* (s. v. *hacer(se)*) señala lo siguiente:

> En catalán y otras lenguas como el francés o el italiano se utiliza en muchas ocasiones el verbo *hacer* (*fer* en catalán, *faire* en francés y *fare* en italiano) en expresiones o locuciones en las que el español utiliza otros verbos de apoyo, como *dar, causar, pasar, poner,* etc.

Los casos encontrados en los artículos de opinión responden, precisamente, a un uso mayoritario de la estructura *hacer de* en detrimento de otras más concretas: *trabajar como, desempeñar la función de* e *interpretar el papel de,* respectivamente.

(25) Durante años me dediqué a trabajar esa noche, **haciendo de** dj en fiestas de todo tipo, y estuve poco pendiente de lo que echaban en la tele. *La Vanguardia* (05/01/2019).

(26) Hasta la despertaba, porque le daba miedo dormirse. Le **hacía de** mamá, absolutamente. *La Vanguardia* (02/01/2019).

(27) A quién le importa, ya tenías en las narices a Roi **haciendo de** Bryan Adams. *El Periódico* (04/03/2018).

Si se tiene en cuenta la influencia del verbo *fer* del catalán, es posible advertir una mayor frecuencia de uso de esta estructura formada por el verbo soporte, tal y como se observa en el *CORPES XXI*, donde se registran 7492 casos con *hacer de*, la mayoría de ellos contextualizados en zonas catalanas. De todos modos, es necesario resaltar que dicha expresión no puede etiquetarse como interferencia, puesto que es reconocida como válida por la norma, pero sí que responde a un proceso de convergencia por el contacto del español con el catalán, aunque es posible observar su uso en otros territorios no bilingües. Otros autores como Wesch (en Seib, 2001) confirman lo anteriormente expuesto, ya que coinciden en que, a través de la influencia catalana, es posible observar una presencia mayor de la construcción *hacer de* en el español de Cataluña.

Por último, se han hallado varios ejemplos donde los autores de las columnas utilizan el verbo *convidar* con el sentido de *invitar* ('llamar a alguien para un convite o para asistir a algún acto' *DLE*, s. v. *invitar*), este último más frecuente en español. En catalán, el *DIEC2* (s. v. *invitar*) remite a *convidar*, por lo que se intuye un posible uso sinónimo de ambos verbos, aunque el Institut d'Estudis Catalans prioriza la forma más habitual en catalán.

En español, según el *DPD* (s. v. *convidar*), este verbo se emplea en un contexto más culto que *invitar*; sin embargo, tal y como se puede observar en los ejemplos que se presentan a continuación, los autores lo usan en situaciones que pueden identificarse como neutras, debido, posiblemente, a la influencia del catalán.

(28) Beirut, la primera ciudad mediterránea en esta década **convidada** por el Consistorio barcelonés [...]. *La Vanguardia* (29/11/2018).

(29) Ni siquiera en los Juegos Olímpicos de Sídney 2000 fue **convidado** por su comité olímpico [...]. *La Vanguardia* (05/05/2018).

(30) En cualquier caso, resulta esclarecedor que Norton haya demostrado empíricamente que obtiene más bienestar por su dinero quien **convida** a otros que quien tacañea para después comprarse alguna cosa. *El Periódico* (11/04/2018).

Los datos que recoge el *CORPES XXI* son esclarecedores: *convidar* cuenta con 109 contextos, mientras que *invitar* aparece en 8162 casos. Por lo contrario, el *CTILC* registra 1766 ejemplos de *convidar* y 1222 de *invitar*. En definitiva, parece evidente que el uso de *convidar* recogido en estos artículos de opinión debe justificarse por el influjo del catalán y, por tanto, el fenómeno que se observa es el de convergencia.

5. Conclusiones

En esta investigación se ha demostrado la relevancia de los medios de comunicación en los estudios lingüísticos. Desde el punto de vista de la variedad diatópica, el análisis de los textos escritos en español por parte de columnistas catalanes ha evidenciado la existencia de una variedad del español en Cataluña caracterizada por la influencia del catalán. En este sentido, dicho estudio es novedoso en tanto que estudia el influjo del catalán en el contexto periodístico, cuya atención por parte de los investigadores no ha sido destacable.

La interrelación entre estas dos lenguas ha permitido observar fenómenos de convergencia e interferencia resultantes de dicho contacto, lo cual se ha puesto de manifiesto mediante ejemplos extraídos de diferentes artículos de opinión de *El Periódico* y *La Vanguardia*. Concretamente, se han hallado casos de influencia en los niveles morfosintáctico y léxico-semántico, aunque cabe destacar una diferencia claramente palpable: en el nivel morfosintáctico son más evidentes los casos de interferencia, mientras que en el léxico-semántico el fenómeno que predomina es el de la convergencia. Esto puede deberse a que en el primero de ellos las disimilitudes entre las dos lenguas pueden ser menos evidentes para los hablantes bilingües, a diferencia de lo que ocurre en el nivel léxico-semántico, donde en un contexto periodístico puede ser más fácilmente localizable el uso de una palabra no normativa.

Los corpus textuales han permitido conocer la frecuencia de uso de las estructuras y palabras analizadas. Esto ha ayudado a confirmar tanto las reflexiones propias como las aportadas por otros autores en relación con el uso mayoritario de una forma u otra por la influencia ejercida por el catalán en el español hablado en Cataluña.

En definitiva, sería necesario seguir avanzando en esta dirección y aportar datos estadísticos para corroborar los resultados e hipótesis aportados en este estudio.

Bibliografía

ALVAR, M. (1986). "Cuestiones de bilingüismo y diglosia en el español", en: GARCÍA, V., ALVAR, M., GARCÍA, C., ETXEBARRÍA, M. y MARSÁ, F., *El castellano actual en las comunidades bilingües de España*. Valladolid: Junta de Castilla y León, pp. 11-48.

ATIENZA CEREZO, E., BATTANER ARIAS, M. P., BEL GAYA, A. *et al.* (1998). "Interferencia catalán-castellano en estudiantes universitarios bilingües", en: ORERO, P. (ed.), *Actes del III Congrés Internacional sobre Traducció*. UAB, pp. 607-626.

BLANCO GÓMEZ, M.ª L. y HENDERSON OSBORNE, R. (1997). "Inglés económico: transferencia del español al inglés", en: OTAL, J. L., FORTANET, I. y CODINA, V. (eds.), *Estudios de lingüística aplicada*. Castelló de la Plana: Publicacions de la Universitat Jaume I.

BLAS ARROYO, J. L. (1992). *Rasgos interferenciales en el español de una comunidad bilingüe. Aproximación sociolingüística*. Valencia: Lliria.

— (1993). *La interferencia lingüística en Valencia. Estudio sociolingüístico*. Valencia: Publicaciones de la Universitat Jaume I.

— (1998). "Otra solución al contacto de lenguas: el cambio de código", *Las comunidades de habla bilingües. Temas de sociolingüística española*. Zaragoza: Pórtico, pp. 71-96.

— (2004). "El español actual en las comunidades del ámbito lingüístico catalán", en: CANO AGUILAR, R. (coord.), *Historia de la lengua española*. Barcelona: Ariel, pp. 1065-1086.

CASANOVAS CATALÀ, M. (2000). *Análisis cualitativo y cuantitativo de la morfosintaxis de una segunda lengua: el caso del español en contacto con el catalán*. Tesis doctoral inédita. Universitat de Lleida.

— (2004). "Sobre la interferencia léxica: patrones léxicos en el uso de una segunda lengua", *Revista de Filología*, 22, pp. 25-36.

CLYNE, M. G. (1967). *Transference and triggering: observations on the language assimilation of postwar German-speaking migrants in Australia*. The Hague: Martinus Nijhoff.

CORPES XXI = REAL ACADEMIA ESPAÑOLA. Banco de datos. *Corpus del Español del Siglo XXI*. Disponinle en: <http://web.frl.es/CORPES/view/inicioExterno.view;-jsessionid=9D90CFBE12EDF06A22D4FD1CE17179D9>.

CORTÉS, N. y JÁUREGUI, B. (2004). "Influencia del contexto social en una educación bilingüe en una zona fronteriza de Sonora y Arizona", *Revista Mexicana de Investigación Educativa*, 9, 93, pp. 115-137.

CTILC = INSTITUT D'ESTUDIS CATALANS. *Corpus textual informatitzat de la llengua catalana*. Disponible en: <http://ctilc.iec.cat/>.

DDDLE = SECO, M. (2005). *Diccionario de dudas y dificultades de la lengua española*. 10.ª ed. Madrid: Espasa Calpe.

DIEC2 = Institut d'Estudis Catalans. (2007). *Diccionari de la llengua catalana*, 2.ª ed. Barcelona. Disponible en: <http://dlc.iec.cat/>.

DLE = Real Academia Española y Asociación de Academias de la Lengua Española. (2014). *Diccionario de la lengua española*. 23.ª edición. Disponible en: <http://dle.rae.es/?w=diccionario>.

Domínguez Vázquez, M.ª J. (2001). "En torno al concepto de *interferencia*", *Círculo de lingüística aplicada a la comunicación*, 5. Disponible en: <http://pendientede-migracion.ucm.es/info/circulo/no5/dominguez.htm>.

DPD = Real Academia Española. (2005). *Diccionario panhispánico de dudas*. Disponible en: <http://www.rae.es/recursos/diccionarios/dpd>.

Echevarría Arriagada, C. I. (2016). "La interferencia lingüística de interferencia", *Boletín de Filología*, Tomo LI, número 1, pp. 93-115.

El Periódico, edición Catalunya, versiones española y catalana. Disponible en: <https://www.elperiodico.com> (última consulta: 4-2019).

Fundéu = Agencia EFE y BBVA. (2005). Fundación del Español Urgente. Disponible en: <https://www.fundeu.es/>.

Gallardo Richards, E. (2017). *Edición y estudio de las cartas del soldado Dionisio Torruella Alujas (1895-1898): interferencias lingüísticas catalán-castellano en el marco de la enseñanza contrastiva decimonónica*. Trabajo de fin de Grado. Barcelona, UAB, Departamento de Filología Española.

García Rodríguez, J. (2018). "La presencia de calcos estructurales y semánticos en Twitter: el caso del español de Cataluña", *ELUA*, 32, pp. 131-154.

— (2019). *Las unidades fraseológicas del español y el catalán con elementos de la naturaleza: estudio cognitivo-contrastivo y propuesta de un diccionario electrónico de fraseología bilingüe*. Tesis doctoral inédita. Universidad Autónoma de Barcelona. Disponible en línea: https://www.educacion.gob.es/teseo/imprimir-FicheroTesis.do

García Sanz, A. (2011). *La interferencia lingüística en los medios de comunicación escritos*: '*La Vanguardia' y algunos catalanismos léxicos* [TFM]. Barcelona: Universitat Autònoma de Barcelona.

GEIEC = Institut d'Estudis Catalans. (2018). *Gramàtica essencial de la llengua catalana*. Barcelona: IEC. Disponible en línea: <https://geiec.iec.cat/>.

Gil Valdés, M.ª J. (2010). "Transferencia positiva y negativa en la adquisición de la fonética alemana por estudiantes españoles", *Cuadernos de Filología Alemana*, Anejo II, pp. 109-115.

Gómez Capuz, J. (1998). *El préstamo lingüístico. Conceptos, problemas y métodos*. Cuadernos de Filología, Anejo XXIX. Valencia: Universidad de Valencia.

— (2009). "El tratamiento del préstamo lingüístico y el calco en los libros de texto de bachillerato y en las obras divulgativas", *Tonos digital: Revista electrónica de estudios filológicos*, 17. Disponible en: <https://www.um.es/tonosdigital/znum17/secciones/tritonos-1-librosdetexto.htm>.

HAUGEN, E. I. (1953). *The Norwegian language in America: A study in bilingual behaviour*. Philadelphia: University of Pennsylvania Press.

KABATEK, J. (1997). "Dime cómo hablas y te diré quién eres. Mezcla de lenguas y posicionamiento social", *Revista de antropología social*, 6, pp. 215-236.

LA VANGUARDIA, versión catalana. Disponible en: <https://www.lavanguardia.com/encatala> (4-2019).

LA VANGUARDIA, versión española. Disponible en: <https://www.lavanguardia.com> (4-2019).

LIPSKI, J. M. (2004). "Las lenguas criollas de base hispana", *Lexis*, XXVIII, 1-2, pp. 461-508.

LÓPEZ MORALES, H. (2004). *Sociolingüística*. Biblioteca románica hispánica. Madrid: Gredos.

MACKEY, W. F. (1970). *Interference, integration and the synchronic fallacy*. International Center of Research on Bilingualism. Quebec: Laval Universit.

MARTÍNEZ DÍAZ, E. (2003). "La frecuencia de uso de 'haber' y 'tener' en las estructuras perifrásticas de obligación. Algún fenómeno de variación en el español de Cataluña", *Interlingüística*, 14, pp. 681-694.

MEDINA LÓPEZ, J. (2002). *Lenguas en contacto*. Madrid: Arco Libros.

MORENO CABRERA, J. C. (2016). *Multilingüismo y lenguas en contacto*. Madrid: Editorial Síntesis.

MORENO FERNÁNDEZ, F. (2005). *Principios de sociolingüística y sociología del lenguaje*. Barcelona: Ariel.

NGLE = REAL ACADEMIA ESPAÑOLA y ASOCIACIÓN DE ACADEMIAS DE LA LENGUA ESPAÑOLA. (2009). *Nueva gramática de la lengua española*. Madrid: Espasa. Disponible en: <http://aplica.rae.es/grweb/cgi-bin/buscar.cgi>.

ODLIN, T. (1989). *Language transfer. Cross-linguistic influence in language learning*. United Kingdom: Cambridge University Press.

PAYRATÓ, Ll. (1985). *La interferència lingüística: comentaris i exemples català-castellà*. Barcelona: Curial.

PÉREZ PATÓN, M. (2009). "Bilingüismo y plurilingüismo: teoría y práctica", *Revista Digital Innovación y Experiencias Educativas*, 20.

POCH OLIVÉ, D. (ed.). (2016). *El español en contacto con las otras lenguas peninsulares*. Madrid/Frankfurt am Main: Iberoamericana/Vervuert.

PRAT SABATER, M. (2015). "Interferències lingüístiques entre català i castellà en el context universitari. L'expressió escrita", *Estudis de llengua i literatura catalanes/ LXIX*. Miscel·lània Jordi Bruguera, 3. Publicacions de l'Abadia de Montserrat, pp. 173-205.

— (2016). "Proceso de integración de las incorporaciones léxicas en español: aspectos teóricos y presencia lexicográfica", *Anuario de Letras. Lingüística y Filología*, IV, 2, pp. 245-295.

Rosselló, J. "El SV, I: Verb i arguments verbals", en Solà, J., Lloret, M. R., Mascaró, J. y Pérez Saldanya, M. (dirs.) (2002). *Gramàtica del Català Contemporani*. Barcelona: Empúries, pp. 1853-1949.

Rotaetxe Amusategui, K. (1988). *Sociolingüística*. Madrid: Síntesis.

Schmid, B. (2016). "Els usos del verb *fer* i la seva traducció a l'alemany", *Zeitschrift für Katalanistik*, 29, pp. 115-134.

Seib, J. (2001). *La variedad bilingüe del español hablado en Cataluña caracterizada por interferencias y convergencias con el catalán*. Mannheim: Universität Mannheim, Diplomarbeit.

Serrano Vázquez, M. ª del C. (1996). "Interferencia léxicas y semánticas en una situación de contacto entre dos lenguas, catalán y castellano", *Diálogos Hispánicos*, 18, pp. 375-394.

Silva-Corvalán, C. (1989). *Sociolingüística: teoría y análisis*. Madrid: Alhambra.

Silva-Corvalán, C. y Enrique-Arias, A. (2017). *Sociolingüística y pragmática del español*. 2.ª edición. Washington, DC: Georgetown University Press.

Sinner, C. (2003). "Valores y usos de <*haber (de)* + infinitivo> y <*tener que* + infinitivo> en diferentes variedades del castellano", en: Pusch, Claus D., Wesch, A. (Hrsg.). *Verbalperiphrasen in den (ibero)romanischen Sprachen*. Hamburg: Helmut Buske, pp. 193-206.

— (2004). *El castellano de Cataluña. Estudio empírico de aspectos léxicos, morfosintácticos, pragmáticos y metalingüísticos*. Tübingen: Max Niemeyer Verlag.

Sinner, S. y Wesch, A. (2008). *El castellano en las tierras de habla catalana*. Madrid/Frankfurt am Main: Iberoamericana/Vervuert.

Thomason, S. G. y Kaufman, T. (1988). *Language Contact, Creolization and Genetic Linguistics*. Berkeley: University of California Press.

Weinreich, U. (1974 [1953]). *Languages in contact. Findings and problems*. Paris/New York/The Hague: Mouton Publishers.

LOS TITULARES DE PRENSA:
TRADUCCIÓN E INTERFERENCIAS LINGÜÍSTICAS

María J. Machuca Ayuso
Universitat Autònoma de Barcelona

1. Introducción

El uso cada vez más frecuente de los traductores automáticos puede dar lugar a la proliferación de problemas lingüísticos que, en algunos casos, son causados por la interferencia entre dos lenguas que mantienen una estrecha convivencia. El objetivo de este artículo es revisar las características lingüísticas de los titulares en español y analizar la precisión lingüística en la traducción de estos enunciados en las portadas de dos periódicos que se editan diariamente en español y en catalán: *La Vanguardia* y *El Periódico*. Además, se considerará si algunos de los problemas lingüísticos que se observan en español son producto de la interferencia con la lengua catalana.

Hernández Guerrero (2008) señala que el traductor periodístico debe conocer las convenciones del texto periodístico y tener la competencia lingüística para que "estos textos funcionen en un nuevo contexto lingüístico y cultural" (p. 359). No obstante, a excepción de algunos columnistas que traducen sus propios textos, la traducción de los periódicos que se analizan en este trabajo se lleva a cabo con un traductor automático y la posedición la realiza un equipo de traductores humanos.

En el evento que tuvo lugar en la Universidad de Seúl el 21 de febrero de 2017, en el que se compararon cuatro traductores humanos con tres sistemas de traducción automática (Human *vs.* Artificial Intelligence Translation Challenge) se consideraron las siguientes características a la hora de puntuar las traducciones: naturalidad y fluidez, estilo, consistencia, referentes culturales y revisión. Los resultados pusieron de manifiesto que el traductor automático proporciona una traducción literal de los textos y que para obtener una traducción de buena calidad se sugiere una estrecha colaboración entre el hombre y la máquina.

En este trabajo se han considerado los títulos y los subtítulos de los diarios mencionados para analizar los fragmentos en que hubiera alguna diferencia respecto a una esperable traducción literal. El estudio de estos fragmentos, atendiendo a las características lingüísticas, da lugar a una sistematización en la que se consideran aspectos relacionados no solo con el léxico y su significado, sino también con el tratamiento de los modismos propios de una lengua y de los extranjerismos. En cuanto a los aspectos sintácticos, las diferencias más destacables están relacionadas con el orden de palabras. Por otro lado, cabe señalar que, aunque no se observan muchos casos de interferencia en los titulares redactados en español, sí se encuentran ciertos fenómenos que reflejan algunos ejemplos claros de influencia del catalán sobre el español de Cataluña. Además, se deben considerar algunas cuestiones lingüísticas en la redacción de titulares, incorrectas en la lengua de origen del que procede el texto traducido, en este caso, el español, y que pueden deberse a lapsos del mismo autor que escribe el titular, que suelen ser corregidas en los titulares traducidos, por lo que podría considerarse que la calidad lingüística del texto traducido es mejor.

2. Marco teórico

Para empezar, creemos que es necesario hacer una reflexión sobre la palabra *traducir*. Ponce (2007) ya señalaba que sus alumnos no eran conscientes de la complejidad que comporta la tarea de traducir. Traducir, define la autora, consiste en trasladar un mensaje de una lengua de origen a una lengua de llegada, con todo lo que eso conlleva. Cuando alguien traduce de una lengua a otra está reflexionando sobre todas las estructuras gramaticales de las dos lenguas (análisis contrastivo) para que la transmisión del texto, desde un punto de vista pragmático, sea adecuada no solo de una lengua a otra sino también de una cultura a otra. En este sentido, el traductor debe interpretar qué se quiere transmitir en el mensaje original para ser lo más fiel posible a esta idea. Evidentemente, aunque la idea que se transmita sea la misma, a la hora de llevar a cabo una traducción también debe considerarse el formato del texto; no es lo mismo, por ejemplo, traducir una novela que traducir poesía. Por esta razón, al traductor no le basta con tener una buena competencia lingüística y pragmática, sino que debe también conocer con profundidad las particularidades textuales.

Los traductores que trabajan con poesía, sin entrar en el debate de si esta tarea es posible o no (Torre, 1994), hablan, en general, de dos maneras diferentes de traducir, la literal y la poética, esta última "extremadamente difícil para el traductor" (García de la Banda, 1993: 135). Otros autores opinan que en los textos poéticos no existe la traducción perfecta (Herrero Cecilia, 2002, entre otros), sino que podemos obtener múltiples traducciones; en este caso, el traductor debe decidir qué elementos de la poesía original quiere sacrificar (Gallego, 2014).

De hecho, podemos trasladar estas reflexiones a otro tipo de textos, pues eso es lo que ocurre, por ejemplo, en la mayoría de los periodísticos: el traductor no traduce igual un artículo de opinión que una noticia. Hernández Guerrero (2008) indica que en la traducción de los artículos de opinión suele respetarse el estilo del autor, las traducciones suelen ser más cuidadas y no se trabaja sobre estos textos con la misma premura que en otras secciones del periódico: son textos estilísticamente literarios, cercanos a los textos poéticos que acabamos de comentar; el traductor, en estos casos, debe ser un especialista del tema que se está tratando. La traducción será óptima si el traductor posee "un amplio bagaje de conocimientos lingüísticos y culturales" (Hernández Guerrero, 2008: 367).

Gavrigh (2002) señala, además, que uno de los escollos que se debe mencionar en la traducción es el fenómeno de interferencia lingüística; según la autora, dicha interferencia puede observarse en el campo del léxico, la sintaxis, la semántica y la pragmática. Xiong (2014), a propósito del procedimiento para traducir prensa escrita del inglés al chino, considera que la competencia lingüística y el conocimiento cultural deben ir de la mano: "Language competence, in the sense of being a bilingual, is not enough, unless it is also matched by a person's being bicultural". Según este autor, hay tres métodos para traducir la prensa escrita: traducción literal, traducción libre y una combinación entre ambos métodos. La primera es la que se utiliza frecuentemente en periodismo; la segunda se emplea cuando la primera puede traer consigo interpretaciones erróneas; la tercera solo se usa cuando ninguno de los dos métodos anteriores sirve para proporcionar una traducción correcta, por ejemplo, la que está relacionada con los contenidos que proceden de documentos oficiales.

No obstante, no debemos olvidar que hoy en día la forma de traducir se ha modificado respecto a la manera tradicional. Cronin (2010) señala que no solo ha cambiado la forma de traducir en los humanos, sino que la relación entre las herramientas de las que dispone el traductor y la posibilidad de tenerlas en todo momento a su alcance también han variado. Ya Kay (1997) había señalado que el ordenador es un dispositivo que incrementa la productividad del humano. En este sentido, Abaitua (2001) había augurado que en un futuro todos los traductores, como buenos profesionales, estarían familiarizados con las tecnologías y con los recursos especializados para desarrollar su trabajo. Ambas consideraciones deben tenerse en cuenta en la traducción de un periódico: la mayor productividad se relaciona con la premura por obtener diariamente una versión traducida del periódico, y el uso de tecnologías que el traductor puede encontrar a su disposición favorece que se obtenga una versión traducida con la mejor calidad posible. Alonso (2007), a propósito de esto, señala que la traducción automática, a pesar de ser una de las primeras aplicaciones que surgió a finales de los cincuenta, es una de las aplicaciones con las que difícilmente se obtienen traducciones de un nivel de calidad adecuado. Quizá esta sea la razón por la que los traductores humanos que, en un principio, se sentían amenazados, vieron en estas aplicaciones herramientas de gran utilidad para desarrollar su profesión (Oliver, 2016).

La traducción al catalán de los diarios de *La Vanguardia*, desde 2011, y de *El Periódico*, desde 2018, la está llevando a cabo una empresa externa, Incyta, que utiliza un sistema de traducción automática basado en reglas desarrollado por la compañía alemana Lucy Software. Los sistemas de traducción automática basados en reglas parten del conocimiento lingüístico en los que los componentes morfológicos y sintácticos, en el paso de la lengua de origen a la de destino, se asocian mediante reglas gramaticales. El número de términos del diccionario de palabras de que disponen estos traductores automáticos se puede ir incrementando para que la traducción sea más precisa. *La Vanguardia* ha colaborado estrechamente con Incyta (http://www.incyta.com/archivos/Noticia1_cat.pdf) para incorporar al sistema de traducción español-catalán más de 20000 entradas léxicas al diccionario y ha adaptado más de 440 reglas gramaticales, lo que significa un porcentaje alto de personalización en este proceso de traducción y, al mismo tiempo, una gran calidad en los resultados obtenidos. Además, las memorias de traducción, corpus de frases en la lengua de origen traducidas correctamente a la lengua de destino (Alonso, 2007), permiten que no haya que volver a traducir una frase que ya ha sido traducida con anterioridad. Esta técnica favorece el proceso de traducción, sobre todo, en la prensa escrita, puesto que un mismo tema puede aparecer en noticias sucesivas a lo largo de varios días para actualizar la información (piénsese, por ejemplo, en un suceso que puede ir desarrollándose durante una semana entera). Aunque en cada una de estas noticias aparezca información nueva, una parte de ellas será igual y, por lo tanto, no será necesario volver a traducir. Una vez realizada la traducción automática, el equipo de posedición se encarga de revisar el resultado final. Incyta señala en su página web (http://incyta. com/es/tecnologias/) que después de una buena traducción automática se debe llevar a cabo una muy buena posedición "para garantizar que el resultado final comunique el mismo contenido que el original y con la misma intención". Esta tarea suelen desarrollarla profesionales que conocen muy bien las estructuras lingüísticas de las dos lenguas.

Según el *Libro de redacción* de *La Vanguardia* (2004: 58), el titular de un artículo está constituido "por el título y, opcionalmente, por otros complementos titulares: antetítulo, subtítulo, epígrafe, cintillo, destacado y ladillo". Además, se indica en esta obra que los titulares informativos son oraciones completas que contienen sintagma nominal y sintagma verbal. El título recoge el contenido de la noticia en un breve enunciado y es el primer contacto que tiene el lector con la noticia.

Zorrilla (1996) atribuye a los titulares una serie de funciones básicas: función identificadora, pues cada titular es diferente en cada diario y exclusivo de una determinada noticia; función designativa, pues ese enunciado singulariza el artículo periodístico, y función apelativa, la búsqueda de una construcción gramatical que "cautive" al lector. Hernández Guerrero (2004: 271) lo define como la parte del artículo que incita a seguir leyendo y "que proporciona una visión sucinta de la noticia". Ya Núñez Ladevéze (1991) se refirió a él como un acto de habla, independiente del cuerpo del artículo y con unas características gramaticales, propias de este tipo de enunciados, que proporciona al lector la información que necesita. Si el lector tiene tiempo e interés por seguir con ese artículo, seguirá leyendo; si no, se quedará estrictamente con la información que le aporta este breve enunciado y, con suerte, seguirá leyendo otros titulares. Actualmente, existen muchos lectores que solo consultan los titulares. Millás, en una entrevista publicada en *El Independiente* (05/04/2019), afirma que "antes había lectores de periódicos, ahora hay lectores de titulares". La importancia que tienen estos titulares para el lector requiere una revisión exhaustiva de la traducción de dichos enunciados, con el fin de obtener un texto que se ajuste a las características lingüísticas de cada lengua, la lengua de origen y la lengua meta. Por esta razón, en este trabajo nos vamos a centrar, desde un punto de vista lingüístico, en el análisis comparativo entre los titulares redactados en español y la traducción de estos enunciados en dos periódicos de ámbito nacional que editan diariamente en español y en catalán: *La Vanguardia* y *El Periódico*. El estudio comparativo nos permitirá determinar la calidad lingüística de la traducción y observar si existen interferencias del catalán sobre la lengua original en la que mayoritariamente se redactan estos diarios.

3. Metodología

Se han seleccionado para este trabajo los titulares (títulos y subtítulos) de las ediciones en papel de los diarios de *La Vanguardia* y de *El Periódico* en español y sus traducciones al catalán durante un periodo de doce días, concretamente del 27 de agosto al 7 de septiembre de 2018. Se han analizado también las ediciones en papel para asegurarnos de que los titulares que se estudiaban eran las versiones definitivas, pues las digitales se suelen ir actualizando durante el día y cabía la posibilidad de que esas actualizaciones también afectaran a los titulares. No olvidemos que, como ya se ha mencionado, los titulares constituyen una parte importante de los artículos periodísticos, ya que son el primer contacto que tiene el lector con el texto y, muchas veces, en función de estos enunciados continuará leyendo o no.

De los 1540 enunciados analizados en *El Periódico*, 1479 son traducciones literales, solo 61 presentan alguna característica lingüística diferente, lo que constituye un 3,9 % del total analizado en este periódico. En *La Vanguardia* se han considerado 1212 titulares y, de estos, se han analizado 79 que no constituían una traducción literal, lo que representa un 6,5 % de los titulares de este diario. En total, se han analizado 140 titulares en los que no hay una traducción literal de una lengua a otra. A modo de ejemplo, enunciados como *Las bolsas acusan el pesimismo creciente por la crisis de los países emergentes* de *La Vanguardia* (29/08/2018), que ha sido traducido por *Les borses acusen el pessimisme creixent per la crisi dels països emergents*, no se consideran en este análisis lingüístico por tratarse de traducciones literales.

Estos 140 titulares se han analizado considerando el tipo de fenómeno lingüístico que se modifica para detectar si existe en español una influencia de las estructuras lingüísticas del catalán. Se han tenido en cuenta cuestiones tanto léxicas, que pueden afectar a una palabra o a un grupo de palabras (en el caso de que se trate de un modismo) y que se relacionan con el valor semántico del titular, como sintácticas, que afectan como mínimo a un grupo sintagmático y que también pueden alterar el valor semántico del enunciado.

Debemos también mencionar que para estar seguros de cómo se llevaba a cabo el proceso de traducción nos pusimos en contacto con la empresa que se encargaba de las traducciones, que nos informó de que la lengua de la que parte la traducción de estos diarios generalmente es el español. Estuvimos probando la traducción de algunos enunciados para cerciorarnos de que ese resultado no procedía del traductor automático, sino que había sido modificado por un traductor humano en la posedición[1].

4. Resultados

A continuación, se presentan algunos ejemplos de los 140 titulares analizados que ilustran todos los fenómenos lingüísticos que se comentan. Los resultados se clasifican, como ya hemos mencionado, en cuestiones relacionadas con el léxico y con la estructura sintáctica del enunciado.

Cuestiones léxicas

Aparte de las cuestiones relacionadas con él léxico utilizado por los diarios analizados para evitar confusiones en la lectura de ciertos titulares, como el uso de *govern* o *govern central*, el primero para hacer referencia a la Generalitat y el segundo para hablar de lo relacionado con el Gobierno de España, algunas veces no existen razones aparentes para los cambios que se producen en determinados enunciados. El enunciado de *El Periódico* (01/09/2018*)* "España estudia seguir el reloj de Londres y no el de Berlín" ha sido traducido *por* "Espanya valora seguir el rellotge de Londres i no el de Berlin". Lo mismo sucede con el titular de *La Vanguardia* (31/08/2018): *"El Consejo Final pedirá información"* traducido como "El Consell Fiscal vol informació"; el hecho de que se modifique esta palabra no se debe al traductor automático, sino que más

---

[1] Agradecemos a Ignasi Navarro, director gerente de Incyta, y a Juan Alberto Alonso, director de Emerging Language Technologies, Lucy Software Ibérica, la ayuda prestada en el análisis lingüístico de algunos de los titulares y su disponibilidad para explicarnos todo el proceso de traducción.

bien dependerá del revisor en la posedición del texto o del periodista, revisor de los titulares. En otros enunciados, en los que una misma palabra se encuentra en varios titulares, se presentan opciones léxicas diferentes; por ejemplo, la palabra *pulso,* que puede encontrarse en varios titulares, como *pols*[2] en una traducción literal, ya que existe el mismo término para ambas lenguas, se ha traducido también como *pugna, enfrontament* o *estira-i-arronsa,* alterando, a veces, el significado original del titular. En otras ocasiones, la modificación del término trae consigo una información diferente: "Una chapuza: La lluvia y los baches hacen impracticable un circuito que fue asfaltado en febrero" (*La Vanguardia,* 19/08/2018), traducida como "Un perill: La pluja i els clots fan impracticable un circuit que va ser asfaltat al febrer". Es evidente que una chapuza puede dar lugar a una situación peligrosa, pero el significado de ambos titulares no es el mismo.

Otra cuestión léxica es el tratamiento de los extranjerismos. En la edición en español siempre aparecen entre comillas simples o, incluso, sin ningún resalte tipográfico, aunque ya estén incorporados al español y las instituciones como la Real Academia Española (RAE) o la Fundación del Español Urgente[3] (Fundéu) hayan propuesto una adaptación gráfica; es lo que ocurre con palabras como *rankings, lifting, rating* o *skinheads.* El *Diccionario panhispánico de dudas* (2005) ya propone diferentes adaptaciones gráficas o calcos que hacen innecesario el uso en español de la voz inglesa: *ranquin, estiramiento facial, índice de audiencia* o *índice de calificación crediticia* (propuesta recogida en el *Diccionario del español jurídico,* 2016) y *cabeza rapada.* En la edición en catalán, estas palabras aparecen correctamente adaptadas siguiendo las indicaciones del Institut d'Estudis Catalans (IEC) y sin ningún tipo de resalte tipográfico: *rànquings, lífting, ràtings* o *caps rapats.*

El prefijo *ex-* constituye otro caso en el que se pone de manifiesto que produce un desconcierto en su uso, desde el punto de vista lingüístico, por parte de los profesionales de ambos diarios en español. Según se recoge en la última edición de la *Ortografía de la lengua española* (2010) de la RAE, el prefijo

---

[2] En el *Diccionari de la llengua catalana* del Institut d'Estudis Catalans se puede encontrar la siguiente definición para el término "pols": 1 2 [LC] prendre el pols a algú b) Sondar les seves intencions. Prendre el pols a l'opinió, al públic.

[3] Aunque la agencia Fundéu no es una institución académica, la mencionamos aquí, ya que, como se indica en la página web, uno de sus objetivos es ofrecer alternativas en español para los anglicismos. Es una agencia que está al servicio, sobre todo, de los profesionales de la comunicación en lengua española.

ex- funciona como todos los demás prefijos, se encuentra unido a la palabra siguiente, pero separado de ella cuando precede a una expresión constituida por varias palabras que forman parte de un único significado (*ex primer ministro*). Encontramos numerosos ejemplos en *El Periódico* y en *La Vanguardia* que no siguen la norma que indica la RAE en cuanto a este prefijo cuando el sustantivo al que hace referencia viene precedido de un adjetivo y ambos conforman una unidad de significado: "Susana Gallardo es la nueva pareja del exprimer ministro francés" (*El Periódico*, 30/08/2018), "Un exalto cargo del Vaticano acusa al Papa de encubrir abusos" (*El Periódico*, 27/08/2018) o "El exprimer ministro francés quiere una 'candidatura de ciudad' que trascienda las siglas de Cs" (*La Vanguardia*, 06/09/2018). En estos casos, como ya se ha mencionado, el prefijo debería ir separado; en la traducción en catalán se sigue la normativa indicada por los libros de estilo. El *Llibre d'estil de La Vanguardia* (2018, p. 209) indica para la entrada *ex-* que si se precisa prefijar dos o más palabras debe colocarse un guion en la primera: *l'ex-primer ministre francès* o *ex-alt càrrec*.

Otro problema relacionado con el léxico lo constituyen los modismos. La traducción de los modismos es una de las tareas más difíciles para el traductor; el traductor automático generalmente suele realizar traducciones literales que, en este caso concreto, revisa un humano. En el análisis de los titulares se han detectado tres posibilidades diferentes a la hora de optar por una traducción:

1) La traducción de estos modismos se lleva a cabo a partir de una expresión similar; por ejemplo, "La dimisión de un ministro pone de nuevo en apuros a Macron" (*El Periódico*, 29/08/2018), que se ha traducido como "La dimissió d'un ministre torna a posar Macron en un compromís" es un caso de este tipo; *poner en apuros* o *posar en un compromís* son expresiones que tienen el mismo significado.

2) Las frases hechas, cuando no existen en catalán, se traducen por otra frase hecha cuyo significado a veces no es el apropiado; por ejemplo, el titular "El Ibex pierde fuelle pero aguanta" (*El Periódico*, 29/08/2018), que significa en español "perder fuerza", ha sido traducida como "L'Ibex perd pistonada però aguanta". En el *Diccionari de sinònims de frases fetes* (2018) ninguno de los significados que se encuentran allí para *perdre pistonada* corresponde a "perder fuerza" ("tornar-se despistat, perdre l'atenció en alguna cosa"). Lo mismo sucede en el titular "Champions sin respiro" (*La Vanguardia*, 31/08/2018) que se ha traducido como "Champions a tot drap". *Sin respiro* quiere decir en este titular que se están emitiendo partidos de esta liga sucesivamente, y *a tot drap* se puede encontrar en el diccionario del IEC con el significado de "muy deprisa".

3) Estos modismos se traducen con una expresión similar, pero perdiendo el valor connotativo de la expresión; es lo que sucede con titulares como "Steve Bannon, de rositas". *De rositas* es una expresión que ha sido traducida en catalán como "Steve Bannon, tan tranquil". Según Fundéu, esta expresión significa "sin recibir el castigo merecido", por lo tanto posee una connotación de la que no queda constancia totalmente en la versión traducida. Por otro lado, debemos destacar aquellos modismos en los que el periodista que escribe en español emplea frases hechas que se deben a una influencia del catalán; en catalán son correctas, pero en español no. El titular "El fin del verano: Dejarse ir" (*El Periódico*, 27/08/2018) nos muestra una expresión, *dejarse ir*, que viene del catalán *deixar-se anar* (Espinal, 2018). Seguramente el periodista no es consciente de que la está utilizando de forma incorrecta. El *Diccionario de la lengua española* (2014) de la RAE recoge la expresión *dejarse llevar* con el significado de "tener voluntad débil para seguir la propia opinión", que es el significado que desea transmitir el periodista. Tascón y Cabrera (2012) ya indican que las frases hechas o los modismos deben evitarse en los titulares de las ediciones digitales, para que sean fácilmente localizables por los motores de búsqueda. Quizá esa sea la razón por la que no se encuentran frecuentemente en los titulares, pero los podemos encontrar asiduamente en el cuerpo de los artículos periodísticos, como nos lo muestran los siguientes ejemplos de *perder pistonada* que ya hemos mencionado desde el punto de vista gramatical, y que pueden considerarse una interferencia del catalán en español: "Aunque con una progresiva pérdida de pistonada, que dejará una media de crecimiento de España en el 2,2 %" (*El Periódico*, 12/11/2018), "Y, como es habitual en Israel, donde los políticos no pierden pistonada a la hora de meterse con sus rivales, le han llovido las críticas" (*La Vaguardia*, 16/04/2015).

Cuestiones sintácticas

Las estructuras sintácticas que varían si comparamos la versión original en español y la traducida al catalán se relacionan con dos aspectos: orden de palabras y estructuras coordinadas precedidas de preposición.

En cuanto al orden de palabras, el fenómeno más frecuente y que más llama la atención se observa, sobre todo, en adjetivos y en adverbios. En español el adjetivo aparece generalmente pospuesto y en catalán, antepuesto. En la *Nueva Gramática de la lengua española* (2009-2011) ya se indica que el español, como las demás lenguas románicas, se caracteriza por presentar como posición no marcada para el adjetivo la situación posnominal. La *Gramàtica de la Llengua Catalana* (2016) del IEC señala lo mismo. En ambas se recoge que el adjetivo antepuesto proporciona al nombre un valor adicional con función explicativa o valorativa. Por lo tanto, en las dos lenguas un adjetivo antepuesto al sustantivo es portador de connotaciones de significado. No obstante, al menos en los titulares todos los adjetivos que se presentan antepuestos en español, porque el periodista desea darles el valor que hemos mencionado, aparecen pospuestos en la traducción al catalán. El titular "Un faraónico proyecto del cineasta ruso Ilya Khrzhanovsky recreará la ciudad partida entre 1961 y 1989" (*El Periódico*, 30/08/2018) ha sido traducido por "Un projecte faraònic del cineasta rus Ilya Khrzhanovsky recrearà la ciutat partida entre el 1961 i el 1989". Lo mismo sucede en titulares de deportes, en los que la anteposición del adjetivo indica el énfasis con el que el presidente de un club de fútbol ensalza a sus porteros: "Tengo dos muy buenos porteros, ya veremos lo que pasa en el futuro. No es un problema, son dos soluciones" (*El Periódico*, 27/08/2018), que ha sido traducido en catalán con un orden diferente en los adjetivos, perdiendo así el sentido connotativo de la anteposición del adjetivo al sustantivo: "Tinc dos porters molt bons, ja veurem què passa en el futur. No és un problema, són dues solucions". En *La Vanguardia* también encontramos titulares con el mismo cambio de orden del adjetivo en todas las ocasiones; así, el titular "Un pésimo Nàstic cae ante un recién subido" (*La Vanguardia*, 31/08/2018) se convierte en "Un Nàstic pèsim cau davant d'un ex-segona B", o "La negra sombra de octubre" (*La Vanguardia*, 27/08/2018), en "L'ombra negra d'octubre". Incluso un titular constituido solo por sustantivos y adjetivos presenta el mismo fenómeno: "Dulce cosecha, sabor amargo" (*La Vanguardia*, 07/09/2018), que se traduce en catalán como "Collita dolça, gust amarg". Este cambio no viene dado por la traducción automática, ni siquiera por razones lingüísticas sujetas a la norma gramatical de la lengua meta, ni tampoco se recoge en ninguno de los dos libros de estilo de estos diarios en catalán, por lo que parece más bien deberse a razones estilísticas.

Los adverbios también suelen encontrarse en la versión traducida en un orden diferente al que presentan en la versión original. Se localizan adverbios en la versión traducida pospuestos al verbo, mientras que en español se sitúan antes del verbo o, a la inversa, adverbios que en la versión traducida se encuentran pospuestos y en español antepuestos. En los libros de estilo de estos diarios no se menciona nada del orden de los adverbios, simplemente se indica que los adverbios de tiempo deben estar situados al lado del verbo. En los ejemplos que se utilizan en estos manuales, el adverbio se encuentra después del verbo: "Pujol es va entrevistar ahir amb Aznar" (*Llibre d'estil El Periódico*, 2002: 23). Encontramos entre los titulares analizados enunciados como "El Gótico es el barrio donde más pagan los estudiantes, que buscan ahorrar en tiempo y transporte" (*El Periódico*, 06/09/2018), en el que el adverbio de cantidad *más* precede al verbo, que se ha traducido como "El Gòtic és el barri on paguen més els estudiants, que busquen estalviar en temps i transport", donde el mismo adverbio aparece pospuesto al verbo. Por el contrario, el adverbio de tiempo se encuentra en los titulares en español, en general, pospuesto al verbo, mientras que en catalán aparece antepuesto. Es lo que ocurre en el titular "El coñac es también la bebida de moda entre los raperos norteamericanos y los oligarcas rusos" (*La Vanguardia*, 28/08/2018), traducido como "El conyac també és la beguda de moda entre els rapers nord-americans i els oligarques rusos", en el que el adverbio *también* presenta un orden diferente del adverbio que habíamos comentado con anterioridad. En el enunciado "En países como España e Italia, la obesidad y el sobrepeso infantil son ya del 40 %" (*El Periódico*, 27/08/2018) sucede lo mismo con el adverbio *ya:* en catalán se encuentra antepuesto al verbo ("ja són del 40 %") y en español pospuesto ("son ya del 40 %"). A propósito de estos adverbios de tiempo, el *Llibre d'Estil de la Corporació Catalana dels Mitjans Audiovisuals* (2019: 266) indica que los adverbios *ja, també, només, encara* deben colocarse antes del verbo.

También puede observarse un cambio de orden en algunos sintagmas que realizan una función concreta. En el enunciado "Unas maletas de diferencia. En la estación de Sants comparten espacio los turistas y aquellos que trabajan en agosto" (*La Vanguardia*, 29/08/2018), el sintagma con función de sujeto, subrayado en el ejemplo, no presenta su orden habitual antepuesto al verbo, mientras que en la versión traducida se prefiere ese orden: "Unes maletes de diferència. A l'estació de Sants els turistes i els que treballen a l'agost comparteixen espai". Este orden se encuentra a veces alterado para marcar la importancia de esta información. Este tipo de focalización se pierde cuando los constituyentes siguen el orden habitual en esa lengua. La frase "EE UU estudia enviar a Guantánamo a combatientes del Estado Islámico" (*La Vanguardia*, 31/08/2018), traducida como "Els EUA estudien enviar combatents de l'Estat Islàmic a Guantánamo" ilustra este tipo de focalizaciones. En la frase en español, el periodista prefiere anteponer el complemento circunstancial del verbo *enviar* al complemento directo; en el enunciado traducido se sigue el orden habitual de los constituyentes en catalán.

En cuanto a las estructuras coordinadas precedidas de preposición, la *Nueva gramática de la lengua española* (2009-2011) indica que, en la coordinación copulativa, la preposición puede repetirse en cada uno de los elementos coordinados o mencionarse solo una vez, dependiendo de si los elementos coordinados presentan cierta similitud y pueden concebirse como una unidad léxica. No obstante, indica que resultaría anómala la coordinación en ejemplos como "*Hablaron de su trabajo y política" o "*Se lo contaré a Luis y tu hermano" (p. 2422). En catalán se sigue el mismo criterio: se repite la preposición cuando los elementos coordinados se consideran dos entidades separadas (*Gramàtica de la llengua catalana*, 2016). Encontramos titulares en los que la preposición no se repite en la coordinación porque se podrían considerar un todo: "Los préstamos a hogares y empresas crecen al mayor ritmo desde el 2009" (*La Vanguardia*, 29/08/2018), pero en otros la unidad de los elementos coordinados es dudosa: "'La bandera del diálogo y la negociación es nuestra', esgrime el 'president'" (*El Periódico*, 01/09/2018), traducido como "'La bandera del diàleg i la negociació és nostra', afirma el president".

Para acabar este análisis lingüístico, trataremos el cuantificador *cada* en titulares como "'Escribo igual que hago el amor: cada día y porque me gusta', afirma el creador del detective Easy Rawlins" (*La Vanguardia*, 07/09/2018). A diferencia del cuantificador *todo, cada* tiene siempre un valor distributivo y precede a sustantivos contables sin determinante y en singular. No se acepta el uso de *cada* en expresiones temporales que están relacionadas con una repetición de acciones habituales. Gómez Torrego (2002: 288) señala que el uso de *cada* por *todos los* se considera un catalanismo que posee un valor de generalización y no de distribución. Por lo tanto, si consideramos estas apreciaciones, el periodista está utilizando en este titular *cada* con el significado propio del catalán.

5. Consideraciones finales

El análisis de los titulares nos ha servido para plantearnos diferentes aspectos lingüísticos no solo de la traducción, sino también de la precisión de los enunciados en la lengua de origen y de las interferencias presentes en estos enunciados. En primer lugar, encontramos un porcentaje muy bajo de titulares en que se haya modificado el enunciado. La mayoría de los textos presentan una traducción literal; eso quiere decir que, aun en la fase de posedición, el traductor humano considera que se han traducido correctamente. Estas versiones traducidas literalmente van en detrimento de la creatividad del periodista a la hora de pensar en un titular para la lengua en la que se está traduciendo. En segundo lugar, en el texto en español se han detectado enunciados en los que aparecen incorrecciones debidas, en algunos casos, a la interferencia entre ambas lenguas. Fité (2004), considerando la interferencia lingüística en los medios de comunicación en un marco en el que se debate sobre los modelos de lengua, se pregunta si la expresión *tocar fusta* es catalán o una influencia del español. Señala, además, que en la traducción de estas expresiones no es suficiente con consultar textos normativos, es preciso acudir a la experiencia del profesional y considera la interferencia lingüística como una necesidad. Hemos visto en el análisis que las frases hechas o modismos son las expresiones más difíciles de traducir y que algunas veces la solución no es la más adecuada. No obstante, debemos diferenciar entre aquellas expresiones que son difíciles de traducir porque no existe una expresión paralela en la lengua meta, y para las que el periodista intenta buscar la mejor solución, de aquellas que utiliza el periodista por influencia del catalán.

En el apartado de resultados se han observado expresiones como *irse de rositas,* que el traductor humano ha optado por traducir como "irse tranquilo". Quizá si hubiera utilizado la misma expresión con resalte tipográfico la solución hubiera sido más adecuada; en estos casos, se trataría de una interferencia consciente. Pero hemos comentado otras expresiones en español que el periodista ha usado de forma inconsciente: *dejarse ir* o *perder pistonada* son algunos de los ejemplos comentados. El hecho de que en el cuerpo de los artículos podamos encontrar enunciados en los que se localicen expresiones como *un seguido de, sobretodo, el vídeo de la cual* o *las runas* sustituyendo respectivamente en español a *una serie de, sobre todo, cuyo vídeo* o *los escombros,* marcados en los siguientes ejemplos, nos muestra que el proceso de revisión de los titulares es más preciso y, por esta razón, no se encuentra este tipo de interferencias procedentes del catalán: El memorial es un banco de acero de 11 metros de longitud, con un seguido de letras troqueladas que forman una frase de Salvador Espriu (*La Vanguardia*, 15/04/2019), "Vehículos eléctricos que los fabricantes han sacado al mercado para cumplir, sobretodo, con un seguido de necesidades ambientales" (*La Vanguardia*, 21/03/2018), "Una actuación sublime el vídeo de la cual se ha hecho viral en las redes (14/01/2019), donde los equipos de rescate buscaban hoy a 30 desaparecidos bajo las runas de un centro comercial que se hundió" (*La Vanguardia*, 23/04/2019).

Hace años, las editoriales de prensa tenían a su disposición consultores lingüísticos. Hoy en día, por razones económicas, esta figura ha desaparecido, los periodistas son sus propios revisores lingüísticos y, por lo tanto, ejercen una doble función; no solo deben escribir los artículos sino que también han de revisarlos, tomando así conciencia del papel que cumplen en la sociedad: los diarios son una referencia lingüística para la mayor parte de los hablantes. El uso del prefijo *ex-* es un ejemplo de esto. El alumno de periodismo que en clase aprende con el profesor de lengua cuál es la normativa para este prefijo y, al mismo tiempo, observa que en los diarios no se emplea tal como le han enseñado en el aula, se siente indeciso ante qué norma seguir. En este sentido, los textos que se han traducido automáticamente, a partir de una serie de reglas y con una fase de posedición, llegan a tener una calidad lingüística mejor que la de los textos originales. Los recursos en línea, diccionarios, gramáticas, agencias como la Fundéu, deben servir para facilitar la labor del periodista desde el punto de vista lingüístico y contribuir a crear un modelo de lengua que enriquezca a todos los hablantes. Dice Grijelmo (2001: 159) que "quienes saben las reglas del lenguaje coinciden fielmente con los que más brillantemente escriben".

Por último, cabe señalar que los ejemplos periodísticos que se han ido recogiendo a lo largo del artículo ponen de manifiesto que el español de Cataluña posee unas características particulares que lo identifican, y que ni siquiera los profesionales de la comunicación se escapan de estas interferencias.

Bibliografía

ABAITUA, J. (2001). "Is It Worth Learning Translation Technology?", *International Journal of Translation*, 13, 1-2.

ALONSO, J. A. (2007). "Els sistemes de traducció automática", *Llengua i ús: revista tècnica de política lingüística*, 38, pp. 23-32.

BUSQUET, J. (coord.). (2007). *Libro de Estilo de El Periódico*. Barcelona: Ediciones Primera Plana.

CAMPS, M. (coord.) (2018). *Llibre d'estil de La Vanguardia*. Barcelona: La Vanguardia Ediciones.

CORPORACIÓ CATALANA DE MITJANS AUDIOVISUALS. (2019). *Llibre d'Estil de la Corporació Catalana dels Mitjans Audiovisuals*. Disponible en: <https://www.ccma.cat/llibredestil/pre-mbul> (27-4-2019).

CRONIN, M. (2010). "The translation crowd", *Revista tradumàtica: traducció i tecnològies de la información i la comunicació*, 8. Disponible en: https://ddd.uab.cat/pub/tradumatica/15787559n8/15787559n8a4.pdf (27-4-2019).

EL PERIÓDICO. (2002). *Llibre d'estil el Periódico*. Barcelona: Ediciones Primera Plana.

ESPINAL, M. T.(2018). *Diccionari de sinònims de frases fetes*. Disponible en: <https://dsff.uab.cat/>.

FITÉ, R. (2004). "La interferència lingüística en la llengua dels diaris", en MARTÍ I CASTELL, J. y MESTRE I SERRA, J., *Quins models de llengua escrita per als mitjans de comunicació*. Barcelona: Institut d'Estudis Catalans.

FUNDACIÓN DEL ESPAÑOL URGENTE (2005). Disponible en: <https://www.fundeu.es/>.

GALLEGO GARCÍA, T. (2014). "El reto de la traducción poética: Versiones en lengua española de dos poemas de Verlaine", *Anales de Filología Francesa*, 22, pp. 129-142.

GARCÍA DE LA BANDA, F. (1993). "Traducción de poesía y traducción poética", en RADERS, M. y SEVILLA, J. (eds.), *III Encuentros complutenses en torno a la traducción*. Madrid: Editorial Complutense, pp. 115-135.

GAVRIGH, O. (2002). "Traducción e interferencias lingüísticas". Presentado en el Congreso Regional de Ciencia y Tecnología, Universidad Nacional de Catamarca. Disponible en: <http://editorial.unca.edu.ar/Publicacione%20on%20line/CD%20INTERACTIVOS/NOA2002/Traduccion%20Interferencia%20Linguistica.pdf> (27-4-2019).

GÓMEZ TORREGO, L. (2002). *Manual del español correcto II*. Madrid: ArcoLibros.

GRIJELMO, A. (2001). *El estilo del periodista*. Madrid: Taurus.

HERNÁNDEZ GUERRERO, M. J. (2004). "La traducción de los titulares periodísticos", en SUSO LÓPEZ, J.y LÓPEZ CARRILLO, R. (coords.), *Le français face aux défis actuels. Histoire, langue et culture*. Granada: Universidad de Granada-Apfue-Gilec, Vol. 2, pp. 271-281.

— (2008). "La traducción periodística en los diarios españoles de información general", en PEGENAUTE, L., DECESARIS, J., TRICÁS, M. y BERNAL, E. (eds.). *Actas del III Congreso Internacional de la Asociación Ibérica de Estudios de Traducción e Interpretación. La traducción del futuro: mediación lingüístca y cultural en el siglo XXI*. Vol. 2, pp. 359-368. Disponible en: <http://www.aiet.eu/pubs/actas/III/AIETI_3_MJHG_Traduccion.pdf> (27-4-2019).

HERRERO CECILIA, J. (2002). "Problemas y aspectos de la traducción poética: comentarios sobre la traducción en verso de dos poemas de Baudelaire y uno de Verlaine", en *Estudios de Filología Moderna*, n.º 3, , pp. 45-64.

INCYTA (s.a.). *La Vanguardia incorpora tecnologia lingüística de traducció automática en el procés editorial*. Disponible en: <http://www.incyta.com/archivos/Noticia-1cat.pdf>.

INSTITUT D'ESTUDIS CATALANS (1995). *Diccionari de la Llengua Catalana*. Disponible en: <http://mdlc.iec.cat/>.

— (2016). *Gramàtica de la llengua catalana*. Barcelona: Institut d'Estudis Catalans.

KAY, M. (1997). "Machine Translation: The Disappointing Past and Present", en VARI-LE, G. B. y ZAMPOLLI, A. (eds.), *Survey of the state of the art in human language Technology*. Pisa: Giardinai, pp. 248-250.

LA VANGUARDIA. (2004). *Libro de redacción* de *La Vanguardia*. Barcelona: La Vanguardia Ediciones y Editorial Ariel.

NÚÑEZ LADEVÉZE. L. (1991). *Manual para Periodismo*. Barcelona: Ariel.

OLIVER, A. (2016). *Herramientas Tecnológicas para Traductores*. Barcelona: Editorial Universitat Oberta de Catalunya.

ORDÓÑEZ, R. (2019). "Un rato como Millás: 'Antes había lectores de periódicos, ahora hay lectores de titulares'", *El Independiente*. Disponible en: <https://www.elindependiente.com/tendencias/libros/2019/04/05/rato-millas-habia-lectores-periodicos-ahora-lectores-titulares/>.

PONCE, Nuria.(2007). "El apasionante mundo del traductor como eslabón invisible entre lenguas y culturas", *Tonos. Revista electrónica de estudios filológicos*, n.º 13. <https://www.um.es/tonosdigital/znum13/secciones/tritonos_B_nuria%20Ponce. htm> (27-4-2019).

REAL ACADEMIA ESPAÑOLA. (2016). *Diccionario del español jurídico*. Disponible en: <https://dej.rae.es/>.

— (2005). *Diccionario Panhispánico de dudas*. Disponible en: <http://www.rae.es/recursos/diccionarios/dpd>.

— (2009-2011). *Nueva gramática de la lengua española*. Madrid: Espasa.

— (2010). *Ortografía de la lengua española*. Madrid: Espasa.

— (2014). *Diccionario de la lengua española*. Madrid: Espasa, 23.ª edición,.

TASCÓN, M. (dir.) y CABRERA, M. (coord.). (2012). *Escribir en internet: guía para los nuevos medios y las redes sociales*. Barcelona: Galaxia Gutenberg-Círculo de Lectores.

TORRE, E. (1994). *Teoría de la traducción literaria*. Madrid: Síntesis.

UNIVERSIDAD DE SEJONG. (2019). *Man vs. machine: humans triumph in translation competition*. Universidad de Seúl. Disponible en: <https://www.traductanet.com/blog/man-vs-machine-humans-triumph-in-translation-competition>.

XIONG, X. (2014). "Press translation in International Communication", en *Theory and Practice in Language Studies*, 4, 10, pp. 2151-2156.

ZORRILLA, J. M. (1996). *El titular de la noticia*. Tesis doctoral. Madrid: Universidad Complutense.

LE PASÓ LA MANO POR LA CARA: FENÓMENOS DE CONTACTO LINGÜÍSTICO EN LA PRENSA DEPORTIVA DE CATALUÑA

Ana Paz Afonso
Universitat Autònoma de Barcelona

1. La prensa deportiva y el uso de la lengua

Los fenómenos de contacto lingüístico en los medios de comunicación han sido ampliamente estudiados (véanse: Fort, 1998; Müller-Lancé, 2008; León, 2012; Hansen, 2017); sin embargo, existe una parcela de la prensa que, pese a figurar entre la más consumida (EGM, 2018: 8, 18), tanto en su versión impresa como a través de medios digitales, no ha sido la que más ha centrado la atención de los lingüistas: la prensa deportiva.

No se trata de una cuestión baladí teniendo en cuenta la influencia de los medios de comunicación en la transmisión y generalización del léxico, las estructuras sintácticas y diversos usos lingüísticos entre los hablantes (Pascual, 1996: 80-81). En el caso de Cataluña, los dos diarios deportivos más consumidos en internet entre febrero y noviembre de 2018 (EGM, 2018: 8, 18) fueron *Mundo Deportivo* y *Sport*, los cuales tienen la particularidad de publicar sus contenidos en español, pese a distribuirse en un territorio en que son cooficiales tanto esta lengua como el catalán; de ahí que los fenómenos de interferencia que puedan producirse por influencia de este idioma revistan un especial interés.

A diferencia de la prensa de corte más generalista, la deportiva tiende a un uso más expresivo de la lengua, que se manifiesta mediante el empleo de unidades fraseológicas producto de procesos metafóricos o metonímicos (Díez, 1998: 530-541), creaciones léxicas analógicas, comparaciones, frases hechas procedentes de otros ámbitos de conocimiento y el uso de préstamos adaptados o crudos, entre otros recursos (Barros y De Molina, 1997: 231-232; Oliva, 2012: 13).

Este rasgo tan característico convierte a la prensa dedicada a los deportes en particularmente proclive a reflejar fenómenos fruto del contacto de lenguas, especialmente entre dos idiomas tan próximos como el castellano y el catalán.

Sin embargo, pese a este potencial, estos textos no se han estudiado en la misma extensión y profundidad que otros tipos de documentos. Si restringimos el objeto de estudio a las interferencias lingüísticas, la lista se reduce sensiblemente, dado que la mayor parte de los trabajos se han centrado en los anglicismos (véase Vázquez y Lario, 2015), voces que, sin duda, tienen una gran presencia en el lenguaje deportivo, si bien no son las únicas que se manifiestan de manera notable en la lengua periodística (véase Vázquez y Lario, 2016, entre otros).

2. Compilación y análisis del corpus

En ese sentido, el presente estudio pretende arrojar algo de luz acerca de los catalanismos presentes en los diarios *Mundo Deportivo* y *Sport* mediante el análisis de sesenta textos escritos por cuatro periodistas de origen catalán de cada uno de dichos diarios entre el 1 y el 30 de octubre de 2018: Xavier Bosch[1], Cristina Cubero[2], Ferran Martínez[3] y Mònica Planas[4], de *Mundo*

---

[1] Xavier Bosch es un periodista barcelonés y autor de las novelas *Se sabrà tot*, *Homes d'honor*, *La màgia dels reis* y *Algú com tu*. Además de periodista en *Mundo Deportivo*, ha sido el creador de los formatos *Alguna pregunta més* (Catalunya Ràdio), *El món a RAC 1* (RAC 1) y *El gran dictat* (TV3). También ha colaborado con *La Vanguardia*, ha dirigido el programa *Un tomb per la vida* (TV3), ha presentado el programa *Àgora* (TV3), ha ejercido de jefe de programas en RAC 1 y de director del diario *Avui* (2007-2008) y ha sido uno de los impulsores del diario *Ara*. Entre las distinciones recibidas, se encuentran el Premio Ondas (1997), el Premio Mundo Deportivo de periodismo (1999), el Premi APEI-Catalunya, el Premio Radio Asociación de Cataluña (2007), el Premio Radio Asociación de Cataluña (2007), el Premi Sant Jordi de novela (2009) por *Se sabrà tot* y el Premi Ramon Llull de novela (2015) por *Algú com tu*.

[2] Cristina Cubero es barcelonesa y periodista habitual de *Mundo deportivo* desde 1987, donde actualmente trabaja, además, como directora de relaciones externas. Asimismo, forma parte de la junta directiva de la Asociación Española de la Prensa Deportiva. Su trayectoria comprende la participación en los programas *El rondo* (La 2), *Minuto y resultado* (La Sexta), *Punto pelota* (Intereconomía TV), *El chiringuito de jugones* (Atresmedia), *El golazo* (Gol), *El Tirachinas* (Cope) y *Al primer toque* (Onda Cero), entre otros, así como colaboraciones con France Football y la cadena italiana RAI. Ha sido galardonada en 2018, además, con el Premio Día Mundial de la Radio al papel de la mujer en el periodismo deportivo.

[3] Ferran Martínez es redactor en *Mundo Deportivo* desde 2010, aunque previamente ha trabajado como colaborador en Ràdio Municipal de Terrassa (2006-2008), en el diario *As* (2006-2008), en los periódicos *Avui* y *Avui Terrassa* (2008-2010), en Radio Nacional de España (2012-2014) y en RAC 105 (2014). En todos estos medios ha intervenido o escrito piezas periodísticas en catalán, a excepción de *Mundo Deportivo*, donde escribe en castellano.

[4] Mònica Planas es una periodista especializada en crítica de televisión y análisis de medios que colabora actualmente con el diario *Ara*, *Mundo Deportivo* y *El Matí de Catalunya Ràdio*.

Deportivo; y Carme Barceló[5], Àngels Fàbregues[6], Ernest Folch[7] y Lluís Mascaró[8], de *Sport;* sus textos se han examinado en busca de posibles fenómenos de contacto de lenguas.

Así, nos centraremos en las interferencias lingüísticas (Payrató, 1985) producto de la situación de contacto entre el español y el catalán y que no respondan a un cambio de código o *code switching* (Sinner, 2004: 75). Esto incluye, por tanto, fenómenos léxico-semánticos (*rachola* en vez de *baldosa*), sintácticos (*estar al jardín* en lugar de *estar en el jardín*)[9], morfológicos (*de sobras* en lugar de *de sobra*)[10] , discursivos (*si más no* en vez de *al menos*)[11] y ortográficos[12] (el uso de <q> donde debería usarse <c>).

Anteriormente ha realizado contribuciones para *Avui, La Vanguardia*, la revista *Sàpiens* y ha participado en el programa *Arucitys*, de 8tv y en varios espacios de RAC 1, todas estas contribuciones, en lengua catalana. Ha sido galardonada con el Premio de Comunicación no Sexista 2015, otorgado por la Associació de Dones Periodistes de Catalunya, y el Premio Juan José Castillo de periodismo en 2017.

[5] Carme Barceló es una periodista barcelonesa que empezó su carrera en *Mundo Deportivo* en 1985. Ha formado parte de la redacción de deportes de TV3 y ha colaborado en programas deportivos de SER Catalunya, Canal +, Intereconomía TV y en Atresmedia. Actualmente es columnista de *Sport* y de la revista *Woman*.

[6] Àngels Fàbregues es jefa de sección y periodista en el diario *Sport* desde 1992.

[7] Ernest Folch es de Barcelona y tiene la particularidad, en lo que concierne a este estudio, de que es licenciado en Filología catalana. Es el actual director del periódico *Sport*, aunque empezó su carrera como editor en Quaderns Crema en 1994. Posteriormente, fue editor en la editorial Empúries (1997-2000) y en RBA, hasta que fue nombrado director del Grup 62 (2003 y 2011). También fue el fundador y consejero delegado de Ara Llibres (2006-2011) y presidente de la Associació d'Editors de Llengua Catalana (2009-2011), vicepresidente del Gremi d'Editors de Catalunya, así como director editorial de Edicions B (2011-2016). Desde el punto de vista periodístico, además de escribir para *Sport* ha colaborado con los diarios *Ara, El Periódico, El Punt Avui* y ha participado en Catalunya Ràdio, Rac1 y TV3.

[8] Lluís Mascaró es el director adjunto del periódico *Sport* en la actualidad (mayo de 2019). Empezó su carrera en *El Correo Catalán* (1984-1986) y la continuó en *La Mañana* (1986-1990), en el *Diari de Barcelona* (1990-1991) y desde 1991 en el *Sport*. También ha participado en programas de radio en Ràdio Barcelona, Ona FM, y en programas de televisión de Intereconomía TV y BTV.

[9] Ejemplo de Sinner (2004: 257).

[10] Ejemplo de Sinner (2004: 214-215).

[11] Ejemplo de Hernández (1998: 72).

[12] En el ámbito ortográfico es posible hallar fenómenos claros de interferencia, como la confusión entre <z> y <c> en las grafías *ce* y *ci*, que concurren con manifestaciones fruto de otras causas, como el error de tecleo. Así pues, no solo en el ámbito gramatical resulta dificultoso establecer una relación inequívoca entre el fenómeno y su causa, sino también en otras esferas lingüísticas.

Una de las dificultades que presenta este tipo de estudio es que estos fenómenos no siempre son tan perceptibles como cabría pensar, ya que el castellano y el catalán son lenguas muy próximas genéticamente (Prat, 2003: 20).
Otra dificultad añadida radica en que, si bien es cierto que los fenómenos de
contacto mencionados se producen en el castellano de esta área geográfica, no
es menos comprobable que son propios, también, de zonas donde el castellano
no convive con el catalán, lo que implica que no sería el contacto entre ambos
idiomas el motivo de su presencia en el castellano de zonas catalanohablantes
(véanse: Seco, 1989a: 252; Jordana, 1968: 100; Sinner, 2004: 264), como sucede, por ejemplo, con el uso de la preposición *de* ante infinitivo, que se aso-
cia tanto a interferencias del catalán como a variedades de habla meridionales
en la península (Sinner, 2004: 264).

En cuanto a la organización de los fenómenos de contacto, Blas Arroyo
(1993: 154) señala la necesidad de explorar en mayor medida las interferencias gramaticales, ya que presentan una mayor dificultad de análisis que las de
tipo fónico o léxico y por esa razón no han sido un objeto de estudio tan examinado como estas. Este grado de complejidad se explica porque existen menos estructuras sintácticas que vocabulario, de modo que "aunque variaran en
la misma proporción, la variación sintáctica no sería tan evidente" (Hudson,
1981: 56).

Precisamente, con el fin de evitar entrar en mayores problemas de análisis,
el criterio adoptado en el presente estudio es el de distinguir entre interferencias morfológicas e interferencias sintácticas, en la línea de Overbeke (1976),
Baetens (1989), Hernández (1998) y Sinner (2004). Así, entendemos las primeras como interferencias que afectan "al conjunto de morfemas gramaticales
y derivativos, especialmente a los de género, número y los relacionados con la
formación de palabras" (Hernández, 1998: 67). Las interferencias sintácticas,
por su parte, se reflejan en la estructura oracional y no en los morfemas (Hernández, 1998: 68). Completan el grupo las interferencias léxico-semánticas,
que comprenden calcos formales y calcos semánticos; las interferencias ortográficas y las interferencias discursivas.

3. Interferencias del catalán en el castellano de la prensa deportiva catalana

La estadística pone de manifiesto que las interferencias léxico-semánticas están presentes en la mayor parte de los ejemplos del corpus, con un 56,4 %; seguidas por las sintácticas, con un 34,1 %, y las ortográficas, con un 9,5 % (cuadro 1).

	Frecuencia absoluta	Porcentaje		Frecuencia absoluta	Porcentaje
Interferencias léxico-semánticas	71	56,4 %	**Calco formal**	49	38,9 %
			Calco semántico	22	17,5 %
Interferencias sintácticas				43	34,1 %
Interferencias ortográficas				12	9,5 %
TOTALES				126	100 %

Cuadro 1. *Tabla de frecuencias y porcentajes de cada fenómeno de contacto en el corpus analizado*

3.1. *Interferencias léxico-semánticas*

A continuación, se expondrán los casos relativos a ese 56,4 % que representan las interferencias léxico-semánticas, de las cuales un 38,9 % se corresponde con calcos formales y el 17,5 % restante, con calcos semánticos.

3.1.1. *Calcos formales*

Las dos interferencias que se han documentado con mayor frecuencia son *culé* y *blaugrana*, algo esperable teniendo en cuenta que los dos diarios analizados se centran especialmente en la actualidad del Fútbol Club Barcelona[13]. Sin embargo, si bien ambas voces son las que se repiten en un mayor número de ejemplos, no son las únicas.

---

[13] No se ha tenido en cuenta entre los calcos formales la denominación apocopada *Barça*, procedente del catalán, dado que hace referencia a un nombre propio. Sin embargo, vale la pena

3.1.1.1. *"Culé"*

Se trata del calco formal más habitual en los textos examinados y, a pesar de que se trata de una palabra con la que los hablantes están familiarizados desde hace décadas, no había sido incorporada al *DRAE* hasta la última edición de 2014, donde se recoge de la siguiente manera: "Quizá del cat. *culer* 'trasero, culera'. 1. adj. Perteneciente o relativo al Fútbol Club Barcelona. 2. adj. Jugador o seguidor del Fútbol Club Barcelona. U. t. c. s." (*DRAE*, s. v. *culé*).

(1)   Otro centro de Guillem Jaime acabó en el palo después de un despeje de Brown, en la mejor ocasión *culé*. *Mundo Deportivo* (03/10/2018).

(2)   El Camp Nou se llenó para ver a aquella estrella que brilló con luz propia aquel día y daría muchas más tardes de gloria a los *culés*. *Sport* (26/10/2018).

En el *CORDE* no figura ninguna documentación de esta voz; sin embargo, el *CDH* localiza la primera documentación en 1979 en el diario *El País*.

(3)   Dado que el Valencia y el Atlético de Madrid ya han asomado la cresta de la irregularidad hay que pensar que, como en años anteriores, al principio de la Liga todo va a estar entre *culés* y merengues. *El País* (13/04/1979).

Su origen se encuentra en el catalán *culer*, derivado, a su vez, de *cul* 'culo' (*DCVB*, s. v. *culer*). Esta denominación se debe, probablemente, a que, cuando el Barcelona jugaba en su antiguo estadio de la calle Indústria de Barcelona, el escaso aforo hacía que los aficionados se sentaran en el muro que rodeaba el campo, de modo que desde la calle se veían sus traseros (Nomdedéu, 2004: 84).

Como se desprende de los ejemplos, esta voz se emplea como sustantivo y adjetivo y ha sido adaptada gráficamente al español suprimiendo la *r* final del étimo catalán, la cual no se pronuncia en la variedad estándar de dicho idioma.

---

recordar que se trata de una forma cruda, ya que mantiene la grafía con cedilla propia algunos sonidos sibilantes del catalán ante las vocales *a, o, u* (IEC, 2007: 27).

3.1.1.2. *"Blaugrana"*

A la voz *culé* le sigue en frecuencia *blaugrana*, especialmente para referirse al equipo o a sus jugadores a través de sus colores por un proceso de metonimia[14].

(4)   El mes de octubre es terrorífico para el conjunto *blaugrana*. *Sport* (04/10/2018).

(5)   Por eso la injusticia que está cometiendo el seleccionador con el *blaugrana* es doble. *Mundo Deportivo* (05/10/2018).

Asimismo, al igual que *culé*, no fue incorporada al *DRAE* hasta la última edición de 2014, cuya entrada remite a *azulgrana*. En ella se indica que procede del catalán *blaugrana*, formada por *blau* 'azul' y *grana* 'grana2'[15]. En cuanto a su primera documentación, en el *CORDE* no aparece hasta 1987; no obstante, la hemeroteca en línea de *La Vanguardia* nos ha permitido localizarla en un texto de 1929, en el que se escribía con guion y mayúscula iniciales.

(6)   La peña *Blau-Grana* ha abierto una suscripción para regalar una prima con destino a la Vuelta a Cataluña. *La Vanguardia* (22/08/1929).

El hecho de no hallar esta forma en otras hemerotecas digitales, como la del diario *ABC*, probablemente se deba a que *La Vanguardia* se publica desde

---

[14] Este uso de los colores como modo de referirse a un equipo de fútbol, y en la lengua de origen, no se aplica únicamente al Barcelona. Así, además de alusiones frecuentes a *los blaugrana* (cat.), también encontramos designaciones de este tipo fuera del corpus, como *los neroazzurros* (it.) —los jugadores del Inter de Milán, cuya camiseta combina el negro y el azul—, *los bleus* (fr.) —sintagma con el que se designa a la selección francesa, vestida habitualmente de azul (*vid.* Fundéu, s. f.)— o *los reds* (ing.), para referirse al Liverpool —cuyos jugadores visten habitualmente de rojo—: "Su primer objetivo es colocar a *los neroazzurro* entre la élite del fútbol" (*Sport,* 26/10/2019); "Los 'bleus' ya cuentan con dos estrellas en su camiseta y defenderán cetro en Qatar 2022" (*Mundo Deportivo*, 31/12/2018); "Si alguien tenía miedo a un posible problema de los 'reds' en abrir el marcador se esfumaba rápido". (*Sport*, 26/04/2019).

[15] *Grana*2: 'cochinilla (materia colorante obtenida de la cochinilla)', 'quermes', 'excrecencia o agalla pequeña que el quermes forma en la coscoja, y que, exprimida, produce color rojo', 'materia colorante roja que se obtiene al exprimir la grana', 'paño fino usado para trajes de fiesta', 'dicho de un color: rojo semejante al de la grana', 'de color grana' (*DRAE*, s. v. *grana*2, s. v. *cochinilla*2)

su fundación en un contexto de lenguas en contacto, lo cual facilita que refleje interferencias propias de los hablantes de la zona.

Otra de las particularidades de este préstamo es que coexiste con el calco semántico *azulgrana*. De hecho, la propia Fundéu da ambas voces por válidas en español, dado que "este catalanismo se halla sobradamente extendido desde hace décadas" (Fundéu, 2014a).

3.1.1.3. *"Culerada"*

Derivado del catalán *culer*, nos encontramos con la voz *culerada* para referirse a la afición del Barcelona.

(7)   A partir de ahí la alegría y el optimismo se instaló entre la *culerada*, el Barça ganó la Liga trece años después. *Sport* (26/10/2018).

Se trata de un sustantivo que, *a priori*, cabría pensar que procede del catalán *culer*, ya que conserva la terminación en *-r*. No obstante, el Observatori de Neologia del Intitut d'Estudis Catalans no lo documenta hasta 2010 en un fragmento en catalán de *El Periódico*[16] y a día de hoy no figura tampoco en el *DIEC2* ni en el *DDLC*. En cambio, a través de la hemeroteca en línea de *La Vanguardia*, hemos podido hallar una primera documentación en castellano en 2001, casi una década antes de lo que indica el Observatori de Neologia para el catalán.

(8)   La tensión vuelve porque otro energúmeno no consigue zafarse de la policía y va hacia la *culerada* con intención de agredir a alguien. *La Vanguardia* (11/03/2001).

3.1.1.4. *"Groguet"*

El último de los calcos formales hallados en el corpus es *groguet*, literalmente, 'amarillito'. En fútbol se utiliza este apelativo para referirse a los jugadores y la afición del Villarreal Fútbol Club, que viste de amarillo.

---

[16] "La ciutat que en dues nits d'infaust record del 1991 i 1996 havia fet perdre el son a milers de barcelonistes, li devia una bona festa a la culerada". *El Periódico* (11/05/2010).

(9)   El filial *groguet*, que dispuso de más ocasiones, no logró sentenciar al contragolpe. *Mundo Deportivo* (31/10/2018).

En este caso se trata de un préstamo no adaptado ortográficamente y que, por tanto, conserva la *-t* final. Pese a ello, no aparece en cursiva ni entrecomillado en los medios consultados. La primera documentación se ha localizado nuevamente en *La Vanguardia*, en 2004, si bien cabría una investigación más amplia, especialmente a partir de la prensa valenciana escrita en castellano, donde es probable que apareciera publicada antes la voz *groguet*. Además, debe tenerse en cuenta que, a medida que los equipos escalan puestos e importancia en las competiciones, la prensa hace más referencia a ellos, por tanto, aunque se usara la palabra en castellano antes de 2004, es posible que no apareciera en la prensa nacional hasta que el equipo destacara deportivamente.

(10)   Si el cancerbero —segunda temporada de "*groguet*"— añora Barcelona, lo disimula. *La Vanguardia* (03/04/2004).

3.1.2. *Calcos semánticos*

Los calcos semánticos constituyen el 16,3 % del corpus analizado y los ejemplos hallados se concentran, en cuanto a cantidad, en torno a las palabras *azulgrana* y *can*. No obstante, se incluyen en este grupo otras interferencias localizadas con menor frecuencia, como *abrirse la luz* o *hacer campana*, entre otras.

3.1.2.1. *"Azulgrana"*

Pese a que mantiene una estrecha vinculación con la voz *blaugrana*, tanto en su origen como en su uso, la palabra *azulgrana*, en tanto que calco semántico, tiene características propias. Esta unidad aparece documentada en el *CORDE* por primera vez en 1934, pese a que hallamos en *La Vanguardia* un testimonio anterior de 1904 en el que se hace referencia al color de la vestimenta del equipo y otro de 1909 en que ya se alude al equipo a través de esta metonimia basada en el color. A juzgar por estas documentaciones, la voz *azulgrana* se usaba en castellano, por tanto, con anterioridad a la palabra *blaugrana*.

(11)   Comenzó dicho partido á poco más de las cuatro, con ligero dominio del club español (blancos), pero generalizada la lucha entró bien en juego Barcelona (*azul-grana*). *La Vanguardia* (27/04/1903).

(12)   Fué un derroche de comedimiento y cordura, tanto por parte de *los azulgrana* como de los blancos. *La Vanguardia* (09/03/1909).

(13)   El equipo *azulgrana* no tuvo enemigos con los de Pueblo Nuevo. *CORDE: El Socialista* (18/09/1934).

Debemos señalar que tanto *azulgrana* como *blaugrana* se emplean actualmente como sinónimos y, de hecho, se alternan con frecuencia en un mismo texto periodístico, como pone de manifiesto el siguiente ejemplo.

(14)   Tras una primera mitad más equilibrada, los *blaugrana* acabaron goleando por 40-26. [...] Son ya cinco partidos de Asobal y cinco goleadeas [sic] con una media superior a los 40 goles, lo que indica que un año más la liga doméstica será un paseo para los *azulgranas*. *Sport* (03/10/2018).

Asimismo, cabe recordar que una y otra voz pueden emplearse como sustantivo y adjetivo, pero cuando se trata del primer caso, la Fundéu (2014b) recomienda la flexión en plural de la palabra. Esta indicación, que no tiene carácter sancionador, no parece que la tengan demasiado en cuenta los autores de los textos, a juzgar por el corpus, como se puede observar en el ejemplo, en que alternan ambas opciones: *los blaugrana* y *los azulgranas*.

3.1.2.2. *"Can"*

El uso de *can* en la prensa deportiva responde a un calco semántico del catalán *can* 'casa de (alguien)' y que procede de la contracción de la palabra *ca* 'casa' y el artículo *en* (*DIEC2*, s. v. *can*), empleado ante antropónimos masculinos. Por esta razón se emplea este calco para aludir tanto a las instalaciones del Barcelona como a los altos cargos y responsables del equipo mediante la forma *can Barça*, aunque no parece que los autores sigan un criterio homogéneo sobre el uso de la inicial mayúscula.

(15) Arthur desayuna y acostumbra también a comer en *Can* Barça para mantener una dieta equilibrada. *Mundo Deportivo* (06/10/2018).

(16) Por el interés mutuo, en *can* Barça esperan que no haya represalias por parte de la UEFA. *Mundo Deportivo* (12/10/2018).

3.1.2.3. *Otros calcos semánticos de menor frecuencia*

a) *"Pasar la mano por la cara"*

Sin los índices de frecuencia tan elevados como los casos anteriores, en el corpus se pone de manifiesto la permeabilidad que resulta del contacto entre el catalán y el castellano, hasta el punto de reflejarse en la prensa escrita mediante unidades fraseológicas como *pasar la mano por la cara*[17], a imagen de su equivalente catalán *passar la mà per la cara* (a alguien) 'avantatjar-lo' (*DIEC2*, s. v. *mà*).

(17) Pellegrini, humilde, a la chita callando, *le pasó la mano por la cara. Mundo Deportivo* (03/10/2018).

b) *"Testigo"*

Otro de los calcos hallados parece reflejar la confusión entre *testigo* y *testimonio*. En castellano se puede distinguir entre *testigo* 'persona que da testimonio de algo, o lo atestigua', 'persona que presencia o adquiere directo y verdadero conocimiento de algo' (*DRAE*, s. v. *testigo*) y *testimonio* 'atestación o aseveración de algo' (*DRAE*, s. v. *testimonio*). Sin embargo, en catalán para todos estos significados puede emplearse una única palabra: *testimoni* 'persona que compareix a declarar davant la justícia el que ha vist o sentit, el que sap d'alguna cosa, que compareix a certificar la identitat d'algú, l'exactitud d'una declaració, etc.' i 'cosa per la qual s'infereix la veritat d'un fet' (*DIEC2*, s. v. *testimoni*). Así, puede darse el caso de que un hablante manifieste una

---

[17] Esta unidad pluriverbal no figura en el *DFDEA*. En relación con las partes del cuerpo y su uso junto a verbos de movimiento con valor metafórico-metonímico, véase Julià y Paz (a y b).

interferencia derivada de la no distinción entre dos formas léxicas para dos significados, como parece ocurrir en el ejemplo:

(18)   Opiniones sobre la posibilidad que [sic] Cristiano cometiera un abuso se-xual: [...] "Aquí todo el mundo cree que es inocente" eran frases de los corresponsales. También el *testigo* de una exnovia asegurando que el futbo-lista es "normal y tranquilo" como prueba de inocencia. *Mundo Deportivo* (11/10/2018).

c) *"Sacar"*

Un fenómeno similar es el que se produce con el uso del verbo *sacar*. A diferencia del castellano, que dispone de los verbos *quitar* y *sacar*, el ca-talán aúna ambos significados en un mismo significante: *treure* (Szigetvári, 51). Esta circunstancia favorece que se produzca el mismo fenómeno que con *testigo*, es decir, que al emplear el castellano no se refleje una clara distin-ción[18] entre *quitar* y *sacar*.

(19)   Nadie pondría objeciones a un grafismo más luminoso, con menos filetes negros y menor número de franjas azules y granas... Pero *sacar* el nombre del Club y las comparaciones con Apple o Mercedes ni venían a cuento ni fueron bien comunicadas. *Mundo Deportivo* (24/10/2018).

d) *"Abrir la luz"*

La diferencia de verbos que seleccionan la voz *luz* en catalán y castellano es una fuente de interferencias. Es lo que ocurre con *se abrió la luz*, que mues-tra la combinatoria léxica propia del catalán *obrir el llum* 'encender la luz'[19].

(20)   Se ganó al Granada por 4-0 con dos goles suyos, el segundo y el cuarto. *Se abrió la luz. Sport* (26/10/2018).

---

[18] Este fenómeno no es exclusivo de las zonas de contacto entre castellano y catalán, sino que se produce también entre el gallego y el castellano (Mas, 1999: 655-675).

[19] De la misma manera, es frecuente el calco *cerrar la luz* por interferencia con *tancar el llum* 'apagar la luz' (Szigetvári, 1999: 9).

e) *"Hacer campana"*

Otra unidad fraseológica característica del español de zonas bilingües catalán-castellano es *hacer campana* 'faltar a clase' (Forment, 2001: 323; Freixas,
2016: 236-237), que se halla, asimismo, en el corpus analizado.

(21)   Por suerte no *hice campana* aquel día y estaba en clase. *Sport* (31/10/2018).

f) *"Encartonado"*

El castellano cuenta con la forma *encartonado*, pero los significados que
recoge el *DRAE* (s. v. *encartonado*), 'acción y efecto de encartonar' —y, a su
vez, *encartonar* 'poner cartones', 'resguardar con cartones algo', 'encuader-
nar solo con cartones cubiertos de papel' y en Cuba 'dicho de una persona:
quedarse enjuta por haber padecido tuberculosis'— no mantienen relación
con el que se manifiesta en la documentación aportada. El sentido con el que
se usa *encartonados* está vinculado con la acepción 2 del verbo *encartonar* en
catalán: 'una cosa flexible, adquirir un cert grau de rigidesa o encarcarament'.
Se produce así un proceso de metaforización al aplicar este significado a los
jugadores de fútbol.

(22)   Sí, poseen 8 de los 11 mejores cracks [sic] de la última gala FIFA, pero
       están *encartonados*. *Mundo Deportivo* (30/10/2018).

g) *"Armilla"*

En este otro caso, la voz *armilla* 'espira', 'antiguo instrumento que servía
para resolver problemas de trigronometría esférica', 'brazalete' (*DRAE*, s. v.
armilla) se usa con el sentido de 'chaleco' o 'peto sin mangas', del mismo
modo que se emplea el catalán *armilla* 'peça de vestir que cobreix el pit i
l'esquena, ordinàriament sense mànigues, que es porta dessota l'americana, el
jaqué, la levita, etc.' (*DIEC2*, s. v. *armilla*).

(23)   ¿A Malcom le han tomado las medidas o con lo que Valverde cuenta con él
       ya no hace falta ni hacerle la *armilla*? *Mundo Deportivo* (03/10/2018).

h) *"Marchar"*

El verbo *marchar*, en vez de emplearse de forma pronominal para referirse a la acción de irse de un lugar, se utiliza del mismo modo que en catalán (véase Szigetvári 34), en que el verbo *marxar* 'anar-se'n' no se acompaña del pronombre *se* (*DIEC2*, s. v. *marxar*).

(24)   Antes, Moussa Wague, de 20 años y que firmó con el Barça el pasado 8 de agosto, *marchará* de nuevo a partir del lunes para concentrarse con Senegal. *Mundo Deportivo* (06/10/2018).

3.2. Interferencias sintácticas

Las interferencias sintácticas constituyen el 35 % del corpus, porcentaje en el que se han incluido fenómenos que los estudios señalan como propios del castellano de Cataluña. Sin embargo, Sinner (2004: 233-302) señala que pese a ser característicos del español hablado en esta zona de contacto, no significa que sean exclusivos de esta, sino que pueden hallarse en otras zonas hispanohablantes, como sucede con la doble negación antepuesta al verbo (Sinner, 2004: 276-280): "En el castellano de Cataluña se emplean construcciones del tipo *tampoco no lo sé* (Badia, 1979b: 152), *nadie no lo diría* o *ninguno no me negará* (Atienza *et al.*, 1998: 613), fenómeno que suele atribuirse generalmente a la influencia catalana sin ponderar tendencias internas del castellano".

3.2.1. Complemento directo [+ humano] sin la preposición "a"

Se trata del fenómeno sintáctico que presenta un mayor índice de presencia en el corpus (véanse Sinner, 257, y Hernández, 579), y que se debe a la exigencia de la normativa catalana de prescindir de la preposición *a* ante complementos directos humanos o animados —salvo en determinados casos (véase *GIEC*, § 19.3.2.)—. Esta diferencia respecto al español, que siempre exige la preposición en estos casos, favorece que se generen oraciones como las de los ejemplos siguientes.

(25)   El plan en Mestalla estaba muy claro: seguir la fórmula Wembley, e ir *desgastando el rival* a través del control y de la posesión. *Sport* (09/10/2018).

(26)   En el Tottenham, Pochettino intenta *dominar los rivales* a través del balón. *Mundo Deportivo* (17/10/2018).

(27)   El público volvió a *aplaudir el uruguayo* por su entrega. *Sport* (09/10/2018).

3.2.2. "Jugar a fútbol"

En castellano, algunos verbos que introducen sustantivos que aluden a deportes, competiciones o juegos requieren la presencia de la preposición *a* seguida del artículo y el sustantivo (*NGLE*, § 36.6n); mientras que en catalán ese tipo de voces pueden no aparecer determinadas por un artículo, lo que da lugar a construcciones como *jugar a cartas* o *jugar a fútbol*.

(28)   En Segunda B no se *juega* tanto *a fútbol*. *Mundo Deportivo* (13/10/2018).

(29)   Cuando uno *juega a fútbol* de niño siempre sueña en poder ser protagonista de partidos como el Clásico de la Liga española, no fue diferente en la infancia de Luis Suárez. *Sport* (26/10/2018).

3.2.3. *Omisión del artículo determinado*

En construcciones como *la mayoría de, la mayor parte de, la mitad de*, etc. lo que sigue en castellano es un sintagma nominal compuesto por un artículo y un sustantivo. En cambio, en catalán se prescinde del artículo, lo cual genera fenómenos de interferencia en castellano (*DDD*, s. v. *mayoría*; Seco, 1989b: 310-317) que se han generalizado hasta tal punto en el castellano de Cataluña que pueden localizarse en situaciones formales, en hablantes de todos los estratos sociales y en textos escritos de autores expertos (Sinner, 2004: 237), por lo que no resulta extraño que se documenten reiteradamente en el corpus.

(30)   Una rutina que actualmente siguen *la mayoría de futbolistas* profesionales como complemento al entrenamiento diario sobre el césped. *Mundo Deportivo* (06/10/2018).

(31)   Tras las dos derrotas iniciales en Liga, el equipo azulgrana, el más joven del grupo 3 y con *la mayoría de jugadores* recién llegados del juvenil, se ha ido haciendo a la categoría. *Mundo Deportivo* (15/10/2018).

3.2.4. *Confusión entre las preposiciones "a", "en" y "con"*

La confusión de las preposiciones *a*, *en* y *con* es un fenómeno de interferencia ampliamente documentado en el caso del castellano y el catalán (Sinner, 2004: 258-259) y que tiene una causa fonética: la confusión de las preposiciones *en* y *amb* 'con' del catalán por parte de los hablantes debido a que se pronuncian de forma similar (especialmente, en el área de Barcelona). Esto genera desviaciones de la norma ya en catalán que posteriormente se transfieren al castellano (Badia, 1981: 26-27; Szigetvári, 1994: II), como los de *predisposición de*, en lugar de *predisposición a*; *amenazar de* en vez de *amenazar con*; *entretenerse a* en lugar de *entretenerse en/con*; *integrarse a* en vez de *integrarse en*; *confianza con* en lugar de *confianza en*.

(32) Ambas partes salieron satisfechas e insistieron en su *predisposición de* llegar a un acuerdo. *Mundo Deportivo* (08/10/2018).

(33) El Real Madrid se descompone a toda velocidad, y la enfermedad que lo carcome *amenaza de arruinar* su temporada en un tiempo récord. *Sport* (07/10/2018).

(34) Me he *entretenido a comprobarlo*. *Mundo Deportivo* (24/10/2018).

(35) Lo puedes valorar positivamente porque demuestra el chico que quiere *integrarse* rápidamente *al* Barcelona. *Mundo Deportivo* (11/10/2018).

(36) Muestra su *confianza con* los fichajes de este verano a pesar de que de momento juegan un rol bastante secundario. *Sport* (11/10/2018).

Curiosamente, una locución en particular se repite en diversas ocasiones con preposiciones diferentes: *con cuentagotas*. En ninguno de los casos se encuentra con la preposición que le correspondería en castellano, sino que figura como *a cuentagotas* y *en cuentagotas*. Estos testimonios constituyen, por tanto, un ejemplo más de confusión fonética en origen, puesto que la forma correcta en catalán es *amb comptagotes* (*GIEC*, § 6.5.4.d) —con la preposición *amb* 'con' igual que en castellano—, pero su uso en castellano con *en* y *a* refleja una posible ausencia de distinción clara por parte de los autores.

No obstante, en lo concerniente a *a cuentagotas*, la presencia de la preposición *a* podría deberse, asimismo, a un proceso de analogía con otras locuciones que actúan como complemento circunstancial de manera y que están encabezadas por dicha preposición, como *a balón parado*, *a empujones*, *a gatas*, *a gogó*, *a boca de jarro*, *a pies juntillas*, *a cámara lenta*, *a la carrera*, *a manos llenas*, *a nado*, *a cara o cruz*, *a brazo partido*, *a buen paso*, *a calzón quitado*, *a trancas y barrancas*, etc. (véase *DRAE*). Esto explicaría, además, que *a cuentagotas* se documentara en el *DFDEA* (s. v. *cuentagotas*) —aunque catalogada como "raro"—, así como en el *CORPES XXI*, donde figura como la variante de *con cuentagotas* más extendida. En este corpus se localiza en testimonios de España, Argentina, Chile, Colombia, Costa Rica, Cuba, Ecuador, El Salvador, Guatemala, México, Nicaragua, Paraguay, Perú, Puerto Rico, República Dominicana y Venezuela.

(37)   Valverde le va dando minutos *a cuentagotas*. *Mundo Deportivo* (22/10/2018).

(38)   Hizo una gran temporada a las órdenes de Valverde, que le ha dado oportunidades *a cuentagotas*. *Mundo Deportivo* (10/10/2018).

(39)   Menuda diferencia pues con el fútbol donde, *en cuentagotas* y más tarde que pronto, te van diciendo qué día del fin de semana juega tu equipo y en qué horario. *Mundo Deportivo* (24/10/2018).

Debido al perfil de los autores, es probable que la presencia de *en cuentagotas* se deba a la confusión entre *en* y *con*, derivada, a su vez, de la coincidencia fonética en catalán entre *amb* y *en*. Sin embargo, vale la pena dejar constancia de que en el *CORPES XXI* se documenta también esta forma en ejemplos[20] originarios de Argentina, México, República Dominicana y Uruguay. No se recoge, en cambio, en el *DFDEA*.

3.2.5. *"Ni que sea"*

La estructura *ni que sea* es un calco del catalán *ni que sigui* 'ni siquiera' (Seco, 1989b: 341; Casanovas, 2000: 165) que no aparece documentado en

---

[20] Por todos los motivos expuestos, sería necesario profundizar más en el estudio de la locución *con cuentagotas* y sus variantes, puesto que parece evidente que la presencia de estas en documentaciones de otras zonas hispanohablantes va más allá de una situación de contacto lingüístico entre el catalán y el castellano.

la mayoría de los estudios sobre interferencias sintácticas y que, en cambio, podemos comprobar que no solo está extendido en la lengua oral, sino que en ocasiones alcanza la lengua escrita.

(40)   Ya sabe que con la historia no se juega, *ni que sea* en nombre del futuro y de la sacrosanta tecnología. *Mundo Deportivo* (24/10/2018).

3.2.6. *Queísmo*

Se trata de un fenómeno que, pese a no ser exclusivo del castellano de zona catalanohablante (*DDD*, s. v. *que2*), está ampliamente documentado por interferir la normativa catalana que exige la ausencia de preposición ante la conjunción *que* (*GIEC*, §26.4.1.). No obstante, a diferencia de lo que ocurre en otras zonas hispanohablantes, en Cataluña está aceptada socialmente (Casanovas, 155). Asimismo, las estructuras que con mayor frecuencia carecen de preposición en el corpus son *dar la sensación que, ser consciente que, estar seguro que, a pesar que* y *la posibilidad que*.

(41)   *Dio la sensación* otra vez *que* Valverde actuó tarde. *Sport* (09/10/2018).

(42)   El Barça [...] es *consciente que* ha llegado el momento de compensar a Munir si quiere que se siga de azulgrana. *Mundo Deportivo* (08/10/2018).

(43)   Ha faltado al respeto a sus compañeros y *estoy seguro que* rectificará. *Sport* (11/10/2018).

(44)   Opiniones sobre *la posibilidad que* Cristiano cometiera un abuso sexual. *Mundo Deportivo* (11/10/2018).

(45)   La figura de Dembélé estaba en el aire *a pesar que* desde el club se le declarara intransferible. *Mundo Deportivo* (25/10/2018).

3.2.7. *"Dentro"*

En castellano la locución *dentro de* está formada por un adverbio y una preposición; sin embargo, en catalán el adverbio *dins* puede aparecer junto a *de* o sin dicha preposición, por lo que pueden producirse casos de interferencia castellano del tipo *dentro* (algún lugar).

(46)   Fuentes de *dentro la entidad* ya reconocían antes del verano que una oferta importante como mínimo sería estudiada. *Mundo Deportivo* (25/10/2018).

3.3. Otros tipos de interferencias

Si bien inicialmente no era el objetivo de este estudio tratar las interferencias ortográficas, en un 9,7 % del corpus aparecen fenómenos de este tipo, que pueden resumirse en interferencias entre el uso de la <z> en catalán y castellano (*zero* en lugar de *cero*), la acentuación de determinadas palabras (*fútbol* en catalán frente a la forma llana del castellano *fútbol*) o el uso de la <b> (*basco*, a semejanza de *basc* en catalán, en lugar de *vasco*). También se documentan diversos casos de palabras terminadas en *-ia* que figuran sin tilde –*seria* en lugar de *sería*, *policia* en vez de *policía*, o *tu* en lugar de *tú* para el pronombre–, lo cual parece atribuible a la interferencia de la norma catalana, aunque sería necesario un estudio más exhaustivo para confirmarlo.

4. Conclusiones

En resumen, el castellano de la prensa deportiva de Cataluña presenta características similares a las de la lengua escrita en otros contextos, e incluso, a las de la lengua oral en muchos aspectos. No obstante, los fenómenos de contacto que presentan una mayor frecuencia en el ámbito léxico-semántico hacen referencia a vocabulario deportivo, como *culé, blaugrana, groguet, can Barça* o *azulgrana*.

Son precisamente las interferencias léxico-semánticas las más presentes en el corpus, en particular los calcos léxicos en términos de cantidad y los calcos semánticos en cuanto a variedad.

Asimismo, no se han detectado interferencias de tipo discursivo ni morfológico, lo que indica que probablemente este tipo de fenómenos tienden a aparecer en menor medida en los textos periodísticos deportivos, al contrario de lo que sucede con las interferencias ortográficas.

A todo esto debe sumarse que el cotejo de las documentaciones obtenidas a través de la web con las correspondientes de las versiones escritas de los diarios pone de manifiesto que no se realizan correcciones en lo que a interferencias léxico-semánticas y sintácticas de refiere en ninguno de los dos periódicos comprobados. En cambio, en cuanto a las interferencias ortográficas, sí se observa que *Sport* realiza correcciones (*basco* en web, *vasco* en papel; *seria* en web, *sería* en papel), mientras que en la edición en papel de *Mundo Deportivo* se mantienen los errores ortográficos presentes en la versión web, como el de *secretaria técnica* en lugar de *secretaría técnica* y *Oceania* en vez de *Oceanía*.

En definitiva, la prensa deportiva de Cataluña constituye una rica fuente de datos para monitorizar las características del castellano hablado en zonas de contacto con el catalán, por lo que sería conveniente seguir explorando esta vía de análisis.

Bibliografía

BADIA I MARGARIT, A. M. (1981). "Peculiaridades del uso del castellano en las tierras de lengua catalana", en: VELILLA, R. (coord.), *Actas del I Simposio para profesores de lengua y literatura españolas*. Madrid: Castalia, pp. 11-32.

BAETENS, H. (1989). *Principis bàsics del bilingüisme*. Barcelona: Edicions de La Magrana.

BARROS GARCÍA, P. y DE MOLINA, J. A. (1997). "El uso de la lengua en la prensa deportiva: aportaciones para la enseñanza/aprendizaje del E/LE", en: MONTESA, S. y GARRIDO, A. (coords.), *El español como lengua extranjera, de la teoría al aula. Actas del III Congreso Nacional de la ASELE (Málaga, 1991)*. Málaga: Universidad de Málaga, pp. 231-240.

BLAS ARROYO, J. L. (1993). *La interferencia lingüística en Valencia*. Castellón: Publicacions de la Universitat Jaume I.

CASANOVAS CATALÁ, M. (2000). *Análisis cualitativo y cuantitativo de la morfosintaxis de una segunda lengua: el caso del español en contacto con el catalán*. Tesis doctoral. Universidad de Lleida.

CDH = Instituto de investigación Rafael Lapesa de la Real Academia Española. *Corpus del Nuevo diccionario histórico (CDH)* [en línea], versión 3.1. Disponible en: <http://web.frl.es/CNDHE> (marzo 2019).

CORDE = Real Academia Española. Banco de datos (*CORDE*) [en línea]. *Corpus diacrónico del español*. Disponible en: <http://www.rae.es> (enero-febrero 2019].

CORPES XXI = Real Academia Española. Banco de datos [en línea]. *Corpus del español del siglo XXI*. Disponible en: <http://www.rae.es> (enero 2019).

DCVB = ALCOVER, A. M.ª y DE BORJA MOLL, F. (2002 [1962]). *Diccionari català-valencià-balear* [versión electrónica]. Barcelona/Palma de Mallorca: Institut d'Estudis Catalans/Editorial Moll. Disponible en: <http://dcvb.iecat.net/> (abril 2019).

DDD = Seco, M. (1986). *Diccionario de dudas y dificultades de la lengua española.* Madrid: Espasa Calpe.

DFDEA = Seco, M., Andrés, O. y Ramos, G. (2004). *Diccionario fraseológico documentado del español actual. Locuciones y modismos españoles.* Madrid: Aguilar.

DIEC2 = Institut d'Estudis Catalans. (2007). *Diccionari de la lengua catalana*, 2.ª ed. Barcelona: Edicions 62/Enciclopèdia Catalana. Disponible en: <http://mdlc.iec.cat/> (febrero-marzo 2019).

Díez Suárez, M. S. (1998). "El léxico deportivo en la prensa española", en Cortés, L., Mapes, C. y García Tort, C. (coords.), *La lengua española y los medios de comunicación*, vol. 1. México: Siglo XXI, Secretaría de Educación Pública e Instituto Cervantes, pp. 529-541.

DRAE = Real Academia Española. (2014). *Diccionario de la lengua española,* 23.ª ed. Madrid: Espasa. Disponible en: <http://www.rae.es> (22-1-2019).

EGM = Asociación para la investigación de medios de comunicación. *Estudio General de Medios. Resumen general. Febrero a noviembre 2018.* Madrid: AIMC. Disponible en: <https://www.aimc.es/a1mc-c0nt3nt/uploads/2018/11/resumegm318.pdf> (15-1-2019).

Forment Fernández, M.ª M. (2001). "*Hacer novillos, hacer campana* o *hacer la vaca*: ¿qué fraseología enseñar?", en: Martín Zorraquino, M. A. y Díez, C. (eds.), *¿Qué español enseñar? Norma y variación lingüísticas en la enseñanza del español a extranjeros. Actas del XV Congreso de la ASELE.* Sevilla: Universidad de Sevilla, pp. 317-32., Disponible en: <https://cvc.cervantes.es/ensenanza/biblioteca_ele/asele/pdf/11/11_0317.pdf> (15-3-2019).

Fort Cañellas, M.ª R. (1998). "Peculiaridades del castellano en la prensa de una comunidad bilingüe", en: Cortés, L. *et al.* (coord.), *La lengua española y los medios de comunicación*, vol. I. México: Siglo XXI de España Editores, pp. 515-529.

Freixas Alás, M. (2016). "Combinaciones léxicas con el verbo *hacer* en el español de Cataluña", en Poch, D. (ed.), *El español en contacto con las otras lenguas peninsulares*. Madrid/Frankfurt: Iberoamericana/Vervuert, pp. 225-263.

Fundéu. "Los "bleus"", s. f. Disponible en: <https://www.fundeu.es/liga-pizarra/los-bleus-en-minuscula-y-con-cursiva-o-comillas-por-ser-un-extranjerismo/> (26-4-2019).

— (2014a). "*Blaugrana* y *azulgrana*, formas igualmente válidas". Disponible en: <https://www.fundeu.es/recomendacion/blaugrana-azulgrana-liga-bbva/> (22-3-2019).

— (2014b). "*Los azulgranas*, mejor que *los azulgrana*". Disponible en: <https://www.fundeu.es/recomendacion/los-azulgranas-mejor-que-los-azulgrana/> (22-3-2019).

GIEC = Institut d'Estudis Catalans (2016). *Gramàtica de la lengua catalana* (*GIEC*). Barcelona: Institut d'Estudis Catalans.

Hansen, B. (2017). *Catalanismos en la prensa digital. La influencia catalana en locuciones con el verbo* hacer. Oslo: Universitetet I Oslo. Disponible en: <https://www.duo.uio.no/bitstream/handle/10852/57392/Masteroppgaven_trykk_ Bo-Hansen.pdf?sequence=1> (15-1-2019).

Hernández García, C. (1998). "Una propuesta de clasificación de la interferencia lingüística a partir de dos lenguas en contacto: el catalán y el español", *Hesperia: Anuario de filología española* 1, pp. 61-80. Disponible en: <http://hesperia.webs. uvigo.es/paginas/indices/articulos/vol1/hernandez.pdf> (19-2-2019).

Hudson, R. A. (1981). *La sociolingüística*. Barcelona: Anagrama.

IEC = Institut d'Estudis Catalans (2007). *Ortografia catalana*. Barcelona: Institut d'Estudis Catalans.

Jordana, C. A. (1968). *El català i el castellà comparats*. Barcelona: Barcin,.

Julià Luna, C. y Paz Afonso, A. (2012). "Somatismos con la voz *mano* y verbos de desplazamiento en el *Diccionario de Autoridades*: estudio histórico y cognitivo", en: Montero Cartelle, E. (ed.), *Actas del VIII Congreso Internacional de Historia de la Lengua Española (Santiago de Compostela, 2009)*. Santiago de Compostela: Meubook, pp. 1445-1459.

— (2017). "*Por los pelos*: estudio cognitivo de los fraseologismos somáticos que contienen la voz *pelo*", en: Celayeta, N., Olza, I. y Pérez-Salazar, C. (eds.), *Semántica, léxico y fraseología*. Frankurt: Peter Lang, pp. 177-193.

León Gustá, J. (2012). "Catalanismos en la prensa escrita", *Español actual: Revista de español vivo* 97, pp. 45-66.

Mas Álvarez, I. (1999). "El intercambio de los verbos *sacar* y *quitar* en el castellano de Galicia", en: Álvarez, R. y Vilavedra, D. (coords.). *Cinguidos por una arela común. Homenaxe ó profesor Xesus Alonso Montero*, vol. 1. Santiago de Compostela: Universidade de Santiago de Compostela, pp. 655-675.

Müller-Lancé, J. (2008). "El uso del catalán en los periódicos regionales de lengua castellana", en: Sinner, C. y Wesch, A. (eds.), *El castellano en tierras de habla catalana*. Madrid/Frankfurt: Iberoamericana/Vervuert, pp. 323-344.

NGLE = Real Academia Española y Asociación de Academias de la Lengua Española (2009). *Nueva gramática de la lengua española*. Madrid: Espasa Cape. Disponible en: <www.rae.es> (febrero-marzo 2019).

Nomdedeu Rull, A. (2004). *Terminología del fútbol y diccionarios: elaboración de un diccionario de especialidad para el gran público*. Tesis doctoral. Universidad Autónoma de Barcelona. Disponible en: <http://hdl.handle.net/10803/4872> (21-2-2019).

Oliva Marañón, C. (2012). "Lenguaje deportivo y comunicación social: prototipo coetáneo de masas", *Revista de Comunicación de la SEECI* 28, pp. 11-29. Disponible en: <http://dx.doi.org/10.15198/seeci.2012.28.11-29> (15-4-2019).

OVERBEKE, M. (1976). *Mécanismes de l'interférence linguistique*. Madrid: Fragua.

PASCUAL, J. A. (1996). *El placer y el riesgo de elegir. Sobre los recursos derivativos del español*. Salamanca: Universidad de Salamanca.

PAYRATÓ, L. (1985). *La interferència lingüística: comentaris i exemples català-castellà*. Barcelona: Curial Edicions Catalanes/Publicacions de l'Abadia de Montserrat.

PRAT SABATER, M. (2003). *Préstamos del catalán en el léxico español*. Tesis doctoral. Universidad Autónoma de Barcelona. Disponible en: <http://hdl.handle.net/10803/4864> (enero y febrero 2019).

SECO, M. (1989a). *Gramática esencial del español: introducción al estudio de la lengua*, 2.ª ed. revisada y aumentada. Madrid: Espasa Calpe.

— (1989b). "Un catalanismo sintáctico en el español de hoy", en: HOLTUS, G., LÜDI, G. y METZELTIN, M. (eds.), *La Corona de Aragón y las lenguas románicas: miscelánea de homenaje para Germán Colón*. Tübingen: Narr, pp. 309-318.

SINNER, C. (2004). *El castellano de Cataluña. Estudio empírico de aspectos léxicos, morfosintácticos, pragmáticos y metalingüísticos*. Tübingen: Max Niemeyer.

SZIGETVÁRI, M. (1994). *Catalanismos en el español actual*. Tesis doctoral inédita. Universidad de Budapest. Disponible en: <http://carstensinner.de/castellano/szigetvari.pdf> (15-4-2019).

TORREBADELLA I FLIX, X. y NOMDEDEU RULL, A. (2013). *"Foot-ball, futbol, balompié... Los inicios de la adaptación del vocabulario deportivo de origen anglosajón*", *RICYDE: Revista internacional de Ciencias del Deporte* 9/31, pp. 5-22. Disponible en: <https://dialnet.unirioja.es/descarga/articulo/4249170.pdf> (10-3-2019).

VÁZQUEZ AMADOR, M. y LARIO DE OÑATE, M. del C. (2015). "Anglicismos en la prensa deportiva de principios del siglo XX y XXI: estudio contrastivo", *Epos: Revista de filología* 31, pp. 359-374. Disponible en: <https://doi.org/10.5944/epos.31.2015.17371> (3-5-2019).

— (2016). "Los préstamos lingüísticos en la prensa del corazón: estudio comparativo", en: LITZLER, M. F., GARCÍA LABORDA, J. y TEJEDOR, C. (coords.), *Beyond the universe of languages for specific purposes: The 21st century perspective*. Alcalá de Henares: Universidad de Alcalá, pp. 95-100.

EL CONTACTO LINGÜÍSTICO ENTRE ESPAÑOL Y CATALÁN: INTERFERENCIAS MORFOSINTÁCTICAS EN LOS ARTÍCULOS DE OPINIÓN ESCRITOS EN LENGUA ESPAÑOLA

Marta Prat Sabater
Universitat Autònoma de Barcelona

1. Introducción

En el ámbito de la variedad diatópica, en las últimas décadas no solo se tienen en cuenta los dialectos tradicionalmente reconocidos como del español peninsular, sino que se observa el desarrollo de estudios vinculados a las características de esta lengua empleada en zonas bilingües. El objetivo de este trabajo consiste en analizar cómo se refleja desde el punto de vista morfosintáctico la influencia del catalán en el léxico español en la prensa escrita.

El proceso de investigación se ha llevado a cabo principalmente mediante el análisis de artículos de opinión que forman parte de diarios editados en Barcelona en doble versión (en español y en catalán) y cuya difusión es esencial en el correspondiente ámbito bilingüe. El contenido de las diferentes columnas, como se demostrará en la parte metodológica, está elaborado con detenimiento y firmado por profesionales especializados en determinados campos del saber.

El desarrollo de esta investigación, según podrá observarse a lo largo de este capítulo, está estructurado en dos vertientes principales: la parte teórica específica, por un lado, la interpretación del concepto de interferencia en el terreno de la morfología y la sintaxis, y, por otro, su contextualización en el ámbito concreto de los medios de comunicación escritos en lengua española; la parte práctica, en cambio, se ocupa de analizar los datos seleccionados con su correspondiente ejemplificación. De acuerdo con nuestra hipótesis inicial, los resultados obtenidos son los que contribuirán a evidenciar posibles características del español de Cataluña, propias de la zona bilingüe de la que forman parte.

2. Contacto lingüístico entre español y catalán

El punto inicial de cualquier contacto entre lenguas puede justificarse desde diferentes perspectivas directamente relacionadas con la correspondencia más o menos intensa que se produce entre ellas. La contextualización del presente trabajo toma como base la primera de estas dos opciones, es decir, la mayor intensidad, que enlaza, de modo inevitable, con el fenómeno de bilingüismo, cuyas lenguas protagonistas son, en este caso, español y catalán.

Esta situación de contacto ya se bifurca, desde el punto de vista lexicográfico, en dos ramales que contemplan, por un lado, la colectividad y, por otro, la individualidad, según demuestra el propio *DLE* (s. v. *bilingüismo*) con la siguiente definición: "Uso habitual de dos lenguas en una misma región o por una misma persona". En trabajos anteriores destinados a llevar a cabo investigaciones sobre el español y el catalán ya se demostró que lo más complicado es que el conocimiento de dos lenguas sea idéntico por parte de una sola persona que se encuentra en un ámbito de este tipo, por lo que lo más habitual es que manifieste diferentes grados de dominio de un idioma frente al otro (Poch Olivé, 2016). La solución más ᵔestacable que se ofreció en aquella ocasión, incluida en el anexo del citado volumen, se basa en un cuestionario de historial lingüístico que no se presentó como exclusivo para los trabajos desarrollados en la mencionada edición, sino que puede hacerse perfectamente extensible a posteriores investigaciones al respecto (Poch Olivé, Freixas, Julià Luna, Machuca Ayuso y Prat Sabater, 2016). A pesar de que la opción prioritaria del capítulo de esta nueva obra se base principalmente, como se evidenciará a continuación, en la colectividad, no debe olvidarse que no se trata de una vertiente opuesta, sino complementaria, puesto que lo más probable es que el punto de partida se centrara en la individualidad.

En el momento de particularizar en el bilingüismo colectivo en el ámbito español y catalán, resulta esencial tener en cuenta las perspectivas sincrónica y diacrónica. Aunque la primordial sea la primera para el desarrollo de este trabajo, es imprescindible llevar a cabo una contextualización completa, según se observará en el siguiente apartado conceptual.

2.1. Concepto de interferencia: nivel morfosintáctico

Si en el entorno lingüístico se contrastan temporalmente las concepciones de sincronía y diacronía, la primera está relacionada con el nivel de habla, mientras que la segunda ya forma parte del nivel de lengua. Dicho de otro modo, la primera puede producirse de manera espontánea e individual y difundirse progresivamente (o no) en un contexto social más amplio. Si este cambio de individual a colectivo al que se ha aludido con anterioridad se produce, se inicia una nueva fase que deriva en un resultado diacrónico: se trata de los procesos de asimilación por parte de los hablantes y de aceptación por las instituciones pertinentes (Gómez Capuz, 1998 y 2005; Prat Sabater, 2016b). En el contexto lexicológico del contacto de lenguas, extrapolable a cualquier nivel gramatical, es lo que recibe el nombre de proceso de integración, es decir, lo que inicialmente es un *extranjerismo* (resultante o no de una situación de bilingüismo) pierde progresivamente esta concepción por parte de los hablantes hasta que desaparece por completo. En ese momento es cuando ya se interpreta como *préstamo léxico*. Si se parte de la concepción formalista de Betz (1949), tanto extranjerismo como préstamo léxico deben interpretarse como hipónimos de una concepción más amplia, conocida como *préstamo integral* (Gómez Capuz, 1998 y 2004; Prat Sabater, 2016b).

En paralelo a préstamo integral, la filología alemana sitúa la noción de *calco*, que debe interpretarse como préstamo parcial en función de lo que se pretende transmitir con los nuevos vocablos o sintagmas formados. En esta ocasión, este nuevo término se constituye como hiperónimo, puesto que tiene en cuenta tanto el *calco estructural* (si solo se copia de la lengua de origen el proceso morfológico de formación de palabras) como el *calco semántico* (si solo se copia el significado, que se concede a una voz —o sintagma— equivalente de la lengua receptora). Estos elementos de nueva incorporación pueden ser también resultado de un proceso diacrónico, aunque el punto inicial sea siempre sincrónico (Gómez Capuz, 1998 y 2004). Si se contextualiza en la actualidad, este tipo de calcos no solo deben vincularse a niveles gramaticales, pragmáticos y discursivos relacionados con la lengua oral (Sinner, 2004; Sinner y Wesch, 2008), sino que suelen ser también habituales en las redes sociales, que no dejan de ser un reflejo de dicha oralidad e incluso pueden formar parte, según interesa para la presente investigación, de las comunidades bilingües como la de español-catalán (García Rodríguez, 2018).

Dentro de dicho contexto de bilingüismo y en el ámbito sincrónico, en paralelo a la clasificación de préstamos que se acaba de otorgar, se hallan las concepciones de *convergencia* e *interferencia*. La primera de ellas se refiere a elementos propios de ambas lenguas, aunque con índices de frecuencia de uso distintos que, a partir de la interrelación lingüística entre las dos, condicionan uno u otro, por influencia del catalán en este caso, en contraposición con lo más habitual en otras zonas geográficas del español (para más información sobre el desarrollo de esta perspectiva aplicada a los medios de comunicación, puede consultarse en este mismo libro el capítulo de García Rodríguez). La segunda, en cambio, va a ser la que trataremos con mayor profundidad a continuación, puesto que es el objetivo principal del apartado analítico que se desarrollará en la segunda parte de esta investigación.

Desde el punto de vista conceptual, *interferencia* debe relacionarse por primera vez con la teoría del contacto de lenguas de Weinreich (1953: 1), surgida como resultado de un sistema de comunicación ubicado en el ámbito bilingüe. Este es el motivo por el que el mencionado lingüista define esta noción como "deviation from the norms of either language which occur in the speech of bilinguals". Esta definición inicial ha ido evolucionando con diferentes matices. Interesa de un modo especial destacar la ampliación de contenido por parte de Mackey (1970: 195) cuando no se ciñe exclusivamente en el contexto oral ni en una lengua en concreto, sino que tiene en cuenta cualquier variedad diatópica además de la vertiente escrita: "the use of elements of another language or dialect while speaking or writing another". Esta adición resulta especialmente interesante, porque el objetivo esencial de este trabajo, como ya se ha especificado, se basa en la parte escrita. Aun así, del mismo modo que se ha detallado que para el paso de un efecto sincrónico a otro diacrónico tenían que suceder diferentes fases, las posibles interferencias producidas entre dos lenguas también experimentan diversos grados. En el contexto catalán, Payrató (1985), que prefiere interpretar la interferencia todavía de un modo más amplio (incluye ambos aspectos, sincrónico y diacrónico), ya evidenció esta gradación, cuya importancia tuvo en cuenta un poco más tarde Blas Arroyo (1993) para el ámbito español-valenciano, junto con sucesivos estudios que ha ido publicando al respecto.

Después de la síntesis del tratamiento del concepto de interferencia que acaba de proporcionarse, en esta investigación se desea concretar la mencionada gradación desde la perspectiva sincrónica. Por consiguiente, los puntos iniciales y finales pueden mostrar una progresión, pero en ninguna de las fases se cumplen los preceptos normativos que deben aplicarse para el registro formal del español. Es evidente que la comunicación oral, en especial la que forma parte del ámbito coloquial, fomenta de un modo ineludible la influencia recíproca entre dos idiomas en el contexto del bilingüismo. Es importante precisar que no se pretende tratar el intercambio de códigos, muy habitual entre este tipo de hablantes, sino lo que predomina en una de las dos lenguas, en este caso el español, por influencia del catalán. La oralidad constituye, por lo tanto, el primer grado, puesto que permite localizar rápidamente, no solo por parte de los lingüistas sino también por los propios hablantes, estas posibles interferencias. La reiteración de su uso en este ámbito puede contribuir a la productividad de determinados elementos lingüísticos que luego empiezan a resultar habituales, por lo que comienzan a desprenderse de la concepción real de formar parte del idioma originario.

Aunque pueda hablarse de diferentes pasos intermedios entre la oralidad y la escritura, resulta comprensible que el control de este segundo ámbito comunicativo sea más evidente. La pragmática es esencial para contextualizar los diferentes registros que forman parte de ambas situaciones en función de los destinatarios a quienes vayan dirigidos. Sin embargo, en el momento en que interviene la publicación, según se detallará en el siguiente apartado, se intentan evitar las interferencias a pesar de que no siempre se consigue. El hecho de no alcanzar la corrección desde el punto de vista normativo representa el último grado mencionado, ya que los usuarios no son conscientes de que lo escrito no cumple en su totalidad las normas gramaticales, ortográficas o léxico-semánticas.

Si se tienen en cuenta trabajos llevados a cabo sobre las dos lenguas objeto de estudio, se han desarrollado desde diferentes puntos de vista los de la variedad valenciana y el español, según se ha comentado con anterioridad. El punto de partida, tanto para esta área geográfica como para otras equivalentes, suele ser la coloquialidad contextualidada en el ámbito oral. Con el mismo criterio, se hallan investigaciones específicas relacionadas en el contexto español-balear con la léxico-semántica y la fonética (Serrano Vázquez, 1996 y 1996-1997), así como en el español de Cataluña, en ocasiones concretado en el de Barcelona (Hermández García, 1998), con especial incidencia en los contextos léxico-semántico e incluso morfosintáctico (Sinner 2004) y fraseológico (Prat Sabater, 2016a). Entre los enfoques citados, la morfosintaxis es el que más interesa para esta investigación, puesto que se ha trabajado poco. Aun así, no debe olvidarse la tesis doctoral de Casanovas Català (2000), fundamentada en este tipo de cuestiones gramaticales para el uso del español en contacto con la variedad leridana.

Las publicaciones basadas en la vertiente escrita están centradas fundamentalmente en los resultados obtenidos desde el punto de vista didáctico. Este tipo de interferencias están relacionadas en su mayoría con confusiones formales (ortográficas, fonéticas, morfosintácticas, léxicas o discursivas) que suelen hallarse en el ámbito universitario a través del uso por escrito de palabras o expresiones similares en ambas lenguas (Casanovas Català, 1998; Atienza Cerezo, Battaner Arias, Bel Aya *et al.*, 1998; Prat Sabater, 2015).

Antes de cerrar este apartado conceptual, se considera imprescindible resaltar que la morfosintaxis es la parte menos estudiada de la interferencia, e incluso de un modo más escaso si está vinculada a la expresión escrita formal y controlada, propia de los medios de comunicación publicados simultáneamente, en este caso en español y catalán. Esta es la razón principal por la que se ha seleccionado para verificar si se halla algún tipo de interferencia relacionada con el grado más imperceptible, es decir, el que, por influencia del catalán y de un modo inconsciente, se utiliza fuera del contexto normativo.

2.2. Contextualización en los medios de comunicación escritos en lengua española

Según se desprende del apartado anterior y según podrá verificarse en el siguiente, la expresión escrita, formal y controlada es la que se prioriza en el presente trabajo, puesto que el objetivo principal es analizar lo que se encuentra en los artículos de opinión periodísticos. Aun así, no se puede prescindir del estudio realizado por Mancera Rueda (2008: 469), en el que trata el registro coloquial en el nivel de habla. Reconoce, al igual que se considera en el presente capítulo de libro, que "conversar coloquialmente y escribir una columna de opinión son obviamente actuaciones idiomáticas diferentes, como corresponde a dos situaciones enunciativas muy distintas". En este caso no se establece una conversación entre dos personas conocidas, sino que los condicionantes entre emisor y receptor están determinados por el grado de difusión de los medios de comunicación para quienes escriban los autores. Sin embargo, demuestra que "la columna de opinión es un texto escrito fruto de un elevado grado de elaboración, y en el que difícilmente cabe la espontaneidad enunciativa. A pesar de esto, el columnista se sirve de una serie de estrategias constructivas para recrear una oralidad *fingida*" (Mancera Rueda, 2008: 470). El predominio de este tipo de estrategias no se basa en cuestiones fonéticas o léxicas sino, sobre todo, sintácticas. La ausencia de conectores, por ejemplo, es una de las posibilidades por las que se opta para favorecer la rapidez comunicativa y desprenderla de una posible complejidad más vinculada con el contexto formal.

Si contextualizamos nuestro estudio en este ámbito, resulta adecuado tener en cuenta estas precisiones; no obstante, esto no impide el control discursivo desde el punto de vista normativo. Por este motivo, no puede hablarse del intento de evitar posibles interferencias (quizá alguna de ellas interpretable como convergencia) que, en lugar de reconocerse como errores, según se demostrará en la parte analítica, se pretende evidenciar que no son otra cosa que muestras del español usado por influencia del catalán en el contexto bilingüe que se está tratando.

Finalmente, es necesario resaltar que son pocos los estudiosos que han prestado atención a los posibles fenómenos de contacto de lenguas en los medios de comunicación, concretamente en el contexto que aquí nos concierne. Sin embargo, podemos hacer referencia a Müller-Lancé (2008), quien analiza con detenimiento la presencia del bilingüismo en la prensa de Cataluña, no desde el punto de vista de la interferencia, pero sí desde la perspectiva de la elección del idioma por parte del periódico o del autor de la noticia y de los posibles casos de alternancia de códigos que se pueden hallar en su interior.

3. Metodología

Los medios de comunicación constituyen el punto de partida de la parte analítica del presente capítulo. Con relación a la temática que se investiga, se han escogido dos importantes diarios publicados tanto en español como en catalán en la comunidad autónoma de Cataluña: *La Vanguardia* y *El Periódico*. En sus versiones en papel, los contenidos de ambos se publican en su integridad en español y catalán. En la digital, se publica íntegro el segundo en ambas lenguas, y el primero prácticamente completo en lo que se refiere a las columnas de opinión, que es lo que más interesa para el presente trabajo.

La mayor parte del proceso de traducción de ambos periódicos suele llevarse a cabo de forma automática. La empresa que se ocupa de ello, ubicada en Barcelona, es INCYTA Linguistic Services. Es esencial tener en cuenta que la tarea de traducción pasa por sucesivas fases que, *grosso modo*, podrían sintetizarse en las siguientes[1]: recepción de materiales escritos en español tanto de prensa digital como escrita; traducción automática al catalán; revisión por parte de expertos lingüísticos, y devolución a los medios correspondientes. Se considera importante destacar que el porcentaje más alto que se envía a la empresa corresponde a materiales de redacción. El número de artículos firmados es inferior o, si aparecen publicados en *La Vanguardia*, nulo. El criterio principal de este periódico, tanto en lo referente a los materiales de redacción como en los de autoría, es que las dos versiones no sean calcadas, sino que cada una muestre estilísticamente las características idiomáticas que le corresponde en función de la lengua que se emplea[2].

De un modo más concreto y vinculado con la recopilación de datos que se ha llevado a cabo para esta investigación, la publicación periodística en ambas lenguas no es fundamental porque nos basamos en el estudio del uso del español con el fin de localizar posibles influencias del catalán, pero sí útil, porque la revisión que se realiza está escrita por autores bilingües. Por tanto, nos hemos basado de manera exclusiva en artículos de opinión firmados por personas reconocidas y relacionadas con diferentes secciones específicas como, por ejemplo, política, economía, ciencia, opinión, sociedad, internacional, deportes, moda, entre otras, según se desprenderá de la ejemplificación oportuna que se especifica en el siguiente apartado analítico. Resulta esencial

---

[1] El Sr. Ignasi Navarro, director de la mencionada empresa, nos atendió abiertamente para explicarnos con detalle todo el proceso que llevan a cabo, tanto para estos periódicos como para otros. Aun así, no vamos a profundizar demasiado porque no es el objetivo principal de nuestra investigación, pero, aunque de forma sintética, consideramos oportuno hacer referencia a ello. Para más información al respecto, puede consultarse la página web de la propia empresa: http://www.incyta.com.

[2] El Sr. Magí Camps, filólogo y periodista, miembro del Institut d'Estudis Catalans (Secció Filològica) y responsable lingüístico del equipo de correctores y traductores que se ocupan de las dos ediciones de *La Vanguardia*, nos recibió amablemente en la sede del periódico para explicarnos el proceso que se lleva a cabo para los artículos de opinión firmados desde que se puso en marcha el rotativo catalán en el año 2011. A modo de síntesis, lo más importante es destacar que si los colaboradores son bilingües (que, en realidad, son los que analizamos en esta investigación), entregan las versiones española y catalana de su artículo. El equipo de redacción, a pesar de que los revisa, por lo general no lleva a cabo ninguna modificación. Si detecta alguna posible corrección, antes de convertir el documento en versión publicable consulta al autor si le permite o no hacer el cambio. Por lo tanto, desde el punto de vista lingüístico esta información proporcionada, referente a este medio de comunicación, resulta esencial para el presente trabajo.

reiterar que en ningún momento se han tenido en cuenta los materiales de redacción (*La Vanguardia/El Periódico*), de agencias de Barcelona o EFE/ Barcelona (*La Vanguardia*) o de *El Periódico/Barcelona* o *Europa/Press* (*El Periódico*), entre otros de este tipo, incluidos en las ediciones de los medios de comunicación indicados. Desde el punto de vista cronológico, los datos localizados forman parte de la segunda década del presente siglo (de 2014 a 2019), por lo que se trata de un trabajo sincrónico de rigurosa actualidad.

4. Análisis de las interferencias morfosintácticas en los medios de comunicación publicados en el ámbito español-catalán

El contenido de este apartado examina algunas interferencias del catalán que pueden detectarse en el español formal y que se han obtenido de dos medios de comunicación escritos, en concreto, como acaba de indicarse en la sección anterior, de *La Vanguardia* y *El Periódico*. Este tipo de interferencias son representativas, según se demostrará a continuación, de cinco estructuras morfosintácticas complejas, algunas de mayor uso que otras. Aun así, todas ellas suelen pasar desapercibidas por los hablantes de la zona bilingüe de la que forman parte, en la que el español y el catalán son las lenguas oficiales y donde se publican las ediciones de ambos periódicos. Se ha especificado que se trata del español formal porque, como también se ha precisado en el bloque metodológico, forman parte de artículos de opinión, firmados por personas expertas en diferentes ámbitos del saber, y relacionados con diversas áreas temáticas. La finalidad de este estudio es demostrar que, si dichas estructuras pasan desapercibidas por este tipo de profesionales y por los correspondientes lectores, pueden considerarse como características de la variedad diatópica del español de Cataluña.

4.1. *Construcción partitiva:* la mayoría de

Mayoría es un cuantificador que puede formar parte de construcciones partitivas. Desde este enfoque, está integrado en una combinación sintáctica precedida por artículo femenino y seguida por la preposición de (*la mayoría de*) y por un grupo nominal concreto. En esta ocasión, el cuantificador no presenta variación de género (es femenino) por lo que, según se indica en la *NGLE* (§ 20.1a), no requiere concordancia con la coda partitiva formada por el grupo nominal (este puede ser tanto masculino como femenino). Desde el punto de vista interpretativo, el cuantificador incluye en su interior el total de lo mencionado (PARTE + *de* + TODO), lo que implica que este grupo nominal deba ser definido "ya que designa la totalidad de los seres que corresponden a un determinado dominio: *la mayoría de {los ~ *unos} directores de cine*" (*NGLE*, § 14.7b), por lo que necesita, según acaba de deducirse del ejemplo, ir precedido de artículo determinado[3]. Sin embargo, la propia Academia reconoce lo siguiente:

> Se observa en los últimos años cierta tendencia a omitir el artículo en el complemento *la mayoría* [...]. Aun así, se recomiendan [...] las variantes que no omiten el artículo [...]. Cabe pensar [...] que el rasgo de definitud presente en *la mayoría* es el que activa, en la conciencia lingüística de algunos hablantes, la supresión del artículo en la coda partitiva (*la mayoría de las propiedades* > *la mayoría de propiedades*) de forma similar a como lo hace en las relativas especificativas preposicionales: *el libro con el que estudio* > *el libro con que estudio* (*NGLE*, § 14.7b).

Esta nueva propensión a evitar el artículo no solo se opone a las preferencias académicas vinculadas con la lengua culta, sino que, en el contexto geográfico al que nos referimos, podemos enlazarlo con lo que ocurre en la lengua catalana, que mayoritariamente no permite artículo (Seib, 2001; Sinner, 2004: 236-237)[4]. Cabe aclarar que no se trata de manera exclusiva de un enlace, sino que puede considerarse resultado de una interferencia en lugar de convergencia, puesto que los usos preferentes de los hablantes en ambas lenguas se manifiestan opuestos. Manuel Seco, en su *DDDLE* (s. v. *mayoría*), ya lo advirtió: "Es propio del castellano hablado por catalanes omitir el artículo del complemento que sigue a *la mayoría* [...] u otras expresiones semejantes. [...] el uso normal castellano sería *la mayoría* DE LOS...". Aunque se refería al castellano hablado, es lo que también ocurre por escrito, puesto que él mismo lo ejemplificó desde el punto de vista periodístico, al igual que haremos a continuación a partir de nuestro corpus. Contrariamente a lo que afirma Casanovas Català (2000: 110), los materiales académicos ya han evolucionado

---

[3] El *DPD* (s. v. *el*, punto 8) ya especificaba que en este tipo de construcciones partitivas "dicho sustantivo debe ir precedido de artículo".

[4] Esta precisión no debe confundirse con la estructura del compuesto sintagmático *mayoría de edad* / *majoria d'edat*, cuya ausencia de artículo comparten, respectivamente, tanto español como catalán (*DLE* y *CLAVE* —s. v. *mayoría*—, y *DIEC2* y *DDLC* —s. v. *majoria*—).

para el español, por lo que, según acaba de demostrarse, en la actualidad la *NGLE* expone con detalle la necesidad de que esta construcción partitiva vaya seguida de artículo. La *GLC* (§ 17.6g), en el epígrafe relacionado con este tipo de construcciones, hace un breve comentario acerca del uso de nombres cuantitativos como *majoria* y *la major part,* sobre los que afirma: "Amb aquests quantificadors el sintagma que designa el tot pot no portar article definit, sense que el significat de la construcció es vegi afectat: *la majoria de capítols del llibre".* Esta afirmación queda confirmada con la ejemplificación lexicográfica que, por ejemplo, se ofrece en el *DDLC* (s. v. *majoria*) siempre y cuando dicha construcción partitiva posea el valor indicativo de superioridad. La propia *NGLE* (§ 20.2.j) hace referencia específica también a *mayoría* y *mayor parte,* con lo que confirma la oposición que se defiende, puesto que sigue mostrando preferencia por la inclusión del artículo:

> En los § 14.7b y 21.6l se describe la tendencia que se aprecia en la lengua actual a prescindir del artículo en las estructuras partitivas con las expresiones nominales *la mayoría* y *la mayor parte* (*la mayoría de ciudadanos* por *la mayoría de los ciudadanos*; *la mayor parte de ideas* por *la mayor parte de las ideas*) y se explica que no se recomienda la variante sin artículo.

Pese a la no recomendación académica, no resulta difícil encontrar ejemplos en el contexto periodístico español que tratamos, relacionados con *la mayoría de* con omisión de artículo y vinculados con diferentes secciones temáticas. Una breve representación de ellos, ordenados cronológicamente, son los siguientes[5]:

(1) **La mayoría de**[6] expertos vinculados responden a un carácter autóctono, pues uno de los fines de esta lanzadera es reactivar la distribución y confección local. *La Vanguardia* (17/04/2014).

(2) Mi primera obligación y responsabilidad es llevar a buen puerto aquello que **la mayoría de** catalanes ha votado en las urnas. *La Vanguardia* (14/12/2015).

---

[5] Por razones de espacio, siempre se proporcionará una muestra de ejemplos breve, aunque suficiente, para demostrar el uso de la estructura morfosintáctica que se está analizando.

[6] La letra negrita en este y en el resto de los ejemplos es nuestra.

(3)   ¿Hay hoy alguna amenaza que disuada al poder de dejar a **la mayoría de** población a la intemperie? *El Periódico* (11/10/2016).

(4)   Ayer la reacción del equipo de Domènech fue la misma que se vive en la burbuja de **la mayoría de** candidaturas: "pues sí que hemos convencido a gente". Pero la ironía no impide ver la realidad. *La Vanguardia* (20/12/2017).

(5)   **La mayoría de** oncólogos recurren a los antecedentes familiares para justificar un diagnóstico de cáncer. *El Periódico* (15/01/2018).

(6)   En Catalunya, **la mayoría de** accidentes de tráfico provocados por animales salvajes en las carreteras catalanas se producen por culpa de los jabalís. *El Periódico* (02/04/2019).

Según acaba de ejemplificarse, en el español periodístico de los artículos de opinión de *La Vanguardia* y *El Periódico*, se evidencia la construcción partitiva objeto de estudio (*la mayoría de*, seguida de grupo nominal sin artículo), lo que permite deducir que se corrobora como muestra de interferencia morfosintáctica en español por influencia del catalán.

4.2. Construcción con verbo de percepción + preposición: mirar de

En este apartado se analiza otra construcción no tan usual, pero no menos importante, formada por el verbo de percepción *mirar* seguido de la preposición *de*. Szigetvári (1994: 35) ya manifestó en su momento que "el español común no conoce esta perífrasis" con el significado de "procurar, tratar de hacer algo", aunque "en Cataluña se emplea a menudo". Del mismo modo, especificó que no localizó esta construcción prepositiva con este significado en la lexicología española. Puede confirmarse que sigue sin recogerse en el *DLE* (s. v. *mirar*) o en el *CLAVE* (s. v. *mirar*). Por lo que respecta al catalán, en el *DIEC2* (s. v. *mirar*) sí se encuentra el sentido de "procurar" junto con el ejemplo *Mira d'arribar d'hora*, lo que demuestra el uso de esta expresión en esta lengua con la estructura indicada.

En la actualidad, la *NGLE* (§ 26.9ñ) precisa que cuando los verbos de percepción escogen "una oración subordinada de infinitivo introducida por la preposición *de* se usa[n] con el sentido de 'procurar'", y lo ejemplifica con *ver de resolver*. Desde el punto de vista diacrónico, explicita que *mirar de* "en este mismo sentido se empleaba en la lengua antigua", y lo demuestra con una oración de *Retrato de la Lozana andaluza*, impresa en Venecia como novela anónima en 1528, aunque la autoría se atribuya con mucha probabilidad al clérigo Francisco Delicado: "E por esta causa, miraba de ser ella presta a toda su voluntad". Aun así, la *NGLE* concreta que "este uso persiste en la actualidad, y es algo más frecuente entre hablantes de origen catalán". De los dos ejemplos que proporciona al respecto, uno es de Juan Marsé (*mira de enterarte*), cuya influencia en el español de Cataluña analiza Poch Olivé en otro capítulo de esta obra. En realidad, en el *DPD* (s. v. *mirar*) ya se informaba de que "en el habla coloquial de algunas zonas, se emplea *mirar* seguido de la preposición *de* + infinitivo, con el sentido de 'procurar'", y ya concretó que su "uso [...] puede deberse, en algunos casos, al influjo del catalán". Al igual que ocurre en el *NGLE*, proporcionó otro ejemplo de Marsé de la misma novela, *Rabos de lagartija*, publicada en el año 2000: "Usted mira de ganarse honradamente unas pesetas cosiendo en casa".

Si actualizamos la ejemplificación desde el punto de vista periodístico a partir de nuestro corpus, podemos proporcionar ejemplos del mismo tipo más recientes:

(7) Vamos hablando y **miramos de** resolver cosas de tipo operativo. *La Vanguardia* (12/02/2014).

(8) [...] ha asegurado que la voluntad de su partido es llevar a cabo un "intento honesto de **mirar de** hacer cosas diferentes en un momento trascendente". *La Vanguardia* (29/06/2015).

(9) La mínima pulcritud aconseja que la persona que hace el regalo **mire de** mantener la sorpresa y, sobre todo, que no caiga nunca en el error monstruoso de comunicar el precio a la persona a quien obsequia. *El Periódico* (26/01/2016).

(10) [...] en todo momento **han mirado de** encontrar caminos para poder llevar a cabo su programa electoral por vías de diálogo y por vías de legalidad. *El Periódico* (6/11/2017).

(11) De hecho, los técnicos de la Guardia Civil siguen en la sede de Òmnium Cultural en Barcelona **mirando de** obtener los correos electrónicos de Jordi Cuixart. *La Vanguardia* (24/01/2018).

(12)   Y ella, que **miraba de** entrar en razón con los acosadores del centro, les decía: "Son niños, simplemente son de otro país". *El Periódico* (12/03/2019).

A nuestro modo de ver, en el ámbito del español de Cataluña el uso de esta estructura del verbo de percepción *mirar* seguido de la preposición *de* con el significado indicado es resultado de interferencia del catalán, según ya evidenció la propia Academia mediante ejemplos literarios procedentes de autores catalanes y según se confirma con una muestra de datos de nuestro corpus extraída de artículos de opinión.

4.3. Locuciones

En los siguientes subapartados se analizarán dos locuciones, una de tipo preposicional y otra de tipo verbal. Independientemente de la estructura morfosintáctica que presenten, las locuciones son expresiones que forman parte de la fraseología. En el contexto bilingüe, este tipo de estructuras, al igual que ocurre con unidades léxicas simples, pueden manifestar variaciones cuya constitución formal e interpretación de significado puede ser equiparable o diferir en ambos idiomas (para un estudio al respecto profundo y actualizado, véase García Rodríguez, 2019). En el momento en que es posible observar alteraciones desde el punto de vista semántico (véase § 4.3.1.) o desde la perspectiva de la morfología flexiva (véase § 4.3.2.) en español por influencia del catalán, como ocurre en esta investigación, puede pensarse en el proceso de interferencia, según se evidenciará a continuación.

4.3.1. *Locución preposicional:* a nivel de

Según la *NGLE* (§ 29.9l), una de las construcciones que resulta más productiva en lo que respecta a las locuciones es "preposición + sustantivo + preposición"; es el caso, por ejemplo, de *a nivel de*. Al iniciar la explicación del mencionado epígrafe ya advierte de que "muchas locuciones de este grupo son de uso general en el español común, pero otras están restringidas geográficamente" y más adelante especifica que "en unos pocos casos, la locución preposicional forma parte o no de la lengua culta en función de su significado". Esta afirmación la ejemplifica con *a(l) nivel de* y aclara que "esta locución se admite cuando pone de manifiesto el límite material o inmaterial que corresponde a algo [...], pero se suele rechazar en la lengua formal como sustituto indiscriminado de 'en lo relativo a', como en *La política comercial no ha sido positiva a nivel de exportaciones*". El *DPD* (s. v. *nivel*) ya indicaba el uso indebido de esta expresión incluso con "los sentidos de 'con respecto a', 'en el ámbito de', 'entre' o, simplemente, 'en'" (Fundéu, s. v. *a nivel de, usos correctos e incorrectos*, e incluso, desde el punto de vista lexicográfico, cf. *CLAVE* —s. v. *nivel*— en el apartado relativo a información semántica que incluye al final del artículo).

La *GLC* (§ 19.9.3.1.) especifica el uso en catalán de *a nivell de* en el ámbito coloquial con el sentido que rechaza el español en la lengua formal, a pesar de que recomienda la utilización de otras estructuras más adecuadas: "s'utilitza col·loquialment amb valors figurats per als quals disposem d'expressions més precises i adequades". Asimismo, el recurso Optimot que ofrece la Generalitat de Catalunya concede una respuesta equiparable a una pregunta sobre el significado en que debe utilizarse *a nivell de*, aunque con este comentario se demuestre el empleo de esta locución catalana: "Malgrat que aquesta locució de vegades també es troba usada amb sentit figurat, és més recomanable substituir-la per expressions més precises com ara *en l'àmbit, en el terreny, en el camp*, segons el context".

Independientemente de que el consejo catalán no difiera demasiado del que sugieren las obras consultadas para el español, no se puede esconder que el empleo de esta locución en dicha lengua y con estos significados es habitual, por lo que no es ilógica la concesión de los mismos sentidos al idioma con el que convive, aunque, como indica la Academia y según se ha citado con anterioridad, estén más restringidos geográficamente. Desde el punto de vista periodístico se ofrece una muestra de este tipo de uso para la lengua española:

(13) **A nivel de** UE, la respuesta jurídica de los tratados de la UE no nos es precisamente favorable. *La Vanguardia* (9/06/2014).

(14) "Este país, en su conjunto, ¿cuándo ha estado mejor que ahora?", se ha preguntado Bonet, quien ha señalado que **a nivel de** democracia, económico y social, está en los lugares más elevados del mundo. *El Periódico* (23/01/2015).

(15) Quiero empoderar a educadores y monitores artísticos para que promuevan lo que consideren porque ellos están más directamente con los internos.

Esto tiene implicaciones **a nivel de** seguridad y si no viniera de tratamiento quizá no lo haría. *El Periódico* (24/10/2016).

(16) El club cannábico genuino pasa casi siempre desapercibido. [...] Se rigen por un código de buenas prácticas que no obliga a nada. Tienen un asociación **a nivel de** toda Catalunya pero solo el 10 % están 'colegiados'. *El Periódico* (30/01/2017).

(17) La energía fotovoltaica empieza a ser competitiva **a nivel de** costes, especialmente en el cinturón solar, que comprende los países con más horas de sol, como España. *La Vanguardia* (13/01/2018).

(18) El primer teniente de alcalde y la cuarta, Gerardo Pisarello y Janet Sanz, no solo han destacado el peso **a nivel de** empleo de estas actividades, sino también el volumen de inversiones que mueven. *El Periódico* (11/01/2019).

Ante estos datos que se acaban de proporcionar, es evidente que se produce la confirmación de la interferencia semántica del español por influencia del catalán en el ámbito en que conviven ambas lenguas.

4.3.2. *Locución verbal*: ir a la suya

Seib (2001: 73) ya indicó que "las expresiones españolas *ir a lo suyo / tuyo / nuestro*, etc., en catalán se traducirían con *anar a la seva / teva / nostra*, etc.", lo que demuestra la diferencia de género de ambas lenguas. Informa, además, de que estudiosos anteriores ya demostraron que el uso del femenino del reflexivo de este tipo de locuciones verbales se producía de un modo significativo en el español de Barcelona y de una manera bastante más restringida en el español de otras zonas, con independencia de que el referente fuera masculino o femenino. Desde el punto de vista lexicográfico, el diccionario de uso *CLAVE* (s. v. *ir*) ejemplifica la no concordancia en el contexto formal del español entre el sintagma nominal en género femenino con el pronombre reflexivo que le corresponde y que forma parte de la expresión combinada con el verbo *ir* que se ha escogido para este trabajo: *Es una egoísta y solo va a lo suyo*.

La *GLC* (§ 16.5.2.4.) indica que determinadas locuciones verbales poseen posesivos "en la forma femení singular precedits de l'article definit" como ocurre, por ejemplo, en *anar a la seva"*. Se confirma, por tanto, la independencia de concordancia con el referente al que aludan.

Los artículos de opinión consultados en el contexto español-catalán demuestran que, en el margen cronológico que se ha analizado, existe una independencia de género de la segunda parte de la expresión con el elemento reflexivo de tercera persona (siempre en femenino) respecto al referente con el que está relacionado (que puede ser tanto masculino como femenino), según puede observarse a continuación:

(19)   Durante su mensaje del 2002, Pujol también tuvo palabras para el egoísmo: "Hay que evitar caer en una mentalidad de **ir** cada uno **a la suya**". Y tú te preguntarás: ¿Eso significa que si pienso ir a Andorra a comprar es mejor que le llame por si alguien de su familia también va y así vamos todos en el mismo coche, y evitamos **ir** cada uno **a la suya**, que sale más caro? *El Periódico* (22/12/2014).

(20)   Sanfeliu, de Ysios, considera que otro catalizador para el sector sería "una mayor coordinación entre centros de investigación", y no que cada uno **vaya a la suya** e incluso trabajen a veces sobre lo mismo sin ponerse en contacto. *El Periódico* (09/03/2015).

(21)   Pues ella, si en *Transparent* interpretaba una académica lesbiana que rechazaba los hombres, aquí se mete en la piel de una camionera que pasa de lo que piensen los demás. Como ella, que **va a la suya** y siempre derrochando presencia. *La Vanguardia* (22/10/2016).

(22)   Ella decidió **ir a la suya**, centrada en superar el 4m35s29 que marcó en Barcelona después de haberse administrado bien en la clasificación matinal. *La Vanguardia* (14/12/2017).

(23)   La CUP **va a la suya**, convencida como está de que la república sólo se puede ganar desde el municipalismo, su ámbito de trabajo natural. *La Vanguardia* (02/07/2018).

(24)   Los gobiernos tienen que llegar a acuerdos, pero países como Estados Unidos o China ya han dicho que **irán a la suya**, y hay otros que producen mucho y que negocian con países, que no están tan industrializados y no consumen tanto, la compra de su producción de dióxido de carbono para que a ellos no les multen. *La Vanguardia* (01/02/2019).

Esta posible ausencia de concordancia, cuando el referente es masculino, puede observarse también en la variante *seguir a la suya*, según se demuestra en los siguientes ejemplos en los que en español formal lo adecuado sería *seguir a lo suyo*:

(25) El secretario general del PSOE, que habrá estado en Catalunya cinco veces en solo ocho días, le ha recomendado a Iceta que **siga a la suya** y se olvide de los que le afean que baile cuando hay políticos en la cárcel. *El Periódico* (13/12/2017).

(26) Tras la reanudación el Espanyol **siguió a la suya** y volvió a perdonar el gol de la tranquilidad. *La Vanguardia* (04/01/2019).

Independientemente de que algunos lingüistas como, por ejemplo, Seib (2001), se muestren más partidarios de interpretar este tipo de expresiones como convergencia, los ejemplos que se han localizado en el periodo cronológico escogido referentes al español de Cataluña, desde nuestro punto de vista muestran más favorable la consideración de interferencia. En este sentido, resulta imprescindible profundizar al respecto en estudios posteriores para validar la presente hipótesis.

4.4. Doble negación: tampoco no

Diferentes especialistas en el contacto entre español y catalán ya han concedido de un modo directo o indirecto el término de interferencia al tipo de doble negación (*tampoco no*) que va a analizarse en este apartado (Szigetvári, 1994: VIII del apéndice gramatical; Casanoves, 2000: 118-125; Seib 2001: 93 y Sinner 2004: 276-280, entre otros). Este último estudioso es quien lo explicita de un modo más específico. De acuerdo con el criterio morfosintáctico de ambas lenguas, concreta que "la doble negación es obligatoria en castellano siempre que el adverbio o el pronombre negativo [...] aparezca en posición pospuesta al verbo", y lo ejemplifica, con relación a la opción que se ha escogido para este trabajo, mediante el contraste entre diferentes contextos sintácticos: *tampoco lo creo* frente a *no lo creo tampoco* (Sinner, 2004: 276). A diferencia de esta lengua, el catalán no actúa del mismo modo, puesto que, en el contexto formal, debe incluir el adverbio de negación en la primera estructura: *tampoc no ho crec* (Sinner, 2004: 276). Este contraste sintáctico entre español y catalán es lo que le permite afirmar, a partir de ejemplos que forman parte de su corpus, que "en el castellano de Cataluña se emplean construcciones del tipo *tampoco no lo sé*" (Sinner, 2004: 276). Esta afirmación es la que más adelante actualizaremos desde el punto de vista cronológico en el ámbito periodístico publicado en la misma comunidad autónoma.

La *NGLE* (§ 48.3b) confirma en esta ocasión el uso habitual de este tipo de alternancia negativa en el español de Cataluña e incluso, en el ámbito peninsular, también en el País Vasco. Asimismo, añade, con la ejemplificación oportuna, que esta "construcción es más frecuente con el adverbio *tampoco* que con otras palabras negativas". Por su parte, la *GLC* (§ 35.4.2.1.) confirma para el catalán la obligatoriedad de la doble negación en el contexto formal en las posiciones pre y posverbales, sobre lo que precisa que "en el primer cas, exigeixen obligatòriament l'adverbi *no*", mientras que "[...] en el segon cas, admeten l'elisió o el manteniment de *no*, encara que aquesta última solució és l'habitual en els registres formals".

Nuestro corpus, basado en artículos de opinión y, por lo tanto, en escritos integrados en un contexto formal, permite seguir constatando lo que con anterioridad ya se había sospechado e incluso probado:

(27) También el PSC ganaría dos puntos. La matriz de traspaso de votos entre fuerzas, con respecto a las elecciones del 2012, es compleja y con tantas flechas entre unas y otras como un dibujo táctico de un equipo de fútbol. Pero lo que sí es palmario es que esos dos puntos no provendrían de votantes de ERC (la encuesta no detecta frontera entre ambos partidos), sino de CiU. De su electorado más moderado y que **tampoco no** comulga con Unió. *El Periódico* (25/11/2014).

(28) Hace poco asistí al cumpleaños de una centenaria y pude comprobar personalmente que se puede llegar a esa edad con sentido del humor, dulzura, salud (salvo dolencias que **tampoco no** son tan ajenas a los más jóvenes) y hasta alegría. *El Periódico* (24/04/2015).

(29) Y en otros sectores sigue sonando también el nombre de la alcaldesa de Sant Cugat del Vallès y presidenta de la Diputación de Barcelona, Mercè Conesa, como número dos, aunque **tampoco no** es su prioridad, e incluso el de la actual portavoz del partido, Marta Pascal. *La Vanguardia* (30/06/2016).

(30) La decisión **tampoco no** es inocua. Ha provocado que el Gobierno portugués haya formulado una queja ante la Comisión Europea porque cree que

España ha autorizado la instalación sin el preceptivo informe de impacto ambiental transfronterizo. *El Periódico* (6/03/2017).

(31) **Tampoco no** acaba de entenderse que "si esto no volverá a pasar", la obra no haya sido inmediatamente recolgada en la pared vacía. *El Periódico* (26/02/2018).

(32) ¡No se puede trabajar menos, ganar más, bajar nuestros impuestos e incrementar nuestros gastos, ni **tampoco no** cambiar nada nuestros hábitos y respirar un aire más puro! *La Vanguardia* (06/01/2019).

Todos los datos analizados, tanto teóricos como prácticos, permiten aceptar esta característica estructural de alternancia negativa o doble negación formada por *tampoco no* en posición preverbal como interferencia del catalán, lo que, por este motivo, es lógico que conlleve a considerarla como probable característica del español de Cataluña, porque se indica que su uso en otras áreas, tanto dentro como fuera de la Península, es muy escaso.

5. Conclusión

A lo largo de este capítulo se ha intentado demostrar la existencia de posibles interferencias morfosintácticas del español que se producen por influencia del catalán, lo que permite confirmar nuestra hipótesis de que pueden interpretarse como probables características del español de Cataluña.

Desde el punto de vista teórico se han demostrado las consecuencias lingüísticas que pueden resultar de la influencia recíproca entre dos lenguas en un entorno bilingüe, tanto desde la perspectiva diacrónica como sincrónica. Aun así, se ha priorizado lo que ocurre en la actualidad, contextualizado en los medios de comunicación y, de un modo específico, a partir de los contenidos de artículos de opinión publicados en lengua española entre 2014 y 2019. A pesar de formar parte del nivel formal de la lengua, estos textos muestran influencia del catalán aunque, por lo general, no solo es imperceptible por los hablantes de la zona en la que se distribuyen los mencionados diarios (*La Vanguardia* y *El Periódico*), sino también por los propios autores.

De la parte analítica, formada por el comentario de cinco estructuras morfosintácticas distintas, se deduce una especie de gradación que va desde la interferencia más clara hasta la posible duda de si puede llegar a interpretarse como convergencia. En el primero de estos extremos podemos situar *tampoco no* (evidenciado por la muestra de los correspondientes ejemplos numerados del 27 al 32) y en el extremo opuesto *ir a la suya,* junto con la variante *seguir a la suya* (ejemplos 19-24). Entre ambas opciones se encuentra el resto de las expresiones, como *la mayoría de* con omisión de artículo, la construcción con verbo de percepción *mirar de* y, desde el punto de vista semántico, la locución preposicional *a nivel de.*

Con independencia de la interpretación lingüística indicada, a nuestro modo de ver los datos proporcionados por nuestro corpus permiten conceder mayor preferencia a la consideración del conjunto de estructuras como interferencias del catalán. Aun así, se deberá seguir trabajando al respecto y posteriores estudios tendrán que confirmar, a partir de la consulta de corpus adicionales y la elaboración de índices de frecuencia, si se siguen validando nuestras conclusiones. Se trata de tareas que, por razones de espacio, no han podido realizarse en este estudio.

En definitiva, sea cual sea el concepto teórico idóneo que se otorgue a los datos analizados, estos usos del español no deben valorarse en sentido negativo, sino como reflejo del contacto de esta lengua con el catalán en la zona en la que ambas conviven. Este es el motivo principal por el que las estructuras que nos hemos atrevido a considerar interferencias morfosintácticas pueden llegar a considerarse como características diatópicas propias del español nororiental de la península ibérica.

Bibliografía

Atienza Cerezo, E., Battaner Arias, M. P., Bel Gaya, A., *et al.* (1998). "Interferencia catalán-castellano en estudiantes universitarios bilingües", en: Orero, P. (ed.), *Actes del III Congrés Internacional sobre Traducció.* Barcelona: UAB, pp. 607-626.

Betz, W. (1949). *Deutsch und Lateinisch: die Lehnbildungen der althochdeutschen Benediktinerregel.* Bonn: Bouvier.

Blas Arroyo, J. L. (1993). *La interferencia lingüística en Valencia (dirección catalán → castellano): estudio sociolingüístico.* Castelló: Publicacions de la Universitat Jaume I.

Casanovas Català, M. (1998). "Aproximación al estudio de la interferencia lingüística en la lengua escrita", *Revista de Filología de la Universidad de La Laguna* 16, pp. 9-17.

— (2000). *Análisis cualitativo y cuantitativo de la morfosintaxis de una segunda lengua: el caso del español en contacto con el catalán.* Disponible en: <http://hdl.handle.net/10803/8179> (abril 2019).

CLAVE = MALDONADO, C. (dir.). (2012). *Diccionario de uso del español actual.* Disponible en: <http://clave.smdiccionarios.com> (abril 2019).

DDDLE = SECO, M. (2005). *Diccionario de dudas y dificultades de la lengua española*, 10.ª ed. Madrid: Espasa Calpe.

DDLC = INSTITUT D'ESTUDIS CATALANS. *Diccionari descriptiu de la llengua catalana.* Disponible en: <http://dcc.iec.cat/ddlci> (abril 2019).

DIEC2 = INSTITUT D'ESTUDIS CATALANS. *Diccionari de la llengua catalana*, 2.ª ed. Barcelona. Disponible en: <https://dlc.iec.cat/> (abril 2019).

DLE = REAL ACADEMIA ESPAÑOLA y ASOCIACIÓN DE ACADEMIAS DE LA LENGUA ESPAÑOLA (2014). *Diccionario de la lengua española.* 23.ª ed. Madrid: Espasa Calpe. Disponible en: <https://dle.rae.es> (abril 2019).

DPD = REAL ACADEMIA ESPAÑOLA y ASOCIACIÓN DE ACADEMIAS DE LA LENGUA ESPAÑOLA (2005). *Diccionario panhispánico de dudas.* Madrid: Santillana Ediciones Generales. Disponible en: <http://www.rae.es/recursos/diccionarios/dpd> (abril 2019).

EL PERIÓDICO, edición Catalunya, versiones española y catalana. Disponible en: <https://www.elperiodico.com> (abril 2019).

Fundéu = Agencia EFE & BBVA (2005). *Fundación del Español Urgente.* Disponible en: <https://www.fundeu.es> (abril 2019).

GARCÍA RODRÍGUEZ, J. (2018). "La presencia de calcos estructurales y semánticos en Twitter: el caso del español de Cataluña", *ELUA* 32, pp. 131-154.

— (2019). *Las unidades fraseológicas del español y el catalán con elementos de la naturaleza: estudio cognitivo-contrastivo y propuesta de un diccionario electrónico de fraseología bilingüe.* Tesis doctoral inédita. Universidad Autónoma de Barcelona. Disponible en línea: https://www.educacion.gob.es/teseo/imprimir-FicheroTesis.do

GLC = INSTITUT D'ESTUDIS CATALANS (2016). *Gramàtica de la llengua catalana.* Barcelona: Institut d'Estudis Catalans.

GÓMEZ CAPUZ, J. (1998). *El préstamo lingüístico: conceptos, problemas y métodos.* Valencia: Universidad de Valencia (Anejo XXIX de Cuadernos de Filología).

— (2004). *Préstamos del español: lengua y sociedad.* Madrid: Arco/Libros (*Cuadernos de Lengua Española*, 82).

— (2005). *La inmigración léxica.* Madrid: Arco/Libros (*Cuadernos de Lengua Española*, 84).

HERNÁNDEZ GARCÍA, C. (1998). "Una propuesta de clasificación de la interferencia lingüística a partir de dos lenguas en contacto: el catalán y el español", *Hesperia* 1, pp. 61-80.

LA VANGUARDIA, versión catalana. Disponible en: <https://www.lavanguardia.com/encatala> (abril 2019).

LA VANGUARDIA, versión española. Disponible en: <https://www.lavanguardia.com> (abril 2019).

MACKEY, W. F. (1970). *Interference, Integration and the Synchronic Fallacy*. Québec: Université Laval, Centre international de recherche sur le bilinguisme.

MANCERA RUEDA, A. (2008). "Oralidad y coloquialidad en la prensa española: la columna periodística", en OLZA MORENO, I., CASADO VELARDE, M. y GONZÁLEZ RUIZ, R. (eds.), *Actas del XXXVII Simposio Internacional de la Sociedad Española de Lingüística (SEL)*. Pamplona: Servicio de Publicaciones de la Universidad de Navarra, pp. 469-478.

MÜLLER-LANCÉ, J. (2008). "El uso del catalán en los periódicos regionales de lengua castellana", en SINNER, C. y WESCH, A. (eds.), *El castellano en las tierras de habla catalana*. Madrid/Frankfurt am Main: Iberoamericana/Vervuert (*Lingüística Iberoamericana*, 32), pp. 323-344.

NGLE = REAL ACADEMIA ESPAÑOLA y ASOCIACIÓN DE ACADEMIAS DE LA LENGUA (2009). *Nueva gramática de la lengua española*, vols. I y II. Madrid: Espasa Libros.

Optimot, Consultes lingüístiques. Barcelona: Generalitat de Catalunya. Disponible en: <https://aplicacions.llengua.gencat.cat/llc/AppJava/index.html> (abril 2019).

PAYRATÓ, Ll. (1985). *La interferència lingüística: comentaris i exemples català-castellà*. Barcelona: Curial.

POCH OLIVÉ, D. (ed.). (2016). *El español en contacto con las otras lenguas peninsulares*. Madrid/Frankfurt am Main: Iberoamericana/Vervuert.

POCH OLIVÉ, D., M. FREIXAS, C. JULIÀ LUNA, MACHUCA AYUSO, M.ª J. y PRAT SABATER, M. (2016). "Cuestionario de Historial Lingüístico", en POCH OLIVÉ, D. (ed.), *El español en contacto con las otras lenguas peninsulares*. Madrid/Frankfurt am Main: Iberoamericana/Vervuert, pp. 343-353.

PRAT SABATER, M. (2015). "Interferències lingüístiques entre català i castellà en el context universitari: l'expressió escrita", en MASSOT I MUNTANER, J. (coord.), *Estudis de llengua i literatura catalanes/LXIX*. Barcelona: Publicacions de l'Abadia de Montserrat (Miscel·lània Jordi Bruguera, 3), pp. 173-205.

— (2016a). "Las unidades fraseológicas temporales utilizadas en el contexto bilingüe español/catalán", en: POCH OLIVÉ, D. (ed.), *El español en contacto con las otras lenguas peninsulares*. Madrid/Frankfurt am Main: Iberoamericana/Vervuert, pp. 265-295.

— (2016b). "Proceso de integración de las incorporaciones léxicas en español: aspectos teóricos y presencia lexicográfica", *Anuario de Letras. Lingüística y Filología* IV: 2, pp. 245-295.

SEIB, J. (2001). *La variedad bilingüe del español hablado en Cataluña caracterizada por interferencias y convergencias con el catalán*. Mannheim: Universität Mannheim, Diplomarbeit.

SERRANO VÁZQUEZ, M.ª del C. (1996). "Interferencia léxicas y semánticas en una situación de contacto entre dos lenguas, catalán y castellano", *Diálogos Hispánicos*, 18, pp. 375-394.

— (1996-1997). "Rasgos fonéticos de carácter interferencial en el castellano de una comunidad bilingüe", *ELUA* 11, pp. 365-383.

SINNER, C. (2004). *El castellano de Cataluña. Estudio empírico de aspectos léxicos, morfosintácticos, pragmáticos y metalingüísticos*. Tübingen: Max Niemeyer Verlag.

SINNER, C. y WESCH, A. (eds.) (2008). *El castellano en tierras de habla catalana*. Madrid/Frankfurt am Main: Iberoamericana/Vervuert.

SZIGETVÁRI, M. (1994). *Catalanismos en el español actual*. Tesina inédita. Universidad de Budapest. Disponible en: <http://carstensinner.de/castellano/trabajosineditos.html> (abril 2019).

WEINREICH, U. (1953). *Languages in contact. Findings and Problems*. The Hague/Paris/New York: Mounton Publishers.

3.

LOS CATALANISMOS EN LOS ESCRITORES: PRENSA Y LITERATURA

EL CASTELLANO DE CATALUÑA
EN LOS TEXTOS PERIODÍSTICOS DE QUIM MONZÓ

MARGARITA FREIXAS ALÁS
Universitat Autònoma de Barcelona

1. Introducción

En las dos últimas décadas ha aumentado considerablemente la bibliografía destinada al estudio y a la caracterización del castellano de Cataluña como una variedad del español que incorpora rasgos lingüísticos que tienen su origen en interferencias con el catalán (Sinner, s. d.). Sinner y Wesch (2008: 32) insisten, no obstante, en la necesidad de complementar los trabajos existentes basados en el ánalisis de "corpus orales tanto formales como informales" con "estudios de los diferentes registros escritos para determinar diferencias respecto de las demás variedades españolas, así como para establecer la relación entre lengua hablada y lengua escrita del castellano en las regiones catalanohablantes". Para tal fin, los textos escritos en castellano por autores bilingües castellano/catalán constituyen corpus muy valiosos. En este sentido, trabajos como las monografías de Heinemann (1996) y King (2005) y el capítulo de Dolors Poch, en este libro, analizan cómo los fenómenos de contacto de lenguas se reflejan en las novelas en castellano publicadas en Cataluña a lo largo del siglo xx.

Con mayor inmediatez si cabe que en las novelas, los textos periodísticos son también documentos muy valiosos para el análisis de rasgos del castellano de Cataluña, tal y como demuestran trabajos como los de García, Machuca y Prat en el presente volumen. De los textos periodísticos, las columnas de opinión son una fuente de especial relevancia. Se trata de textos breves de autores reconocidos, publicados de forma regular en la prensa, en secciones fijas dentro de las páginas de opinión. Son textos subjetivos, argumentativos, de tema libre, basados en "las ideas, opiniones, obsesiones, sensaciones y sentimientos" (Steenmeijer, 2006) que determinadas noticias o temas de actualidad sugieren en su autor. Por su carácter persuasivo, se trata de textos sumamente retóricos. El análisis de corpus de columnas de un mismo escritor permite descubrir cómo a lo largo de ellas se va construyendo una particular imagen de sí mismo, un *ethos* retórico, con un conjunto de rasgos morales y estilísticos que lo caracterizan y lo convierten en una figura reconocible y apreciada para su lector (Marimón, 2016)[1].

En este sentido, resulta interesante tanto el estudio de la ideología lingüística que puede reflejarse en las columnas de la prensa catalana como el análisis de los usos idiomáticos por parte de autores bilingües. Sobre el primer aspecto, en Freixas (2019 en prensa) se encuentra un estudio de las columnas de Magí Camps centradas en la reflexión sobre fenómenos de contacto entre el español y catalán[2]. En cuanto al segundo, y con el fin de describir usos del castellano de Cataluña extendidos en un género de escritura formal, el presente capítulo se dedica al estudio de la versión castellana de las columnas publicadas a lo largo de 2018 en *La Vanguardia* por Quim Monzó, actualmente uno de los escritores catalanes más prestigiosos.

2. Selección del corpus

La elección de las columnas de Quim Monzó en *La Vanguardia* como corpus de análisis de rasgos del castellano de Cataluña se ha realizado atendiendo a distintas consideraciones. En primer lugar, se ha valorado el interés por analizar los textos de un autor de reconocido prestigio en el género de los textos estudiados. Monzó cuenta con una dilatada trayectoria, que inició en la década de los setenta, en la escritura de columnas periodísticas en catalán y en castellano en diversas publicaciones periódicas. En *La Vanguardi,* colabora de forma asidua en las páginas de opinión, por lo menos desde finales de 1996[3], y desde octubre hemos podido documentar su participación en una sección

---

[1] Coves Mora y García Avilés (2018) recogen la bibliografía reciente sobre los estudios dedicados al análisis de la lengua y de las estrategias argumentativas de columnistas españoles.

[2] En concreto, se realizó un análisis de las columnas sobre cuestiones lingüísticas en relación con el contacto entre el castellano y el catalán en las columnas de Magí Camps publicados en la sección "Letra Pequeña", en la edición española de *La Vanguardia* desde el 9 de marzo de 2005 hasta el 24 de diciembre de 2017.

[3] Véase "La trayectoria de Quim Monzó en *La Vanguardia* a través de sus columnas", *La Vanguardia*, 07/03/2018.

denominada "La noria" en el periódico en castellano[4]. Desde mediados de febrero de 1998 se intensifica la participación de Monzó en *La Vanguardia*, al publicar de forma más asidua sus columnas en la sección "El runrún". La colaboración es ya diaria cuando *La Vanguardia* pasa de publicarse solo en español a tener dos ediciones, una en castellano y otra en catalán, a partir del 3 de mayo de 2011.

A partir de ese momento y tal y como lo explica Magí Camps, desde la redacción de *La Vanguardia* se animó a los colaboradores asiduos de este periódico a que escribieran ellos mismos las dos versiones de sus contribuciones en castellano y en catalán:

> ...la idea primitiva d'elaborar un diari només en castellà i tot seguit traduir-lo al català va quedar descartada de bon començament. (...) vam començar a treballar en la bidireccionalitat perquè, arribat el dia, tots els redactors i col·laboradors poguessin escriure en la llengua que els plagués o en la que fos més convenient per a la mena d'article que es disposessin a escriure, i després elaboressin la versió en l'altra llengua.

> (...) Per garantir la qualitat lingüística i periodística de les dues edicions, tots els autors de columnes, articles de fons i anàlisis que tenien competència lingüística en les dues llengües van ser convidats a fer les dues versions dels seus articles, és a dir, escriurien la peça d'opinió en la llengua que desitgessin i la reelaborarien, també, en l'altra llengua. (Camps 2018: 21).

Así pues, colaboradores como Quim Monzó envían diariamente a *La Vanguardia* sus textos en las dos lenguas. En una entrevista a raíz de haber sido galardonado con el Premi d'Honor de les Lletres Catalanes 2018, Monzó describe el proceso de autotraducción de sus columnas periodísticas como una reescritura que puede afectar no solo al texto traducido, sino también al original. El resultado final son dos versiones de un mismo texto en castellano y en catalán sumamente revisadas y corregidas:

> [MAGÍ CAMPS:] Ahora escribe un artículo cada día en este diario y en el *Magazine*. ¿Los repasa mucho?

---

[4] El primer texto que hemos localizado en la hemeroteca digital de *La Vanguardia* (<http://hemeroteca.lavanguardia.com/>) es "Las espantadas", publicado el 2/10/1996.

[Quim Monzó:] Hasta seis veces. Entonces lo tienes que traducir y hay muchas cosas que no encajan y que las tienes que rehacer para encontrar una lengua más sensata. A veces cambias una cosa en una lengua y piensas que vale la pena cambiarla también en la otra.

[Magí Camps:] Porque hace una relectura en otra lengua.

[Quim Monzó:] Es como cuando lees una obra que te han traducido y piensas: "Este tío no escribe mal", porque ya no lo ves como si fuera tuyo[5].

La autotraducción supone para Monzó un proceso de reescritura en el que, según sus propias afirmaciones, pueden verse alterados tanto el texto de origen como el texto versionado[6]. Este proceso de autotraducción y revisión de los textos que Monzó escribe en catalán y en castellano es una constante de la trayectoria de este autor, que desde principios de los años ochenta ha ido publicando antologías de artículos periodísticos (Monzó 1984, 1990, 1991, 1994, 1998, 2000, 2003, 2004, 2010 y 2017). Ollé (2008: 84) recoge unas declaraciones muy reveladoras de Monzó sobre la reescritura a la que somete los textos al traducirlos y revisarlos:

> Evidentment, doncs, quan reviso els articles que han de formar un llibre, si és necessari canviar res ho canvio: una paraula innecessària va fora, una digressió que embolica la comprensió també, una d'aquestes rimes internes que de vegades se t'escapen... En el llibre en català, en algun article hi he pogut fer algun joc lingüístic que el castellà no permetia. I en un altre article era el castellà el que em permetia el joc. En un altre cas, en castellà m'he hagut de reinventar d'una altra manera els jocs de paraules en català. Com en l'article sobre les arroves, aquestes que, ara fa uns set o vuit anys, grups que en diríem d'esquerres o alternatius van

---

[5] Fragmento de "Quim Monzó: 'Somos trilingües: hablamos español, catañol y, pocos, catalán'", entrevista de Magí Camps a Quim Monzó (*La Vanguardia*, 03/06/201).

[6] Tal y como lo ejemplifica King (2005: 75), con la descripción del proceso de escritura de Andreu Martín no es raro que los escritores bilingües puedan escribir sus originales en catalán o en castellano y que, fruto de la traducción, los modifiquen: "Martín escribe varios borradores en las dos lenguas. Primero, escribe un borrador en catalán. Una vez acabado, escribe una versión castellana que no es una mera traducción, sino una versión nueva, sobre la base del texto catalán, que se puede considerar como borrador de la novela. El proceso acaba cuando Martín revisa el borrador catalán a la luz de los cambios introducidos en el castellano y publica las dos versiones, la castellana y la catalana, simultáneamente".

començar a fer servir per aquesta idea que els sembla tan igualitària, com escriure a les pancartes "libertad pres@s".

Monzó se ocupa personalmente de la redacción de las dos versiones de sus columnas, por lo que en los textos en castellano las posibles interferencias con el catalán no pueden atribuirse a procesos de traducción automática[7]. Asimismo, el cuidado con que revisa sus textos asegura que se trata de versiones con usos que su autor considera adecuados o correctos dentro de los registros que emplea.

Las columnas de Monzó transmiten la riqueza de la lengua hablada en un contexto bilingüe, por lo que en ellas se recogen modismos, refranes, palabras de argot y enunciados que con frecuencia muestran fenómenos de interferencia y cambio de código entre el castellano y el catalán. Se trata, en definitiva, de casos de "oralidad fingida", término consolidado ya en la bibliografía para referirse a la mímesis o representación de usos de la lengua espontánea en los textos escritos, ya sean literarios (Brumme, 2008) o periodísticos (Mancera, 2009).

La atención a la lengua hablada es un aspecto crucial en el ideario lingüístico del escritor que nos ocupa y ha sido incluso determinante para fijar las directrices seguidas en el diseño y concepción de la versión catalana de *La Vanguardia*, tal y como lo relata Magí Camps (2018: 35) en el prólogo al *Llibre d'estil*, a través de una cita de Sagarra recordada por Monzó:

> Per al model de llengua, Quim Monzó va recordar la metàfora que va formular Josep Maria de Sagarra, que ja exposava la contradicció entre "la llengua refistolada de l'acadèmia i la llengua del carrer. Deia: una cosa és l'acadèmia i una altra és el carrer. I l'escriptor ha de ser prou intel·ligent per saber ben bé què diu l'acadèmia i ben bé què diu el carrer, i no fer cas de ningú. És a dir, tirar pel mig. La llengua és un cavall amb dues regnes. L'una és la llengua normativa i l'altra és el català que ara es parla. Si vols que el cavall vagi dret, has d'anar tibant l'una i l'altra. Si solament domines una de les regnes, el cavall anirà fent voltes i no anirà enlloc".

---

[7] Para comprobar esta afirmación, se realizó una visita a la empresa de traducción Incyta, encargada de la corrección de textos traducidos para *La Vanguardia*. La descripción del proceso realizada por el Sr. Ignasi Navarro —a quien debo agradecer su detenida explicación— corrobora lo explicado por Camps (2018) acerca de que los textos de opinión no se someten a procesos automáticos, como ocurre con la mayor parte de páginas de *La Vanguardia*, que en una primera fase se traducen del castellano al catalán mediante el programa informático Lucy y, en una segunda, son corregidos manualmente por correctores.

Como se mostrará a lo largo de este estudio, la tensión entre normas y usos se manifiesta en las columnas de Monzó en catalán y en castellano mediante el reflejo en los textos de los fenómenos de contacto de lenguas propios de la comunidad de lectores de *La Vanguardia*. Según los datos de la Asociación para la Investigación de Medios de Investigación (2018), de febrero a noviembre de 2018 *La Vanguardia* contó con una media de 572 000 lectores (un 13,8 % de la cuota de lectores de prensa españoles), de los cuales 532 000 residen en Cataluña. Por tanto, un 93 % de los lectores de *La Vanguardia* procede de un territorio en el que conviven castellano y catalán y, en su mayoría, es presumiblemente capaz de reconocer y decodificar usos lingüísticos híbridos.

La frecuencia de publicación, una columna diaria, garantiza además la existencia de un número muy abundante de textos para su estudio. Con el fin de acotar el corpus de análisis, se ha optado por partir del vaciado de las columnas disponibles en la hemeroteca digital de *La Vanguardia* del año 2018. En total, se ha extraído el texto de 238 columnas en castellano y en catalán[8]. Se analizan a continuación los fenómenos de contacto lingüístico presentes en los textos en castellano, con especial atención a aquellos que pueden ser representativos de la variante del castellano de Cataluña. El análisis se dividirá en dos partes: el estudio de los titulares, por la importancia que tienen como elemento introductorio del texto y de primer contacto con el lector, y el examen de fenómenos lingüísticos presentes en el cuerpo de las columnas.

3. El contacto de lenguas en los titulares de las columnas de Quim Monzó

Merece una atención especial la lengua de los titulares de las columnas de Monzó por tratarse de una parte fundamental del artificio retórico de estos textos. Como señala Maestre Brotons (2006a: 163), se trata de enunciados que "acompleixen en certa mesura les funcions de l'antic exordi, la part preliminar del discurs de la tradició retórica". En ellos se introduce el tema de forma atractiva con el fin de captar la atención del lector. Para ello el autor emplea

---

[8] No se han recogido las columnas de Quim Monzó publicadas en la sección "Seré breve" del *Magazine* de *La Vanguardia*, que se publica solo en castellano y que acompaña el periódico los domingos (pueden consultarse los textos de Monzó en <http://www.magazinedigital.com/opinion>).

recursos como la intertextualidad, la fraseología, la anfibología o los juegos con la forma fónica (Maestre Brotons, 2006a: 167-173).

En las columnas en castellano analizadas, la intertextualidad y la fraseología son los recursos más empleados para la formación de titulares. Los titulares que presentan intertextualidad contienen citas procedentes de manifestaciones culturales muy distintas, desde títulos de películas a fragmentos de poemas o canciones. Las citas que proceden de tradiciones culturales distintas al castellano y al catalán suelen incorporarse al titular en la lengua original: un verso de una canción de los Beatles, "Ah look at all the lonely people" (*La Vanguardia*, 01/02/2018); una cita de una frase célebre en italiano, "Traduttore, traditore 2.0" (*La Vanguardia*, 21/02/2018); un verso de una canción de Norman Greenbaum, "Goin' up to the spirit in the sky" (*La Vanguardia*, 08/03/2018); una referencia a una canción de Michael Jackson, "Black is beatiful, deien" (*La Vanguardia*, 28/03/2018) y "Black is beatiful, decían" (*La Vanguardia* 28/03/2018); el título de una canción popularizada por los cantantes Mina Mazzini y Alberto Lupo, "Parole, parole" (*La Vanguardia*, 03/07/2018); el título de un cuadro de un pintor surrealista, "Le chien chi chie, de Max Ernst" (*La Vanguardia*, 26/09/2018), o un eslogan publicitario, "Ich bin ein Amsterdamer" (*La Vanguardia*, 23/10/2018)[9].

El mismo tratamiento reciben las citas en catalán o en castellano en los titulares de las columnas periodísticas de Quim Monzó, de modo que las referencias intertextuales, por lo común, se encuentran en una u otra lengua sin traducir en las dos versiones de las columnas periodísticas. Así, conforman titulares: fragmentos de canciones del grupo Mecano, "No me mires, no me mires, déjalo ya" (*La Vanguardia*, 03/11/2018) y de Rosendo, "Corre, que te van a echar el guante" (*La Vanguardia*, 17/02/2018); versos de canciones populares, "Asturias, patria querida" (*La Vanguardia*, 05/12/2018) y "¿Què li darem en el Noi de la Mare?" (*La Vanguardia*, 19/12/2018); una sentencia de *Los cent consells del Consell de Cent* de Pompeu Gener, escrito en 1901: "Del cor naixen sentiments" (*La Vanguardia*, 10/11/2018), e incluso un lema histórico de los absolutistas españoles en 1814, "¡Vivan las caenas!" (*La Vanguardia*, 21/12/2018). No obstante, se encuentran dos casos en los que se opta por una traducción literal de la cita que conforma el titular: "Dolores

---

[9] Otras lenguas distintas del castellano y del catalán se encuentran presentes también en titulares conformados a partir de enunciados recurrentes en determinadas situaciones, como en los ejemplos siguientes en inglés: "Fresh hot coffee to go!" (*La Vanguardia*, 02/03/2018) o "It's showtimes, ladies and gents!" (*La Vanguardia*, 24/05/2018),

no, llámame Lola" (*La Vanguardia*, 06/09/2018), procedente de una canción
de Pastora, se traduce por "Dolors no, millor digue'm Lola" (*La Vanguardia*,
06/09/2018), y "La culpa fue del chachachá" se traduce por "La culpa va ser
del txatxatxà" (*La Vanguardia*, 10/10/2018). En este último caso se facilita
la asociación con un verso del grupo musical Gabinete Caligari al incluir un
fragmento extenso de la canción en el interior de la columna periodística, sin
traducir en la versión en catalán:

> Hi havia una cançó de Gabinete Caligari que començava amb uns versos inoblida-
> bles: "Saliste a la arena del night club / y yo te recibí con mi quite mejor. / Estabas
> sudadita / pues era una noche que hacía calor. / Te invité a una copita / y tú me
> endosaste el primer revolcón". Tot seguit el cantant explica que anava curull de
> rom, i els últims versos m'han vingut a la memòria per aquest Juan Manuel que diu
> que ell és un bon noi i que tot va ser cosa del corrector de WhatsApp: "La culpa
> fue del chachachá, / sí, fue del chachachá, / que me volvió un caradura / por la más
> pura casualidad". Qualsevol excusa és bona per intentar eludir les responsabilitats.
> *La Vanguardia* (10/10/2018).

El retrato de situaciones de convivencia de catalán y castellano no es siempre neutro, como podría considerarse que ocurre en el caso anterior, donde la
referencia a Gabinete Caligari es un recurso humorístico de Monzó para la
ironía, pues se establece el símil entre la anécdota narrada en la canción[10] y
la excusa que un maltratador puso al juez, achacando al corrector de Whatt-
sApp las amenazas e insultos que escribió. En ocasiones, la cita del titular va
más allá de la intertextualidad y se convierte en una crítica a la situación lingüística en Cataluña. En el titular "¿Què li darem en el Noi de la Mare?" (*La
Vanguardia*, 19/12/2018), la intertextualidad no pretende evocar la canción
popular, sino que se refiere de forma burlesca a las palabras de un político que

---

[10] Magí Camps alaba el recurso frecuente de Quim Monzó a la inserción de fragmentos
de canciones en los titulares y destacados de las columnas, puesto que añaden un elemento
acústico. Según Camps, Monzó es el inventor dels "articles amb banda sonora" en un avance en
las formas de redacción periodística de hace un lustro: "En què consistia aquest pas endavant?
Doncs a tractar un tema a la columna i titularlo amb el fragment d'una cançó —en anglès, si
calia— que hi fes alguna referència. Era una manera de convidar el lector a llegir el seu text
amb aquella música de fons al cap. El títol "We all live in a yellow submarine", per exemple,
li va servir, l'octubre del 2012, per parlar d'un moviment anomenat groguisme. Però com que
l'home no es podia estar quiet, va perfeccionar el sistema i ara també ho fa al destacat de la
columna" (Magí Camps, "Un vaixell trencaglaç, 12/03/2018).

se presenta a la alcaldía de Barcelona hablando en castellano pero tratando de demostrar su "catalanidad" por medio de citas a elementos folclóricos de la cultura catalana, "la sardana, el tió, el pessebre, el caganer i *El Noi de la Mare*" (*La Vanguardia*, 19/12/2018):

> Tot seguit Bou continua la seva al·locució des de l'escenari: —Por estas Navidades vamos a hacer el pesebre ¡y colocaremos el caganer! Y vamos, y vamos ¡a hacer cagar el tió! Y vamos, de la mano, todos juntos, a hacer ese baile de la dansa més bella de totes les danses que es fan i es desfan, que és la sardana nostra —torna a mirar els papers—. Y por último, en estas Navidades, en estas fiestas, cantaremos El Noi Noi [sic] de la Mare —I sense encomanarse a Déu ni al diable comença a cantar una versió tunejada de la cançó—: "¿Què li darem al Noi de la Mare, panses i figues, anous i olives, i mel i mató!". ¿D'on ha sortit aquest marciano?

Monzó subraya el contrasentido que supone que un político de un partido españolista quiera demostrar su catalanidad de este modo, y subraya el contraste entre códigos lingüísticos, al reproducir sus palabras sin traducir; en ellas se encuentra una versión alterada —"tunejada", dice Monzó— y en catalán de un villancico tradicional. Para Monzó esta actitud es la propia de un "marciano", castellanismo que el escritor emplea con naturalidad en la versión catalana de la columna, donde alterna con el sinónimo "extraterrestre" empleado para cerrar el texto, como muestra de la lengua hablada y real de los habitantes de Cataluña.

En los titulares construidos a partir de fraseología, Monzó parte de expresiones catalanas o castellanas que traduce de manera que en cada ocasión busca el modismo más adecuado en cada una de las lenguas. Véanse como ejemplo los casos que se muestran en el cuadro 1:

Entre poc i massa	Ni tanto ni tan poco	*La Vanguardia*, 06/06/2018
Segur que no hi ha pebrots	A que no hay huevos	*La Vanguardia*, 21/09/2018
Feina feta no té destorb	No lo dejes para mañana	*La Vanguardia*, 24/10/2018
De vint-i-un botó	De punta en blanco	*La Vanguardia*, 22/11/2018
Sense pèls a la llengua	Sin pelos en la lengua	*La Vanguardia*, 29/11/2018

Cuadro 1. *Titulares construidos a partir de fraseología traducidos por Quim Monzó*

La lengua popular no se refleja únicamente a través de la fraseología, sino también por medio de expresiones coloquiales, cuyo tratamiento es por lo común el mismo que en el caso de las unidades fraseológicas: Monzó suele optar por la traducción más adecuada en cada caso —"Ui, al nen això no li agradarà" se convierte en "Uy, al nene esto no le gustará" (*La Vanguardia*, 06/11/2018)—, aunque no siempre, como ocurre con el titular "Una limosnita pa'l'abuelita" (*La Vanguardia*, 07/04/2018), empleado en las dos versiones de la columna, en catalán y en castellano, para reflejar un enunciado escuchado en un entorno multilingüe, en las calles del barrio de San Antonio en Barcelona.

Las referencias culturales al castellano y al catalán no se concentran únicamente en los titulares en los que Monzó recurre a la intertextualidad, a la fraseología o a la mímesis de la lengua coloquial. El titular de la columna "Per no parlar dels pronoms febles" (*La Vanguardia*, 16/03/2018) se transforma en la versión castellana en "Ola k tal kieres k quedemos???" (*La Vanguardia*, 16/03/2018) con el fin de mostrar en las dos lenguas una dificultad gramatical significativa. En esta columna, Monzó glosa la anécdota de un videoclip italiano en el que un chico tiene problemas para establecer una relación amorosa porque no domina el uso del subjuntivo. En la versión en catalán, Monzó establece para el lector una comparación con lo que sucedería si el enamorado cometiera errores con los clíticos, un aspecto gramatical que, como el subjuntivo para los italianos, supone una dificultad para muchos hablantes. En cambio, en la versión castellana no se encuentra un escollo gramatical equivalente y se recurre a un enunciado con las desviaciones ortográficas propias de la lengua de las redes sociales.

La conciencia de escribir para destinatarios que residen en Cataluña y que, por lo tanto, están en contacto con las lenguas habladas en este territorio y con su cultura y costumbres explica también que en las versiones castellanas de las columnas se encuentren titulares con palabras catalanas de las que no se ofrece equivalente, como ocurre con "El glamur del llonguet" (*La Vanguardia*, 03/02/2018), en referencia a un tipo de pan. Se trata en este caso de una muestra de cómo el castellano de Cataluña incorpora préstamos del catalán[11].

---

[11] No existe una palabra en español que sea un equivalente exacto del *llonguet* catalán. A pesar de que el *TERMCAT* ofrece como traducción *panecillo*, se trata, en realidad, de un tipo de panecillo; según la definición del *DIEC²*, es un "pa petit ovalat amb un solc tot al llarg en la seva part superior". Véanse otras documentaciones del término en textos castellanos de la prensa publicada en Cataluña: "El mejor bocadillo del mundo lo hacía Karin para ir a la playa cuando

4. El contacto de lenguas en el desarrollo de las columnas de Quim Monzó

En el interior de las columnas en castellano los fenómenos relacionados con el contacto de lenguas se manifiestan de dos formas distintas. Por un lado, como ocurre con los titulares, el escritor introduce de forma consciente enunciados o palabras en catalán y también enunciados híbridos en los que se producen cambios de código. Por otro lado, se encuentran manifestaciones de la variedad de castellano de Cataluña, donde la influencia del catalán se consolida en usos normalizados que, en consecuencia, no se destacan en el texto mediante recursos tipográficos como la cursiva o las comillas.

Los textos en los que Monzó emplea el catalán y el castellano permiten ser analizados desde la perspectiva señalada por Heinemann (1996), según la cual:

> la forma d'emprar les llengües estrangeres en els textos pot aportar algunes informacions sobre la realitat social en què ha nascut un text. Així, de la freqüència dels elements estrangers i dels aclariments que s'hi faciliten per a la seva comprensió, se'n pot inferir la situació sociolingüística de la societat en qüestió i els coneixements lingüístics del públic a què va dirigit. (Heinemann 1996: 18).

En los textos en catalán, se encuentran muestras de oralidad fingida en castellano cuando se opta por no traducir la reproducción de declaraciones de personajes de la actualidad. Por ejemplo, en el fragmento reproducido arriba de la columna "¿Què li darem en el Noi de la Mare?" (*La Vanguardia*, 19/12/2018), no ofrecer la traducción tiene como intención reflejar de forma crítica la realidad lingüística de Cataluña en la que un político pretende integrarse dirigiéndose a sus posibles votantes en castellano.

Maestre Brotons (2006b: 92), en su análisis de las columnas periodísticas de Monzó de los años ochenta, encuentra casos en que se introduce el cambio de código catalán/castellano con el objetivo de "criticar la diglòssia o l'esnobisme de la gent que adopta aquest idioma com a signe de distinció" y aporta la siguiente cita extraída de la columna "No future" de Monzó:

---

eran jóvenes: un panecillo tipo llonguet, con tomate, un jamón buenísimo, cortado muy fino, y la maceración de unas horas de sol que une el pan y el jamón en una voluptuosa combinación de gustos" (Julià Guillamon, "Refetons' i 'remenetes", 04/09/2014).

Han aplicat el sistema de la gent que diu "l'altre dia, pel carrer, em vaig trobar *unos mormones...*", o "jo estudio per *ingeniro de caminos...*", o "era allò de dir *¿Sabes qué?: me largo...*", o "he estat a Itàlia i les ciutats que més m'han agradar són Nápoles i Milán".

En las columnas estudiadas, publicadas en 2018, la crítica a la situación de diglosia se muestra en ocasiones de forma velada, como ocurre en "Quatre sabates negres" (*La Vanguardia*, 10/05/2018), donde el eslogan del que se burla Monzó está en la lengua que cuenta con más hablantes y, por tanto, con una mayor presencia en la comercialización de productos: "¿Com he de posar els peus en un lloc on, si demano hummus, me'l serviran en un pot de bullir llet on a més es llegeix 'Hoy será un día GENIAL'?)" (*La Vanguardia*, 10/05/2018). En otros casos, la crítica se produce de forma directa, cuando se condenan manipulaciones lingüísticas de los medios de comunicación al traducir incorrectamente enunciados catalanes:

A la versió en castellà del missatge arquebisbal hi ha un detall sucós. Allà on en català propugna que no ens enviem "missatges controvertits", a la versió en espanyol propugna que no ens enviem "mensajes políticos". De cap mena: "Ayuna del reenvío de mensajes políticos en las redes sociales". ¿Per què aquesta diferència? ¿Els castellanoparlants no han d'enviar "mensajes políticos" i els catalanoparlants sí que poden fer-ho mentre no siguin "controvertits"? És una traducció esbiaixada que fa pensar en la de TVE la setmana passada quan va traduir al castellà un comunicat de l'ANC que demanava "accions valentes" per investir Puigdemont. Per comptes d'"acciones valientes", que és la traducció correcta a l'espanyol, els periodistes de TVE van anunciar —durant tot el dia, a cada informatiu— que l'ANC demanava "acciones violentas", un nyap manipulador habitual en aquesta època de mentides emmascarades ("Traduttore, traditore 2.0"). *La Vanguardia* (21/02/2018).

Junto a los fragmentos en castellano que retratan expresiones propias del momento sociolingüístico actual, las columnas en catalán contienen numerosos pasajes en español que contribuyen a evocar un ambiente sociocultural pretérito. Así, por ejemplo, se recuerda el lema de la DGT con la frase pronunciada por Stevie Wonder en un anuncio de 1985, "Si bebess no condusscass" ("Stevie Wonder tenia raó", *La Vanguardia* 06/07/2018); los *"cubitos* Maggi" ("Gran Miralda", *La Vanguardia* 15/02/2018); una frase célebre de la serie *El verano azul* (1981-1982), "¡Chanquete ha muerto!" ("Els Buendía a València", *La Vanguardia* 25/07/2018), o la canción publicitaria que a partir de 1955 acompañaba los anuncios del Cola Cao, "Yo soy aquel negrito del África tropical, que cultivando cantaba la canción del Cola Cao" ("Gran Miralda", *La Vanguardia* 15/02/2018). Más allá de la evocación nostálgica de una época, los enunciados en castellano también recogen elementos clave de la situación política conflictiva de la guerra y la posguerra españolas, como la frase atribuida a Miguel de Unamuno, "Venceréis, porque tenéis sobrada fuerza bruta, pero no convenceréis" ("Comprin moltes crispetes", *La Vanguardia* 30/05/2018); el inicio de la versión cantada del "Toque de diana", "Quinto, levanta, / tira de la manta. / Quinto, levanta, / tira del mantón. / Que viene el sargento, / ¡que viene!, ¡que viene!, / con el cinturón" ("Els ciutadans del futur", *La Vanguardia* 11/04/2018), o el canto que el sereno entonaba cada hora, "¡Las dos en punto y serenooo!" ("It's showtime, ladies and gents!", *La Vanguardia* 24/05/2018).

Asimismo, las columnas en catalán incluyen frases populares en castellano y castellanismos. Monzó recuerda, por ejemplo, un consejo de su madre murciana, y reproduce el refrán que solía utilizar: *A río revuelto ganancia de pescadores, em deia ma mare de vegades* ("Massa vegetals salvatges", *La Vanguardia* 27/09/2018)[12]. Muestras de complicidad con el lector, que reconoce el valor enfático y expresivo de los enunciados, son expresiones como "Puta vida, tete", que termina una columna irónica sobre lo absurdo que resulta que una marca de agua se publicite como "sin gluten" ("H_2O sense gluten", 30/01/2018) o *Cágate, lorito*, que encierra la crítica de Monzó a las adaptaciones de clásicos para tratar de actualizar en ellos la representación cultural del género de los personajes:

Diu l'editor: "*La casa de Bernardo Alba* és una reinterpretació de la clàssica obra de teatre de Federico García Lorca. Aquesta versió, a més d'introduir canvis en el gènere d'alguns dels seus personatges, reorienta les seves inclinacions sexuals per mostrar un nou univers" (*Cágate, lorito*, "La contrasenya és 'inclusivitat'"). *La Vanguardia* (26/10/2018).

---

[12] La lengua materna es uno de los referentes de Monzó. En "¿Nos hemos vuelto idiotas o qué?" y "¿Ens hem tornat idiotes o què?" (*La Vanguardia*, 14/02/2018) importa más el recuerdo del mensaje que la lengua en que se pronunció, y Monzó ofrece las dos versiones: "¡Mastica, Quim, mastica!" y "Mastega, Quim, mastega!". En un artículo de Màrius Serra sobre los catalanismos en español actual, "Rondinando que es gerundio" (*La Vanguardia*, 8/01/2018) se incluye un tuit de Monzó en el que se evoca con ternura el *extraviando* (del catalán *estalviar*) por *ahorrando* que utilizaba su madre: "Quim Monzó va reaccionar ràpidament amb un exemple de sa mare, andalusa:"Toda vida extraviando, tota la vida extraviando y, total, ¿para qué?"".

De forma natural y sin recursos tipográficos, Monzó también incluye castellanismos muy frecuentes en el habla catalana popular, como *bueno* ("El setè manament", *La Vanguardia* 28/04/2018), *tremendo(s)* ("Si ho diu Gwyneth Paltrow", *La Vanguardia*, 13/01/2018 y "Quid pro quo, Clarice", *La Vanguardia*, 21/04/2018) o *xupi*, adaptación del castellano *chupi*, "muy bueno o estupendo", *DRAE*[23] ("Assaltar l'entresol", *La Vanguardia* 09/01/2018) o *xupiguais* ("Parole, parole", *La Vanguardia* 03/07/2018). Maestre Brotons (2006b: 85) interpreta que la incorporación de castellanismos en Monzó obedece a una voluntad "de connectar amb els lectors; per això ha de mostrar-se flexible a l'hora d'admetre castellanismes, col·loquialismes, vulgarismes i vocables d'argot". En Monzó el uso de castellanismos es consciente y controlado, de manera que en sus columnas se encuentra también la crítica a quienes, en registros no coloquiales, introducen barbarismos:

> Llàstima que Guardans ja no sigui eurodiputat i no hagi de volar tan sovint per feina. Com vaig sentir en un programa de "la nostra" [TV3] —una tarda, dies enrere—, a bones hores màniques verdes ("You can leave your hat on"). *La Vanguardia* (03/10/2018).

Este ejemplo está en consonancia con las opiniones del escritor sobre el futuro del catalán en una entrevista reciente ("Quim Monzó: 'Somos trilingües: hablamos español, catañol y, pocos, catalán'", Magí Camps, *La Vanguardia*, 03/06/2018):

> [Magí Camps:] ¿Cómo ve el futuro del catalán?

> [Quim Monzó]: Está en un momento en que se va degradando en eso que llamamos catañol, es como el espanglish. Aquí la gente habla dos lenguas: el español y el catañol, y alguna gente habla catalán. Ya somos trilingües.

En las versiones castellanas de las columnas de Monzó la presencia del catalán cumple también distintas funciones. En primer lugar, se emplea en la cita de textos de procedencia catalana, como ocurre con los eslóganes de una manifestación en contra del tranvía de Barcelona el día de su inauguración:

> Había carteles: "I el metro, quan?, "Jo crec en TramChoc", "Tramvia: cavall de ferro de l'especulació"... Un grupo de partidarios de los raíles coreaba: "Volem el tramvia!". Los que estaban en contra les contestaban: "Voleu el tramvia / perquè suqueu cada dia!". ("Pasión por los raíles", *La Vanguardia*, 27/03/2018).

O cuando Monzó evoca el dicho burlesco que emplea cuando realiza pruebas de sonido:

> Yo, cuando hago pruebas de sonido, siempre repito lo mismo: "Una vegada hi havia un rei que tenia el nas vermell i bevia de gota en gota"[13] .("Poca creatividad", *La Vanguardia, 23/01/2018*).

Más allá de la cita de textos en su lengua original, en las columnas en castellano se encuentran abundantes voces catalanas que se refieren a tradiciones y a aspectos culturales, como las que se recogen en el cuadro 2.

castells	"Patrimonios de la humanidad" (*La Vanguardia*, 16/01/2018)
panellets de mazapán	"Patrimonios de la humanidad" (*La Vanguardia*, 16/01/2018)
xuixo	"Vida desprivada" (*La Vanguardia*, 25/01/2018)
curses	"Corre, que te van a echar el guante" (*La Vanguardia*, 17/02/2018)
xop	"El paso que va del txikito al zurito" (*La Vanguardia*, 27/02/2018)
judías del *ganxet*	"La mano que surge del toldo" (*La Vanguardia*, 28/02/2018)
bombeta, piula, tro de bac, despertaes, mascletaes, cremà	"Ahora que viene San José" (*La Vanguardia*, 15/03/2018)
panots	"Hawking miraba las estrellas" (*La Vanguardia*, 20/03/2018)
culer ('homosexual')	"Sodoma, sí, pero ¿y Gomorra?" (*La Vanguardia*, 29/05/2018)
caganer	"Una proeza que no debemos olvidar" (*La Vanguardia*, 17/07/2018)

Cuadro 2. *Voces catalanas referidas a tradiciones y aspectos culturales en las columnas en castellano de Quim Monzó*

---

[13] Se trata de una variante burlesca del inicio del cuento catalán popular "El rei del nas vermell", que en la mayoría de las versiones reza: "Una vegada hi havia un rei / que tenia el nas vermell, / i bevent de bóta en bóta / no en deixava ni una gota".

En algunos casos, las voces catalanas no tienen equivalente en castellano, como *caganer*. En otros, podrían haberse traducido al español, como *curses,* que equivale a "carreras populares"; "judías del *ganxet*", a "judías de gancho"[14]; o *panot*, que podría haberse sustituido por "loseta", sinónimo que se emplea en la columna en alternancia con la voz catalana. Sin embargo, Monzó prefiere mantenerlas en sus versiones de las columnas al castellano. Se trata de una estrategia de traducción que, según Venuti (1995) y King (2005), consiste en "extranjerizar un texto en la lengua de destino" (King, 2005: 69):

> "Extranjerizar" significa lo contrario de una traducción "transparente", en la medida en que lo "extraño" está inscrito en el texto. (King, 2005: 69).

La traducción extranjerizante se opone a la que Venuti (1995) denomina traducción "transparente", que King (2005) define como:

> aquella que es fruto de un proceso en el que un texto ha sido totalmente transformado al transferirse a otra cultura a fin de producir una obra que pudiera ser original de la lengua de destino y no una traducción. (King, 2005: 69).

Las columnas de Monzó en castellano no pueden considerarse traducciones "transparentes", no solo porque contienen fragmentos en catalán, sino también, muy especialmente, porque incluyen muestras de la influencia del catalán en el castellano. Véanse en el cuadro 3 ejemplos del castellano de Cataluña en los textos analizados[15].

(1)	"...els paraigües que havien dut de casa" ("Experiències multisensorials", *La Vanguardia*, 03/01/2018)	"...los paraguas que habían <u>llevado</u> de casa" ("Experiencias multisensoriales", *La Vanguardia*, 03/01/2018)
(2)	"Leo Muscato, director d'aquesta Carmen florentina, explica que d'entrada es va quedar parat quan el gerent del teatre li va proposar que la protagonista no morís". ("Reformar la biblioteca", *La Vanguardia*, 10/01/2018)	"Leo Muscato, director de esta Carmen florentina, explica que de entrada <u>se quedó parado</u> cuando el gerente del teatro le propuso que la protagonista no muriera". ("Reformando la biblioteca", *La Vanguardia*, 10/01/2018)

---

[14] Del catalán *mongeta del ganxet,* el *TERMCAT* ofrece la equivalencia *judía de gancho.*
[15] En los pasajes de las columnas que se reproducen el subrayado es mío.

(3)	"Va d'una família pagesa que encarrega al seu fill, menut, que pasturi les ovelles". ("A punt per a l'últim Sant Jordi", *La Vanguardia*, 17/04/2018)	"Va de una familia campesina que encarga a su hijo, menudo, que pazca las ovejas". ("A punto para el último Sant Jordi", *La Vanguardia*, 17/04/2018)
(4)	"Els nens s'asseuen a la trona i davant seu tenen tota una estesa de ninots". ("Quid pro quo, Clarice", *La Vanguardia*, 21/04/2018)	"Los niños se sientan en la trona y delante tienen todo un tendido de muñecos". ("Quid pro quo, Clarice", *La Vanguardia*, 21/04/2018)
(5)	"...contribueixes a que el món editorial vagi fent bullir l'olla més enllà del dia del Llibre". ("Més enllà del dia del Llibre", *La Vanguardia*, 27/04/2018)	"...contribuyes a que el mundo editorial vaya haciendo hervir la olla más allá del día del Libro". ("Más allá del día del Libro", *La Vanguardia*, 27/04/2018)
(6)	"Esclar que, als antípodes d'aquests espècimens, hi ha els que no es dutxen ni per mal de morir". ("Entre poc i massa", *La Vanguardia*, 06/06/2018)	"Claro que, en las antípodas de estos especímenes, están los que no se duchan ni por mal de morir". ("Ni tanto ni tan poco", *La Vanguardia*, 06/06/2018)

Cuadro 3. *Ejemplos del castellano de Cataluña en las columnas de Quim Monzó*

En todos los casos señalados en el cuadro 3 se encuentran muestras de interferencias con el catalán en las versiones castellanas de las columnas periodísticas de Quim Monzó. La transferencia semántica en (1) de los significados de *traer* al verbo *llevar* es recurrente en el castellano de Cataluña (Casanovas, 2002: 269 y Casanovas, 2005: 137) y ha sido bien descrita en los trabajos sobre esta variedad lingüística:

LLEVAR y TRAER Como el catalán no distingue con su único verbo PORTAR la dirección del movimiento (si se aleja del hablante o se le acerca) "anar carregat amb una cosa, anar amb una cosa a sobre" (DLCat 1239), es natural y habitual la confusión y la ultracorrección en el uso de LLEVAR (DRAE 906 "transportar o conducir una cosa desde un lugar a otro alejado de aquel en que se habla o se sitúa mentalmente la persona que emplea este verbo") y TRAER (DRAE 1421 "conducir o trasladar una cosa al lugar en donde se habla o de que se habla"). L. h. *Entonces, ¿me LLEVARÁS los apuntes?* [refiriéndose a la Facultad donde permanecen los dos interlocutores]; *Me gusta más LLEVAR pantalones. ¿TRAES pantalones siempre?* [ultracorrección "la respuesta a llevar tiene que ser traer y viceversa"]. (Szigetvári, 1994: 32-33)

Svigetvári (1994) y Casanovas (2005) recogen ejemplos de corpus orales del castellano de Cataluña en los que *llevar* se emplea, como en la columna de Monzó, con el mismo uso que *traer*. Véanse a continuación los ejemplos aportados por Casanovas (2005: 137):

"Si ustedes no se lo toman a mal, el caldo que hacen para nuestra hija, lo *llevaré* [de mi casa hasta aquí] para ustedes".

"Aquella ropa, la, que *llevan* [a aquí] de los pueblos y la gente del barrio la mira".

"Tenía que haber, llevar [a la entrevista, aquí] los títulos y te hubiera dicho".

La *Nueva Gramática de la Lengua Española* (*NGLE*) reconoce que en distintas variedades del español no se da la restricción según la cual el castellano aporta información deíctica con la distinción de usos entre *ir* y *venir*, y *traer* y *llevar*:

Los verbos *ir, venir, llevar* y *traer* también aportan información deíctica. (...) Frente a otros idiomas románicos y germánicos, en la mayor parte de las áreas hispanohablantes se requiere en estos casos la coincidencia entre el punto de destino de la acción y el lugar en que está situado el hablante, no así el oyente. No resultarían, por tanto, naturales expresiones como *Mañana vendré a tu casa* si se está hablando por teléfono. Este requisito deíctico no se manifiesta, sin embargo, en algunas variedades lingüísticas, como el español chileno y el hablado en parte de las zonas andina y rioplatense. Tampoco se da tal restricción en las áreas en que el español está en contacto con el catalán o con el inglés (*NGLE*, § 17.1q, p. 1276).

En (2) el modismo *quedarse parado* con el significado de 'sorprenderse' ha sido señalado también por los estudios sobre el castellano de Cataluña como un caso de interferencia con el catalán Svigetvári (1994: 40) y (Casanovas, 2008: 186):

QUEDARSE PARADO es un modismo que se oye a menudo en Cataluña. Procede del catalán RESTAR/QUEDAR PARAT (DLCat 1149 "restar fortament sorpres, restar de pedra"). El DCatCas (DCatCas 927) da como traducción "parado -da, pasmado -da, etc.", pero según el DRAE (DRAE 1081) en el español normativo PARADO no expresa lo que su homónimo catalán sí "2 Remiso, tímido o flojo en palabras, acciones o movimientos". Podemos sospechar que se trata de un catalanismo no señalado en el DCatCas. L. h. ME QUEDÉ PARADA cuando me dijeron que se casaría. Nunca me lo hubiese imaginado (Svigetvári, 1994: 40).

En catalán, la expresión *quedar parat* pertenece, según el *Diccionari de sinònims de frases fetes* de Espinal (2004) —a partir de ahora citado en este capítulo como *DSFF*— a las unidades fraseológicas que se emplean para expresar el concepto de *atònit*, y se emplea como sinónimo de locuciones como *quedar sense paraula, quedar sense resposta, quedar mort, quedar verd, quedar amb un peu enlaire, quedar d'una peça* y *quedar flaçat*. Ni el *DRAE*[23] en su última edición de 2014 ni el *DEA* ni el *Diccionario fraseológico documentado del español actual* de Seco, Andrés y Ramos (2017) —a partir de ahora, *DFDEA*— recogen *quedarse parado* con el significado que tiene en catalán. En cambio, se encuentra en la última edición del diccionario descriptivo de María Moliner, *DUE*[3], sin ninguna indicación sobre su uso regional:

> 4. (*Dejar, Quedarse*) Confuso, sorprendido o vacilante: 'Me quedé parado sin saber qué contestar [cuando vi que se lo metía en el bolsillo, sin saber si echarlo a risa o armarle un escándalo]'

También el *Diccionari castellà-català* de la Enciclopèdia Catalana (2005) —a partir de ahora *DCC*— recoge *s. v. parado, parado* en su tercera acepción, 'sorprendido, confuso' la equivalencia "*quedarse parado*, restar (o quedar) parat"[16].

La expresión empleada por Monzó, *quedarse parado,* es por tanto una unidad fraseológica incluida en las obras descriptivas del español pero no recogida aún en las obras normativas. Su uso puede verse favorecido por la influencia del catalán.

En el caso de (3), la frase de Monzó, "una familia campesina que encarga a su hijo, menudo, que pazca las ovejas" se encuentran dos usos no extendidos en castellano. Se trata de *menudo* como equivalente a 'de menor edad' y el empleo de forma transitiva de *pacer* por 'apacentar, pastorear'. El *DCC* ofrece como equivalente del catalán *menut, -uda* 'petit, ta' el castellano *pequeño*; y como correspondencia de *pasturar* en su acepción transitiva 'portar a

---

[16] Esta equivalencia no se da en otros lugares de este diccionario (*DCC*); *s. v. pasmar* se incluye como acepción la unidad fraseológica 'quedarse asombrado', que se ofrece como equivalente de "esbalair-se, sangglaçar-se, quedar-se parat (*o atònit, o estupefacte*)".

pasturar,' los verbos castellanos *apacentar, pastorear, pasturar*[17]. En este caso, las desviaciones respecto al castellano estándar pueden explicarse por calco en un fragmento que Monzó traduce de forma literal. Ejemplos como el (3) demuestran que el texto de partida del escritor es el catalán, como ocurre también en otros casos en que la traducción provoca construcciones anómalas en castellano. Se trata, por ejemplo, de frases con desviaciones sintácticas, como "Estoy muy a favor", en la que falta el complemento de régimen verbal que se expresa en catalán mediante un clítico "N'estic molt a favor" ("Necesidad de un carnet cívico", *La Vanguardia*, 24/03/2018); o grafías no normativas, como *vambas* ("Corre, corre, que te pillo", *La Vanguardia*, 23/01/2018), del cat. *vàmbes* ("Corre, corre, que t'atrapo", *La Vanguardia*, 23/01/2018).

En el ejemplo (4) se encuentra otro caso de calco de traducción: el catalán *estesa,* 'escampadissa', se traduce de forma literal por *tendido*. El *DCC* ofrece como equivalentes de la expresión *una estesa de* (cat. 'coses escampades') los sinónimos castellanos *tendal, tenderete* o *tendalera* y *s.v. escampadissa* ofrece un ejemplo de uso en el mismo contexto empleado por Monzó: "Quina escampadissa de joguines!" se traduce por "¡Vaya tenderete de juguetes!". El propio Monzó traduce "una estesa de" por "tendalera" en otra de sus columnas periodísticas:

Ens van posar al davant una <u>estesa d'</u>*amouse-bouches* d'aquests ("Taittinger per celebrar-ho"). (*La Vanguardia*, 20/01/0218)

Nos pusieron enfrente <u>una tendalera de</u> *amuse-bouches* de esos ("Taittinger para celebrarlo"). (*La Vanguardia*, 20/01/2018).

En los casos (5) y (6) se encuentra la transposición de dos unidades fraseológicas del catalán al castellano. Ninguna de ellas se recoge en los repertorios lexicográficos y de fraseología del español. En el primer caso, se trata de un calco del catalán *fer bullir l'olla* (equivalente de "ganarse el pan [o el puchero]" según el *DCC*), que en el contexto en que se emplea en la columna de Monzó podría parafrasearse por "producir unos pocos beneficios" o "producir unas pocas ganancias", ya que se refiere a quien compra libros de forma regular, "más allá del día del Libro", como reza el titular de la columna:

---

[17] El *DCC* ofrece como equivalentes del catalán *pasturar* los verbos *pacer, pastar, pasturar* únicamente en su acepción intransitiva.

Un día descubrí que un amigo tenía un método diferente. Si un libro le gustaba mucho y le ilusionaba que lo leyeras, en vez de dejarte su ejemplar compraba otro y te lo regalaba. No es un método habitual pero es el más efectivo: no hace falta que hagas listas, no hace falta que te cabrees con quien no te lo devuelve y, además, contribuyes a que el mundo editorial vaya haciendo hervir la olla más allá del día del Libro ("Más allá del día del Libro", *La Vanguardia*, 27/04/2018).

La expresión *hacer hervir la olla*, en el sentido de "producir beneficios o ganancias", se encuentra en otros textos periodísticos de prensa publicada en Cataluña. Así, por ejemplo, en *La Vanguardia* en la traducción de declaraciones de políticos:

El conseller [Francesc Xavier Mena] ha alertado de que habrá "mucha gente que tendrá trabajo cuando vuelva a hervir la olla, pero hay personas que vienen del fracaso escolar, inmigrantes que no hablan ni catalán ni castellano, gente que salió de la construcción y piensa que volverá, que deben dar un paso y reorientarse profesionalmente" ("El Govern apuesta por copiar el sistema de formación profesional alemán", *La Vanguardia*, 11/07/2011).

"El objetivo es que la actividad agraria, industrial, turística, comercial y, en definitiva, todos los sectores que hacen hervir la olla, tengan menos trabas por parte de la Administración", ha argumentado [Artur Mas] ("Artur Mas destaca como objetivo de la ley ómnibus aligerar la carga burocrática", *La Vanguardia*, 09/06/2011).

Y es en la publicación *20minutos*, en la transcripción de declaraciones de escritores famosos, donde Quim Monzó vuelve a emplearla en relación con el día del libro:

Quim Monzó: "Gente que no lee nunca compra libros"

El escritor Quim Monzó ha dicho desde un puesto de venta de libros que lo que más le gusta de Sant Jordi es que "gente que no lee nunca compra libros".

"Los que leen libros habitualmente los compran durante todo el año, pero si con esta fiesta las editoriales consiguen hacer hervir la olla, adelante las hachas", ha añadido. ("Los escritores toman la palabra en Barcelona por Sant Jordi", *20minutos*, 23/04/2018)[18].

---

[18] Noticia disponible en <https://www.20minutos.es/noticia/3321279/0/escritores-sant-jordi-barcelona/>.

En todos los contextos documentados se trata de traducciones literales destinadas a lectores residentes en Cataluña y a quienes la expresión puede resultarles comprensible. Blas Arroyo (2004: 1077) documenta con frecuencia interferencias con el catalán en las unidades fraseológicas del castellano oral de Cataluña. Se trata de:

> calcos semánticos, bajo la forma de traducciones literales de expresiones catalanas que aparecen en el discurso oral, en lugar de las correspondientes españolas. Es el caso, entre otras, de *dejar de pasta de boniato* ('sorprender'), *encontrar a faltar* ('echar de menos'), *los días de cada día* ('los días de diario'), *¿quieres decir?* ('¿estás seguro?'), *a más a más* ('además'), *no es necesario* ('no importa'), *no padezcas* ('no te preocupes'), etc. (Blas Arroyo 2004: 1077).

Finalmente, en (6) se encuentra una expresión muy recurrente en los textos de Monzó, *ni per mal de morir*, que con la variante *ni per un mal de morir* se encuentra en el *DSFF* como sinónima de *mai de la vida, mai dels mais* y *mai per mai*. En sus textos en castellano el escritor recurre siempre a la traducción literal y no a otras unidades fraseológicas enfáticas del español, como *jamás de los jamases* (*DUE*[3], *s. v jamás*) o *nunca jamás* (*DUE*[3], *s. v. nunca*):

> Si vives siempre en el pueblo y no te mueves ni por mal de morir quizá te acostumbras. Pero si vas y vienes según los días, ¿qué haces? ("La gestión de los residuos", *La Vanguardia,* 01/09/2015).

> Y, respecto al bebercio, dejaremos de lado el agua durante un tiempo y volveremos al whiskey, que tampoco tocan ni por mal de morir (ellos) ni para matarnos (a nosotros). ("Agua no, gracias", *La Vanguardia,* 17/11/2015).

> Uno de los consejos básicos que te dan cuando creas una cuenta en cualquier red social es que memorices la contraseña y no la digas nunca a nadie, ni por mal de morir. ("I like to be in America!", *La Vanguardia,* 10/02/2017).

> Pero mil veces mejor eso que las ridículas ferias supuestamente medievales que muchos pueblos se sacan de la manga y en las que, por muy medievales que digan que son, no contraes la peste negra ni por mal de morir (no pun intended). ("Muchos lúmenes", *La Vanguardia,* 07/02/2018).

... la única solución para sobrevivir en condiciones mínimamente dignas es encapsularte dentro de la nevera y no salir de ella ni por mal de morir. ("Con el calor que hace", *La Vanguardia*, 18/07/2018).

La conciencia del uso de la expresión como un modismo se constata en el cuarto ejemplo, en el que comenta su uso con una fórmula inglesa *no pun intended* (muy empleada por Monzó en sus columnas periodísticas) para señalar, de manera irónica, que no ha tenido la intención de hacer un juego de palabras.

Como se ha demostrado mediante el análisis de ejemplos de interferencias en las versiones castellanas de las columnas de Monzó (2018), se encuentran desde muestras de elementos lingüísticos que forman parte de la variedad hablada en Cataluña (*llevar* por *traer*, *quedarse parado* por *sorprenderse*) a interferencias que parecen explicarse por procesos de calco en la traducción (*menudo, tendido, hacer hervir la olla*), pasando por catalanismos que conforman el estilo propio de Monzó y que el escritor emplea de forma reiterada (*ni por mal de morir*).

5. Conclusiones

El estudio de los fenómenos de contacto de lenguas en las columnas publicadas por Quim Monzó en *La Vanguardia* a lo largo de 2018 muestra la riqueza con que el escritor interpreta en sus textos fenómenos sociolingüísticos del pasado reciente y del presente de Cataluña[19]. El cambio de código, con la inclusión de fragmentos en castellano en las columnas en catalán y, viceversa, de pasajes o palabras en catalán en los textos en castellano, cumple objetivos diversos. En los titulares con elementos intertextuales, las citas que se mantienen en su lengua original aportan la expresividad de los referentes culturales a los que se alude y que se pretende que el lector evoque. En el interior de las columnas, los fragmentos que se mantienen sin traducir son muestras de oralidad fingida y desempeñan funciones muy distintas. En los textos en catalán, el castellano aparece como una muestra de la diglosia existente, como una forma de evocar un ambiente sociocultural pretérito o para recrear el argot propio

---

[19] En trabajos futuros se analizará si existe una evolución a lo largo de la producción periodística de Monzó en lo que se refiere al tratamiento de los fenómenos de contacto entre el catalán y el castellano.

de registros coloquiales. En los textos en castellano, el catalán se emplea en la transcripción de enunciados a los que se concede un valor representativo y documental de un suceso (como ocurre con los eslóganes de la manifestación en contra del tranvía de Barcelona), o bien para aludir a elementos folclóricos. Las interferencias del catalán están también muy presentes en las versiones en castellano, ya se trate de catalanismos muy extendidos, de calcos fruto de la traducción o de opciones estilísticas de Monzó. La presencia recurrente en las columnas en castellano de fenómenos de cambio de código y de catalanismos conforma estos textos como traducciones extranjerizantes (Venuti, 1995), en las que no se pretende un alejamiento de la lengua de origen, sino que esta convive con la lengua de destino. De este modo, las columnas de Monzó refuerzan el carácter periodístico, cronístico, del género, ya que los textos transmiten fenómenos complejos de contacto lingüístico frecuentes en la sociedad catalana (Vila, 2016) que constituye la mayoría de su público lector.

Bibliografía

Asociación para la Investigación de Medios de Comunicación (2018). *Resumen general* [febrero a noviembre de 2018], ed. Digital. Disponible en: <https://www.aimc.es/a1mc-c0nt3nt/uploads/2018/11/resumegm318.pdf>.

Briz, A. (2004). "El castellano en la Comunidad Valenciana", *Revista Internacional de Lingüística Iberoamericana*, 2 (4), pp. 119-129.

Brumme, J. (2008). *La oralidad fingida: descripción y traducción*. Madrid/Frankfurt am Main: Iberoamericana/Vervuert.

Camps, M. (2018). "Pròleg", *La Vanguardia. Llibre d'estil*. Barcelona: La Vanguardia Ediciones, pp. 17-39.

Casanovas, M. (2002). "Modelos de incorporación léxica en un caso de contacto de lenguas: cuando el español es segunda lengua", *Verba: Anuario galego de filoloxia*, 29, pp. 261-289.

— (2005). *Español y catalán en contacto. La expresión deíctica en el castellano hablado en Lleida*. Aachen: Shaker Verlag.

— (2008). "Patrones léxicos en el español de los catalanohablantes: aproximación cualitativa", en: Sinner, C. y Wesch A. (eds.), *El castellano en las tierras de habla catalana*. Madrid/Frankfurt am Main: Iberoamericana/Vervuert, pp. 181-198.

Coves Mora, V. y García Avilés, J. A. (2018). "El columnismo de José Antonio Marina: análisis de su 'estética y filosofía zoom'", *Trípodos*, 43, pp. 175-189.

DCC = ENCICLOPÈDIA CATALANA (2005). *Diccionari castellà-català*, 4.ª ed. Barcelona: Enciclopèdia Catalana.

DEA = SECO, M., ANDRÉS, O. y RAMOS, G. (1999). *Diccionario del español actual*. Madrid: Aguilar.

dfdea = SECO, M., ANDRÉS, O. y RAMOS, G. (2017²). *Diccionario fraseológico documentado del español actual. Locuciones y modismos españoles*, 2.ª ed. Madrid: J de J Editores.

DIEC² = INSTITUT D'ESTUDIS CATALANS (2009). *Diccionari de la llengua catalana*, 2.ª ed. Barcelona: Edicions 62 - Enciclopèdia Catalana. Disponible en: <http://dlc.iec.cat/>.

DRAE²³ = REAL ACADEMIA ESPAÑOLA (2014). *Diccionario de la lengua española*, 23.ª ed. Madrid: Espasa-Calpe. Disponible en: <http://www.rae.es>.

DSFF = ESPINAL, M. T. (2004). *Diccionari de sinònims de frases fetes*. Barcelona-València: Servei de Publicacions (UAB)-Publicacions de la Universitat de València-Publicacins de l'Abadia de Montserrat.

DUE³ = MOLINER, M. (2008). *Diccionario de uso del español*, 3.ª ed. Madrid: Gredos. Versión electrónica en CD-ROM.

FREIXAS, M. (2019). "Norma y uso en textos periodísticos: las columnas de Magí Camps sobre el español de Cataluña", *Español Actual*, 111 [en prensa].

HEINEMANN, U. (1996). *Novel·la entre dues llengües, el dilema català o castellà*. Kassel: Reichenberger.

KING, S. (2005). *Escribir la catalanidad. Lengua e identidades culturales en la narrativa contemporánea de Cataluña*. Woodbridge: Tamesis.

MAESTRE BROTONS, A. (2006ª). *Humor i persuasió: l'obra periodística de Quim Monzó*. Alacant: Universitat d'Alacant.

— (2006b). "Fraseologia, humor i persuassió en els articles periodístics de Quim Monzó", en SALVADOR, V. y CLIMENT, L. (eds). *El discurs prefabricat II. Fraseologia i comunicació social*. Castelló de la Plana: Universitat Jaume I, pp. 79-108

MANCERA-RUEDA, A. (2009). *'Oralización' de la prensa española: la columna periodística*. Berna: Peter Lang.

MARIMÓN, C. (2016). "Rhetorical Strategies in Discourses About Language: The Persuasive Resources of Ethos", *Res Rhetorica*, 1, pp. 67- 89.

MARTÍNEZ ALBERTOS, J. L. (1992). *Curso general de redacción periodística. Lenguaje, estilos y géneros periodísticos en prensa, radio, televisión y cine*. Edición revisada. Madrid: Paraninfo.

MONZÓ, Q. (1984). *El dia del senyor*. Barcelona: Quaderns Crema.

— (1987). *Zzzzzzzz*. Barcelona: Quaderns Crema.

— (1990). *La maleta turca*. Barcelona: Quaderns Crema.

— (1991). *Hotel Intercontinental*. Barcelona: Quaderns Crema.

— (1994). *No plantaré cap arbre*. Barcelona: Quaderns Crema.

— (1998). *Del tot indefens davant dels hostils imperis alienígenes*. Barcelona: Quaderns Crema.

— (2000). *Tot és mentida*. Barcelona: Quaderns Crema.

— (2003). *El tema del tema*. Barcelona: Quaderns Crema.

— (2004). *Catorze ciutats comptant-ho Brooklyn*. Barcelona: Quaderns Crema.

— (2010). *Esplendor i glòria de la Internacional Papanates*. Barcelona: Quaderns Crema.

— (2017). *Taula i barra. Diccionario de menjar i beure*. Barcelona: Libros de Vanguardia.

— Columnas periodísticas publicadas en *La Vanguardia* desde 02/01/2018 a 29/12/2018. Disponibles en: < https://www.lavanguardia.com/hemeroteca>.

NGLE = Asociación de Academias de la Lengua Española, Real Academia Española (2009-2010). *Nueva gramática de la lengua española*. Madrid: Espasa-Calpe.

Ollé, M. (2008). *Retrats. Quim Monzó*. Barcelona: Quaderns Crema.

Seco, M. (2000[10]). *Diccionario de dudas y dificultades de la lengua española*. Madrid: Espasa.

Sinner, C. *Bibliografía sobre el castellano de Cataluña*. Disponible en: <http://www.carstensinner.de/castellano/bibliografia.html>, s. d.

— (2004). *El castellano de Cataluña. Estudio empírico de aspectos léxicos, morfosintácticos, pragmáticos y metalingüísticos*. Tübingen: Max Niemeyer Verlag.

Sinner, C. y Wesch, A. (eds.). (2008). *El castellano en las tierras de habla catalana*. Madrid/Frankfurt am Main: Iberoamericana/Vervuert (Lingüística Iberoamericana, 32).

Steenmeijer, M. (2006). "Javier Marías, columnista: el otro, el mismo", en: Grohmann, A. y Steenmeijer, M. (eds.). *El columnismo de escritores españoles (1975-2005)*. Madrid: Verbum, pp. 79-96.

Szigetvári, M. (1994). *Catalanismos en el español actual (Katalán elemek a mai spanyol nyelvben)*. Tesina inédita Budapest: Eötvös Loránd Tudományegyetem. Disponible en: <http://carstensinner.de/castellano/szigetvari.pdf>.

Termcat = Centre de Terminologia, *Cercaterm*. Disponible en: <https://www.termcat.cat/ca/cercaterm>.

Venuti, L. (1995). *The Translator's Invisibility: A History of Translation*. Londres/Nueva York: Routledge.

Vila, F. X. (2016). "¿Quién habla hoy en día el castellano en Cataluña? ¿<Una aproximación demolingüística?", en Poch, D. (ed.), *El español en contacto con las otras lenguas peninsulares*. Madrid/Frankfurt am Main: Iberoamericana/Vervuert.

ESCRIBIR DESDE LOS MÁRGENES

Dolors Poch Olivé
Universitat Autònoma de Barcelona

> *[...] mi lengua literaria es hija de la convivencia*
> *en Cataluña entre dos idiomas, el catalán y el*
> *castellano.*
> Juan Marsé (en Bonet, L., 2013: 43).

1. Introducción

Las palabras citadas de Juan Marsé, calificado como "le romancier de Barcelone" por Bourret (2018: 130), reflejan muy bien la situación de los escritores catalanes de expresión castellana que no utilizan, en sus obras, la lengua de la misma forma que los autores monolingües. La expresión *escribir desde los márgenes* se ha empleado con frecuencia, durante la segunda mitad del siglo XX, en referencia a la identidad cultural de estos autores cuya adscripción a la cultura catalana ha sido cuestionada en numerosas ocasiones (King, 2005: 41-68). El concepto de "marginalidad" se ha relacionado también con la estructura espacial de la ciudad y con las relaciones que se establecen entre los habitantes de los distintos barrios, situación que ha sido trasladada a la literatura por buena parte de los escritores catalanes de expresión castellana de la generación de los años 1950. Juan Marsé, probablemente el novelista que mejor ha reflejado el contacto entre grupos sociales y entre las dos lenguas más importantes que conviven en Barcelona, sitúa buena parte de su novela *El amante bilingüe* (1990) en el emblemático edificio Walden-7 de Ricard Bofill, que utiliza como *représentation sarcastique et symbolique* (Bourret, 1999: 34) de determinadas formas de vida de la sociedad barcelonesa. El protagonista de la novela, Marés-Faneca, vive en la dualidad o en los márgenes entre dos culturas y dos lenguas. Para él, las fronteras entre las dos no están claramente definidas y el edificio Walden-7, en pleno desmoronamiento, constituye una metáfora de un tipo de sociedad soñada (Julià, 2004: 151-154) que, al enfrentarse con la realidad, vio aflorar sus contradicciones sociales y lingüísticas.

Además de los dos autores citados, Camarero-Arribas (1996), López Cabrales (1999), Vialet (2003), Ventura (2013) y García Ponce (2017) han estudiado esta cuestión desde la perspectiva literaria.

Esta íntima convivencia de dos lenguas en Barcelona se refleja en las características estilísticas de la mayoría de los escritores catalanes de expresión castellana del grupo mencionado: su lenguaje revela que la cuestión de los "márgenes" está muy presente en su escritura y en ella se detecta la penetración de numerosas palabras y expresiones procedentes del catalán. Este fenómeno no ha sido estudiado en profundidad y es especialmente interesante por cuanto refleja el proceso de adopción, en español, de catalanismos que los hablantes bilingües no sienten como elementos "extraños".

El proceso de integración suele comenzar con la incorporación de interferencias del catalán en el español que, con el paso del tiempo, son aceptadas por los hablantes como elementos propios de sus formas de expresión (oral, primero y, después, escrita) en castellano. Como se explicará, durante años las interferencias han sido consideradas como errores de uso, pero la lingüística variacionista ha mostrado que cuando una comunidad lingüística adopta, mayoritariamente, determinadas formas de expresión, estas pueden llegar a perfilar una variedad de una lengua determinada. Así, la penetración de catalanismos en español puede considerarse una manifestación del contacto entre lenguas que contribuye a configurar la variedad del español denominada "español de Cataluña". El hecho de que estos fenómenos aparezcan en los textos literarios constituye un indicio de que los hablantes los han asimilado como palabras o expresiones pertenecientes a la lengua en la que han penetrado. Las palabras de Juan Marsé, citadas en el inicio de este trabajo, deben ser interpretadas en este sentido.

Este trabajo se propone, pues, mostrar que el estudio de estos fenómenos puede aportar información muy importante en dos campos de investigación diferentes y complementarios. En primer lugar, permite profundizar en el análisis estilístico de los escritores mencionados pues, en muchas ocasiones, la utilización de catalanismos en los textos literarios contribuye a configurar el sentido de la obra. Y, en segundo lugar, puede proporcionar datos muy fructíferos que ayuden a establecer el proceso de formación y las características del español de Cataluña, dado que su presencia en los textos literarios constituye una buena muestra del arraigo de esta variedad. Como ejemplo de ello se presentarán datos extraídos de la narrativa de dos autores catalanes que utilizan la lengua española como vehículo de expresión y que publican sus obras durante la segunda mitad del siglo xx: José María Gironella y Juan Marsé. Como se verá, los elementos lingüísticos procedentes del catalán están muy presentes en sus novelas, pero son utilizados de diferente forma.

2. El español de Cataluña

La presencia de catalanismos en el español de los catalanohablantes se ha documentado claramente ya en textos del siglo xix. Así, por ejemplo, en Gallardo (2017: 21 y ss.), trabajo en el que la autora edita las cartas personales que escribe en español, desde Cuba, el soldado catalán Dionisio Torruella en 1897 y 1898, se observan numerosos casos de interferencias, como por ejemplo: *se recuerda de mí*, "se'n recorda de mi"; *lo que tendría de hacer*, "el que hauria de fer" o *hacer un* cigarro, "fer un cigarro". La misma autora recoge la existencia de distintos trabajos que, durante la segunda mitad del siglo xix y bajo la forma de vocabularios o diccionarios, constituyen inventarios de interferencias como los de Fonoll (1862), Marcet Carbonell (1862), Brosa y Arnó (1882), Genís, (1883), y Torelló i Borràs (1882 y 1891). Es interesante también, en la misma línea, el manual de traducción del catalán al castellano publicado por Luis Bordas en 1857 (Poch Olivé, 2017). Como se desprende del carácter de estas obras, las interferencias del catalán en el español eran consideradas errores importantes que debían erradicarse en la escuela con el objetivo de que los catalanohablantes aprendieran a utilizar "bien" el español normativo.

Como dato curioso, debe señalarse que en las primeras traducciones de Narcís Oller al español, realizadas a finales del siglo xix, pueden detectarse igualmente fenómenos de interferencia del catalán en el español (Poch, 2018). Así por ejemplo, en la traducción de *L'escanyapobres*, realizada por Rafael Altamira en 1897, pueden leerse las siguientes frases: *[...] haciendo miedo a la gente*, "fent por a la gent", *aleja usted así, no tan sólo a los inquilinos sino a la misma dueña [...]* y *[...] colgado en el travesaño por bajo de los brazos*, "penjant al travesser per sota les aixelles" (pág. 37) Y en la versión española de *La papallona*, de Felipe Benicio Navarro (1886) figuran las siguientes expresiones procedentes del catalán: *[...] alegre trato entre los desocupados de una y otra banda*, "un alegre comerç de visites entre els desocupats d'una banda i altra" *[...] y Luis hizo pronto relaciones*, "féu aviat amistats" [...] (p. 116).

Si bien estos ejemplos constituyen una muestra de que la penetración del catalán en el castellano abarca un largo periodo de tiempo, no se comenzará a considerar la existencia del español de Cataluña hasta la segunda mitad del siglo xx, cuando la lingüística se interesa no solamente por la variación geográfica sino también por la provocada por otros factores, como el contacto de lenguas.

Como se desprende de los ejemplos anteriores, el estudio de la presencia de catalanismos en escritores bilingües de expresión castellana durante la primera mitad del siglo xx aportaría datos importantes sobre la penetración de estos elementos en los textos literarios y, por tanto, sobre el proceso de conformación del español de Cataluña. Como dato significativo, vale la pena citar aquí a Josep Pla, uno de los más prestigiosos escritores catalanes del siglo xx que utilizó el castellano y el catalán como medios de expresión. En sus obras *Un señor de Barcelona* (1945) y *Un senyor de Barcelona* (1951) pueden encontrarse frases como las que figuran en el cuadro 1.

Un señor de Barcelona (1945)	*Un senyor de Barcelona* (1951)
"Mira de hacerte el encontradizo, habla con ella" (p.11).	"Tu t'hi hauries de fer trobadís, parlar amb ella" (p. 11).
"El mayor murió de dos meses" (p. 12).	"El més gran morí de dos mesos" (p. 12).

Cuadro 1. *Español de Cataluña en las obras de Josep Pla*

Asimismo, en una serie de artículos publicados en la revista *Destino* entre agosto y septiembre de 1974, en los que el escritor refiere una estancia en Menorca (el título genérico de la serie es *Mi sexto viaje a Menorca*) aparecen, entre otros muchos, los catalanismos que señalamos en el cuadro 2.

Tuve la sensación que lo mejor de Mahón eran las casas, "vaig tenir la sensació que el millor..." (*Destino*, 1923, 10/8/1974, p. 17).
Imposible de encontrarlos, "impossible de trobar-los" (*Destino*, 1926, 31/8/194, p. 19).
Hay que esperar que la colocación de esta baluerna (término que no figura en el *DRAE* pero sí aparece en el *DIEC*) *evitará mayores males* (*Destino*, 1926, 31/8/1974, p. 19).

el Mediterráneo nos tiene el corazón robado, "ens té el cor robat" (*Destino*, 1927, 7/9/1974, p. 21).
resguardado de mestrales, ("mestral" no figura en el *DRAE* pero sí en el *DIEC*) *por el cabo de Cavalleria* (*Destino*, 1927, 7/9/1974, p. 21).
Allí reside el señor obispo, hay la catedral, y el seminario y los conventos, "allà viu el senyor bisbe, hi ha la catedral i el seminari i els convents" (*Destino*, 1927, 7/9/1974, p. 21).

Cuadro 2. *Catalanismos en los artículos de Josep Pla publicados en Destino*

A partir de la segunda mitad del siglo XX, numerosos lingüistas de prestigio se han hecho eco de las particularidades del español hablado en Cataluña: como Colón (1967, 1989), Badía Margarit (1981), Marsá (1986) o Blas Arroyo (1995). Se trata, en todos los casos, de observaciones parciales de carácter descriptivo, que ya no "condenan" las interferencias que refieren pero que reflejan también que, en la conciencia lingüística de los hablantes, se sienten las diferencias. Unos años después, entre finales del siglo XX y comienzos del XXI, se publican una serie de investigaciones que tienen como objetivo detectar y caracterizar las interferencias[1] del catalán en el castellano: Szigetvari, 1994; Casanovas, 1996 y 1999; Hernández García, 1998 y 1999; Seib, 2001; Szigetvari y Morvay, 2002, e Illamola, 2003-2004. Sus autores ofrecen datos muy importantes sobre la cuestión porque persiguen detectar, cualitativamente, cuáles son las interferencias que se observan y, cuantitativamente, cómo se pueden clasificar y ordenar. No obstante, el trabajo global más importante que marca un antes y un después sobre esta cuestión es, sin duda, la monografía de C. Sinner (2004) titulada *El castellano de Cataluña. Estudio empírico de aspectos léxicos, morfosintácticos, pragmáticos y metalingüísticos.* Frente a los trabajos anteriores, Sinner da un paso más y propone un modelo explicativo de las características que, desde su punto de vista, presenta el español de Cataluña.

El autor defiende en su libro la existencia de una variedad del castellano propia de Cataluña constituida por "un núcleo mínimo de elementos integrados en una supuesta norma propia, es decir, en lo que podemos llamar

---

[1] El concepto de "interferencia" es muy difícil de definir con precisión y son muchos los autores que han ofrecido su propia interpretación del mismo. Los estudios de Sinner (2004) e Illamola (2003-2004) ofrecen sendas visiones panorámicas del problema y se refieren también a esta cuestión los capítulos de este volumen firmados por Joseph García y Marta Prat.

las normas de uso del castellano catalán" (2004: 139). En muchas ocasiones, los mismos hablantes no serían necesariamente conscientes de la existencia de todas ellas y este "núcleo mínimo" estaría constituido por "elementos emplea- dos y considerados habituales y perfectamente aceptables por la mayoría de los catalanes y ya perpetuados por la transmisión generacional de la lengua" (2004: 139-140). Dicho núcleo, según Sinner, es por definición inestable y dinámico pues, a lo largo del tiempo, entrarían a formar parte de esta categoría elementos lingüísticos que comenzaron a aparecer en forma de interferencias que posteriormente se consolidaron y han pasado a utilizar todos los catala- nohablantes cuando se expresan en castellano, así como castellanohablantes que las han hecho suyas durante este proceso de penetración. En palabras del autor, "así como las lenguas cambian constantemente, también cambian las interferencias y, finalmente, el núcleo mínimo de elementos compartidos por la mayoría de hablantes" (2004: 141).

La investigación realizada por C. Sinner, de enfoque cuantitativo, consiste en una serie de test y entrevistas a los que fue sometido un número significati- vo de hablantes bilingües (en Barcelona) y de hablantes monolingües (en Ma- drid). Las respuestas de ambos grupos sobre la aceptabilidad de los elementos lingüísticos (2004: pp. 207-562) ponen de manifiesto que el comportamiento lingüístico de los bilingües cuando se expresan en español es diferente del de los hablantes monolingües, lo que permite al autor concluir que, dada la con- sistencia de los datos, es posible considerar la existencia de una variedad del español propia de Cataluña.

Señala también Sinner que la lengua formal es especialmente interesante para el análisis de las particularidades del castellano de Cataluña, pues los fenómenos expresivos que pueden documentarse en la producción lingüística elaborada y controlada pueden considerarse como más aceptados o integrados en la norma de la lengua que otros que se emplean únicamente en el uso es- pontáneo, informal o en situaciones pertenecientes al lenguaje de la intimidad (2004: 620-622).

El presente trabajo, situado en la perspectiva apuntada por Sinner (muy cercana a la de Illamola, 2003-2004), analiza la presencia de elementos proce- dentes del catalán en el registro textual más formal: la lengua literaria. A este propósito, Juan Marsé afirmaba en una conferencia dictada en la Universidad de Granada en 1993: "Me parece que en Barcelona se habla un castellano que naturalmente no tiene nada que ver con el que escribe Delibes, por ejemplo. Y yo debo respetar esa diferencia".

Como se ha indicado en la introducción, se analizará a continuación la prosa José María Gironella y la de Juan Marsé, dos escritores muy diferentes en lo que respecta a la incorporación en su estilo de elementos procedentes del catalán.

3. La presencia de catalanismos en la narrativa de José María Gironella

Para muchos historiadores de la literatura, la trilogía de Gironella (*Los cipreses creen en Dios*, 1953; *Un millón de muertos*, 1961, y *Ha estallado la paz*, 1966) está considerada como un *best-seller* en el sentido peyorativo en que, en ocasiones, se utiliza esta expresión. Así, por ejemplo, J. C. Mainer (1989: 206-207) la califica de "subliteratura" y su valoración coloca, en un primer plano, la visión ideológica que de Gironella ha primado durante años: la de ser un "novelista del régimen". No es este el lugar adecuado para realizar una interpretación ideológica de la trilogía de Gironella, pero sí se puede apuntar que sus tres novelas no tienen como objetivo prioritario realizar una apología del régimen franquista sino ofrecer su visión de las tensiones históricas de los años en los que transcurren los hechos narrados. Desde el punto de vista de su impacto social y desde la perspectiva de los estudios culturales, es innegable la importancia social de la narrativa de Gironella. Fillière (2006: 286-287) apunta que se han vendido doce millones de ejemplares de la trilogía en todo el mundo, 750 000 de ellos en Asia.

Como un dato más que subraya la importancia de la obra de Gironella, debe indicarse también que la Real Academia Española toma, en ocasiones, a este autor como referencia[2] en la recopilación de datos que sirven de base en la elaboración del *DRAE*. Así, en el *Fichero General de la lengua española* figuran dos papeletas correspondientes a las palabras *francmasón* y *diagnóstico* que contienen información extraída de las obras del escritor catalán. En la titulada FRANCMASÓN puede leerse: "El 'francmasón' debe entregar su vida entera al trabajo, Gironella, *Cipreses*, pág. 474*", y en la titulada DIAGNÓS-TICO se indica: "Sus médicos se habían limitado desde el primer momento a examinar a los enfermos y a establecer el diagnóstico: nada más, Gironella, *Japón y su duende*, 1984".

---

[2] Doy las gracias a la Dra. Margarita Freixas por haberme proporcionado este dato.

Independientemente de las interpretaciones ideológicas que se pueden realizar de la literatura de este autor, los aspectos lingüísticos de su narrativa son muy interesantes en el marco de un estudio como el presente, pues es un autor bilingüe que utiliza el español como lo emplean los hablantes bilingües de castellano y catalán. La institución que "cuida" de la lengua española lo toma como referencia y su elevado número de lectores implica que su uso de la lengua constituyó un modelo durante sus años de esplendor literario.

Gironella nació en Darnius, en la provincia de Gerona, en 1917, y su familia era también oriunda de la región, de Cistella (Salso, 1981: 17). Ambos datos son relevantes en la consideración de la forma de escribir del autor. Los años de formación del escritor coinciden con la época en la que estaba activa la Mancomunitat de Catalunya y con el periodo de la Segunda República. Cuando estalló la guerra civil, en 1936, Gironella tenía diecinueve años. Ello significa que recibió las influencias de las tareas educativas y culturales impulsadas por la Mancomunitat, así como de las iniciativas generadas durante el periodo republicano en los mismos ámbitos (Barrio, 1969). Estas instituciones, además de fundar redes de escuelas y de bibliotecas por toda Cataluña, se ocupaban de que la lengua catalana se expandiera adecuadamente por todo el territorio. Así pues, el escritor vivió en un ambiente de habla predominantemente catalana puesto que, además, el uso del catalán en Gerona y su provincia es mucho más importante que el que se da en Barcelona. Gironella escribió *Los cipreses creen en Dios* en París y rehizo cinco veces el borrador antes de regresar a España con la novela terminada en busca de editor (Salso, 1981: 48). Durante los primeros años de la década de 1950, una novela como la de Gironella solamente podía escribirse en español y el escritor así lo hizo; utilizó "su" español, que siempre había estado en contacto con el catalán, para poder publicarla.

King (2005) estudia, desde la perspectiva literaria, la presencia del catalán y de la cultura catalana en la literatura escrita en español durante la segunda mitad del siglo xx y apunta que "en el caso de Gironella la cultura catalana deja de existir o queda relegada al mundo rural o folclórico, de acuerdo con la política franquista" (2005: 58). Y, en efecto, así es por lo que respecta al contenido de la trilogía. Ahora bien, si se aborda el estudio de la obra de Gironella exclusivamente desde la perspectiva lingüística puede verse que la presencia del catalán en su obra es muy clara, como se puede apreciar en los ejemplos del cuadro 3, procedentes de *Los cipreses creen en Dios*.

Los cipreses creen en Dios	Observaciones
El notario Noguer hizo un discurso (p. 94); continuaba haciendo turno de noche (p. 95); así te hará mayor efecto (p. 195); les habían hecho un discurso de amor (p. 638); harían falta muchas noches y muchas balas (p. 887); sabía la falta que hacían en la Diócesis (p. 909).	Estas combinaciones con el verbo *hacer*, que constituyen un calco de las del verbo *fer* del catalán, han sido estudiadas, como catalanismos, por Szigetvari (1994), Hernández (1998), Sinner (2004) y Freixas (2016).
el simple hecho de mirar era un gozo (p. 167).	En la expresión se utiliza la palabra *gozo* en el sentido que presenta en catalán, tal como la define el *DIEC* (s. v. *gozo*): "emoció causada per la contemplació d'una cosa que plau granment". La expresión no figura en el *CORPES XXI* y, en el *CORDE*, lo hace en una única ocasión procedente, precisamente, del segundo volumen de la trilogía de Gironella (*Un millón de muertos*).
Cuando ésta sonreía, el escenario quedaba iluminado. ¡Suerte de ella! Porque las poesías premiadas... (p. 264).	Hernández García (1999) registra como "calcos formales" del catalán expresiones como: *iba a comprar, suerte de esto,* donde *suerte de esto* posee el significado de "menos mal" o "suerte del ambiente"; *porque si no, no lo aguantamos todo el año,* en la que *suerte del ambiente* presenta el mismo significado. Como puede apreciarse, en la frase de Gironella *suerte de ella* significa también "menos mal que ahí estaba ella".
iban a verle algunos 'payeses' llevándole recados de su madre (p. 359); en la provincia de Barcelona centenares de rabassaires se dirigían a la capital (p. 381).	El vocablo *payés* está documentado en el *DRAE* como "campesino de Cataluña", y el término *rabassaire* se utiliza directamente en catalán probablemente porque la figura del campesino sometido a este tipo de contrato se registra únicamente en Cataluña y no existe, por tanto, un término equivalente en español.

aquel día tuvieron pereza (p. 406).	El *DRAE* no registra esta expresión y en el *CORDE* aparece un único caso, entre los años 1940 y 2000, de *tener pereza* en un *Manual de automóviles* publicado en San Sebastián en 1956, lo cual abunda en la dirección de que, en Gironella, se trata de una construcción semejante a la del catalán *tenir mandra*.
Pueden ahorrarse el trabajo (p. 635).	Igual ocurre en este ejemplo, que sería una adaptación al español de *es poden estalviar la feina,* que tiene el significado de "no hace falta".
¿En qué había parado el proyecto de la imprenta? (p. 248); ¿En qué parará la intervención de las autoridades? (p. 767).	De nuevo se trata de un calco del catalán en el que se utiliza el verbo *parar* como sinónimo de *anar a parar* (*on anirà a parar la intervenció de les autoritats*).
Así te hará mayor efecto (p. 195).	Se detecta aquí la combinatoria propia del catalán con el verbo *fer*.
Y ahora espérate, que tu padre quiere hablarte (p. 258).	El inicio de la frase corresponde a la espresión catalana *I ara espera't*.
¿Y pues, Ignacio...? ¿Llegas del cine? (p. 221).	Esta frase corresponde al catalán *i doncs, Ignacio.*
Tengo uno de mis sobrinos aquí (p. 118).	En español se debe utilizar la preposición *a: Tengo a uno de mis sobrinos aquí;* no ocurre lo mismo en catalán.
hemos servido ya a tres clientes (p. 773).	El *DRAE* no registra esta acepción de *servir* mientras que sí lo hace el *DIEC*: "servir un comprador o un client. En una botiga, atendre'l. Ja la serveixen, senyora?".

Cuadro 3. *Ejemplos de catalanismos en la obra de José María Gironella*

Estos casos constituyen una mínima parte del total de 488 catalanismos que se han detectado en la primera novela de la trilogía, de forma que la obra narrativa de José María Gironella puede considerarse, desde el punto de vista lingüístico, una literatura escrita *desde los márgenes* de las dos lenguas del escritor. Ya se ha mencionado que un autor tan leído como Gironella posee una capacidad inmensa de difusión de los usos lingüísticos y, por tanto, de influir sobre las características del español de los hablantes bilingües de Cataluña que, al encontrar reflejada en él su propia forma de utilizar el español, lo adoptan como modelo y contribuyen, por tanto, a consolidar la variedad.

Las palabras y expresiones procedentes del catalán son utilizadas por este autor con toda naturalidad. Como se puede apreciar en los ejemplos, aparecen tanto en los diálogos como en boca del narrador sin que se perciban diferencias en su uso. Parecen constituir su forma habitual de expresarse en español y, en ningún caso, las emplea literariamente como soporte de un significado específico en el conjunto de la narración, sino que están integradas espontáneamente en su estilo. El estudio lingüístico exhaustivo de la escritura de Gironella aportaría datos muy importantes sobre las características de los catalanismos por él empleados y contribuiría, por tanto, al conocimiento de la evolución y conformación del español de Cataluña.

4. La presencia de catalanismos en la narrativa de Juan Marsé

Juan Marsé y José María Gironella son dos autores coetáneos durante un número importante de años: *Encerrados con un solo juguete*, la primera novela de Marsé, se publica en 1960; *Un millón de muertos*, el segundo volumen de la trilogía de la guerra civil, en 1961, y *Últimas tardes con Teresa* ve la luz en 1966, el mismo año que lo hace *Ha estallado la paz*. Puede afirmarse, por tanto, que las obras de los dos escritores compartían los escaparates de las librerías. Juan Marsé nació en 1933, dieciséis años después de Gironella, lo que significa que no pertenecían a la misma generación, y este es un factor fundamental para explicar que, de la misma forma que el carácter de su narrativa es completamente distinto, también lo es su uso de la lengua.

Cuando acabó la guerra civil, en 1939, Marsé tenía seis años y, por tanto, la escuela a la que asistía era la propia del régimen franquista. Ello implica que para el escritor el catalán estaba relegado a usos familiares y que recibió su formación en español (él mismo lo ha explicado así en numerosas entrevistas). La relación que mantiene con sus dos lenguas es, por tanto, muy diferente de la que mantenía Gironella. Cuando Marsé comienza a publicar lo hace en español porque es su lengua de formación y de cultura, pero durante los años sesenta del siglo xx se producen las primeras tensiones relacionadas con el conflicto lingüístico y, por ende, político existente en Barcelona. Así, Marsé desarrolla una conciencia del uso de sus dos lenguas que le conduce a afirmaciones como las que se han citado: en Cataluña, y concretamente en Barcelona, no se habla el castellano como lo hablan los monolingües y él estima que debe reflejarlo en su literatura.

Cuenca (2015), en su biografía del escritor barcelonés, recoge también esta idea de que Juan Marsé es consciente de su forma de escribir. A diferencia de Gironella, la conciencia que tiene Marsé de su empleo de unos recursos, los catalanismos, que no utilizan los escritores monolingües, le dota de un potencial lingüístico que enriquece enormemente sus textos. King (2005) subraya a través de diversos ejemplos procedentes, sobre todo, de *El amante bilingüe*, la fuerza de estos elementos en la prosa de Marsé y señala también que este recurso lo emplean otros escritores contemporáneos del premio Cervantes, como Manuel Vázquez Montalbán o Eduardo Mendoza.

Unos años antes de la publicación del estudio de King (2005), en 1994, Joan Estruch publica uno de los primeros artículos que mencionan la presencia de catalanismos en Marsé. Se centra en *Ronda del Guinardó* y *El embrujo de Shangai* (1994: 158):

> El seu afany de reflectir el llenguatge del carrer fa que hi apareguin nombroses interferències entre català i castellà, encara que están reproduïdes sense un criteri clar. [...] La majoria dels catalanismes apareixen en els diàlegs, però també esporàdicament corresponents al narrador [...] quasi bé mai podem saber si són catalanismes emprats per castellanoparlants que parlen castellà o per castellanoparlants que els han incorporat a la seva parla [...] són rars els diàlegs transcrits directament en català, com els de "El embrujo de Shangai", excepció justificada perquè es tracta d'un personatge que no vol utilitzar el castellà [...]Aquest valor documental es veu, però, interferit pel fet que els personatges no parlen en català, i el narrador tampoc no indica quaixí ho facin, encara que transcrigui les seves paraules en castellà. D'aquesta manera, un lector que desconegués la realitat lingüística de Catalunya podria arribar a creure que, a Barcelona, tothom parla en castellà.

Este planteamiento implica, como menciona King, que Estruch atribuye a los autores catalanes de expresión castellana la tarea de documentar cómo funcionan las lenguas en la sociedad catalana, especialmente en la barcelonesa, labor esta que responsabiliza a dichos escritores de ficción de unos planteamientos que no tienen por qué asumir y a los que no se somete a los escritores catalanes de expresión catalana (King, 2005: 157). Cabe también observar que, de forma implícita, Estruch considera que los catalanismos que detecta en las dos novelas que estudia constituyen interferencias evitables del catalán.

En un artículo publicado dieciséis años después (en *Ínsula*, 2010), el mismo autor retoma la cuestión, aunque adoptando una perspectiva diferente. El paso del tiempo, la publicación de más novelas de Marsé y la consideración de la existencia del español de Cataluña (debe recordarse que el volumen de *Sinner* apareció en 2004) parecen haber conducido a Estruch a replantear su punto de vista y a apuntar que tal vez no sea misión del escritor "documentar" la situación sociolingüística de la Barcelona en la que transcurren sus narraciones:

> Todo es mucho más sencillo si aceptamos que Juan Marsé, desde su insobornable posición de francotirador, y sin grandes alardes teóricos, ejerce su derecho a usar un castellano híbrido mestizo, influido por el catalán. No es invención suya, sino un fiel reflejo del castellano que cada día se oye en las calles de Barcelona. (Estruch, 2010: 26).

Y cierra su trabajo con la siguiente frase que contiene una importante revalorización de los recursos estilísticos de la escritura de Juan Marsé:

> El castellano de Marsé no es, pues, resultado de una opción caprichosa, sino la de un escritor que, situándose al margen de unos y otros, ha sabido reflejar en su obra, con toda naturalidad, el castellano de Cataluña. (Estruch, 2010: 26).

El trabajo de Cristina Illamola (2003-2004) aborda también algunos aspectos del uso de catalanismos en la narrativa de Juan Marsé e intenta dar cuenta de cuáles son los objetivos del autor cuando los utiliza. Apunta Illamola que dichos elementos lingüísticos se utilizan para caracterizar a determinados personajes por su forma de hablar y se centra en *El amante bilingüe* (1990). La autora analiza, en dicha novela, los cambios de código y sus significados para los personajes de las novelas (estrategia muy utilizada por Marsé en la mencionada obra), las interferencias de tipo léxico que aparecen en español por influencia del catalán —por ejemplo, la utilización de los vocablos *coca* o *fuet* (2004: 88)— y el caso de los calcos —como el empleo de la expresión *¡qué mudado vas!* (2004: 89) o *encontrar a faltar* (2004: 91)—.

Los estudios de los tres autores que se acaban de mencionar son valiosísimos, porque son los primeros que destacan la presencia de elementos del catalán en la narrativa de este y otros autores bajo la forma de calas realizadas en las obras consideradas más importantes, como *El amante bilingüe* en el caso de Juan Marsé. Si se amplía el análisis al conjunto de la narrativa de este escritor (desde *Encerrados con un solo juguete*, de 1960, hasta *Esa puta tan distinguida*, de 2016) puede observarse que los catalanismos aparecen en todas las obras de Marsé y que el autor los utiliza con objetivos distintos, lo cual conduce a considerar la presencia de una cierta "voluntad de estilo" en este escritor, que emplea de varias formas los elementos procedentes del catalán: como elementos que contribuyen a la caracterización de la realidad sociolingüística de Cataluña, como vehículo de la crítica social, como una forma de caracterizar a sus personajes y también, en boca del narrador del narrador, como un rasgo de estilo.

Mientras que la caracterización de la realidad sociolingüística está presente en toda la narrativa de Marsé, la crítica social se encuentra especialmente en *Últimas tardes con Teresa* (1966), *La oscura historia de la prima Montse* (1970) y *El amante bilingüe* (1990). Esta última novela, uno de cuyos pilares es el uso de dichos recursos, ha sido ya objeto de diversos estudios, como los de Báez de Aguilar y Jiménez (2002), Scarpetta (2008) o Pasetti (2011), que se han centrado en analizar el significado literario que los catalanismos o el uso del catalán aportan a la obra (y en la introducción de este trabajo se ha comentado también este aspecto de la misma). En las tres novelas, Marsé suele ser muy mordaz con los grupos sociales a los que critica, pertenecientes a la alta burguesía barcelonesa, catalanohablante, que contempla desde la óptica de los inmigrantes llegados del sur de España, como el Pijoaparte, los cuales, si bien los desprecian, querrían también entrar a formar parte de su órbita social. Los catalanismos son introducidos, con frecuencia, en estas obras como elementos contrastivos respecto a la lengua en la que está escrita la narración y tienen como objetivo poner de relieve las tensiones existentes entre las distintas capas sociales que se manifestaban, también, a través de los usos del castellano y del catalán. Los ejemplos del cuadro 4, procedentes de *Últimas tardes con Teresa*, así lo muestran.

Últimas tardes con Teresa	Observaciones
no ignoraba que su físico delataba su origen andaluz –un *xarnego*, un murciano (murciano como denominación gremial, no geográfica... (p. 23).	*Xarnego* aparece en la novela en catalán y es utilizado con el significado que indica el *DIEC*: 2 m. i f. [LC] "Immigrant castellanoparlant resident a Catalunya, dit despectivament".
le daría acceso a las luminosas regiones hasta ahora prohibidas *("papà, et presento el meu salvador ..." "Jove, no sé com agrair-li, segui, per favor, prengui una copeta ...")* y él, que se había herido en una pierna al trepar por las rocas (p. 55).	Manolo, el Pijoaparte, imagina un diálogo (en catalán) con el padre de Teresa que iniciaría su proceso de integración en la burguesía catalana. Es este un claro ejemplo de caracterización sociolingüística.
mientras escuchaba aquella voz desmayada, descuidada, un poco nasal, en la que el singular acento catalán se mostraba en todo momento no como incapacidad de pronunciar mejor, sino como descarada manifestación de la personalidad (p. 112).	Descripción de cómo Manolo, el Pijoaparte, percibe el acento catalán de la burguesía cuando se expresa en español.
[...] para dejar paso a un silencio letal y más tarde a esta peligrosa concentración de doctas voces catalanas que les llegaba desde el cuarto mortuorio: *—Han avisat a son pare. —Sí, doctor. —I al senyor Serrat? —Sa filla ho ha fet. Diu que ja vénen.* Según les había explicado la enfermera del turno de noche (p. 416).	Descripción de la conversación que escucha Manolo, el Pijoaparte, en el hospital donde acaba de morir Maruja, la criada y, a la vez, confidente de Teresa. También en este caso se ponen de relieve los aspectos sociolingüísticos del uso de las dos lenguas.

Cuadro 4. *Catalanismos en la obra de Juan Marsé (I)*

Como se puede apreciar, el empleo de términos como *xarnego*, no solamente de origen catalán sino también escrito en catalán (en el *DRAE* puede encontrarse la voz *charnego*), unido al hecho de que solamente determinados personajes se expresan en esta lengua o a la caracterización del "acento catalán", contribuyen a subrayar los conflictos sociales que Juan Marsé recoge en su novela.

En el caso de *La oscura historia de la Prima Montse* abunda también la utilización de catalanismos como manifestación de la crítica social (cuadro 5).

La oscura historia de la prima Montse	Observaciones
aparece ahora un hombre joven que camina a grandes zancadas y con una cartera de mano, sonríe, mira a las fieras sin detenerse, bate palmas: "Nois, nois, que tenemos reunión" (p. 25).	Quien así se expresa es Salvador Vilella, personaje amigo de la familia de Montse, perteneciente a la burguesía catalana que, aparentemente, realiza un trabajo de carácter social entre los jóvenes del barrio del Carmelo, a quienes quiere integrar en la sociedad catalanohablante, pero que está poco acostumbrado a hablar en español. Se dirige primero a los chicos en catalán, pero para congraciarse con ellos debe usar el español.
Se queda un rato pensativo, el dirigente, mirando la espuma de su cerveza. Luego va y dice: —*Es futut, parlant malament.* —Futut quiere decir jodido, ¿no? —Qué le digo // —¡No, alto, tú! Es mucho menos fuerte, hombre (p. 117).	El mismo personaje, Salvador Vilella, se comporta, lingüísticamente, de manera parecida a como lo hace en el ejemplo anterior en otra situación de comunicación.

Cuadro 5. *Catalanismos en la obra de Juan Marsé (II)*

La utilización de catalanismos como elementos caracterizadores de la forma de hablar de los personajes se aprecia especialmente en *Si te dicen que caí*. Podría decirse que esta es una novela de carácter coral en la que intervienen multitud de personajes que representan distintos sectores sociales, y la técnica narrativa que ha utilizado el escritor consiste en hacer que los propios personajes se expresen empleando los modos de hablar que les son habituales, es decir, utilizando catalanismos como corresponde a la realidad (cuadro 6).

Si te dicen que caí	Observaciones
Esto es un merdé, mastresa (Java, p. 17).	*Merdé* aparece en el *DIEC* con la ortografía correcta: *merder*. Marsé utiliza una grafía que pretende reflejar la pronunciación y ocurre lo mismo en el caso de *mastresa*, que figura en el *DIEC* como *mestressa*.
¿Y tú quieres ser médico cuando seas grande? (Toñi, p. 44).	*Cuando seas grande* es la adaptación del catalán *quan siguis gran*.
verás si le dices a Java dónde vive esa meuca (Sarnita, p. 54).	*Meuca* aparece en el *DIEC* como sinónimo de *prostituta*.
Chafarderos. Nunca fuimos novios (Menchu, p. 71).	*Chafardero* aparece en el *DRAE* con el significado de "cotilla" y la indicación de que se trata de un catalanismo. Aparece también en el *DIEC* con la ortografía *xafarder*, propia del catalán.
Tú reparte pegadolça y calla (Mingo, p. 78).	*Pegadolça* (no registrada en el *DIEC*) es la palabra utilizada en catalán para referirse al regaliz, tal como lo define el *DRAE*: "Pasta hecha con el jugo del rizoma de regaliz, que se toma como golosina en pastillas o barritas".
Tú que (sic) sabes, tótila (Sarnita, p. 80).	*Tótila* no aparece en el *DRAE*, pero sí en el *DIEC*: *tòtila*. Significa "persona encantada o atontada".
No te muerdas las uñas delante de las personas, que hace feo (La baronesa, p. 160).	*Hace feo* es una de las expresiones en las que se utiliza, con el verbo *hacer*, la combinatoria propia del verbo catalán *fer*.
Si es que esto no puede ser, collons, ¿Qué no veis que es una coña, esto? (Palau, *Si te dicen*, p. 171).	*Collons* aparece en el *DIEC* y es el equivalente del español *cojones*. La oración interrogativa es un calco de la forma catalana *Que no veieu que és una conya, això?*
[...] no ha vuelto a verla pero sabe dónde para y por decírmelo pide dos duros (Sarnita, p. 243).	En la expresión *dónde para* se utiliza un significado de *parar* que aparece consignado en el *DIEC*: "Fer cap a un indret. La pilota ha anat a parar al camí". En la cita significa "sabe dónde se encuentra".

Cuadro 6. *Catalanismos en la obra de Juan Marsé (III)*

Así pues, se perfila en *Si te dicen que caí* un uso de los elementos del catalán por parte de Juan Marsé que se podría calificar de "documental", pues refleja el habla coloquial de los chicos de la calle, los *trinxes* que cuentan *aventis,* que son los verdaderos protagonistas de la obra.

Los catalanismos, como rasgo identificador de personajes, también los utiliza Marsé en toda su narrativa, como puede verse en los ejemplos del cuadro 7, que proceden de las últimas obras publicadas por el autor: *Rabos de lagartija, Caligrafía de los sueños y Esa puta tan distinguida.* Se trata de novelas de carácter mucho más intimista en cuyo punto de mira no se encuentra la crítica social, como en las primeras obras del autor, pero en las cuales se siguen utilizando los elementos procedentes del catalán para reflejar la reconstrucción de la realidad que constituye el mundo narrativo del escritor.

El tercer tipo de catalanismos mencionados son los utilizados por el narrador de las novelas (cuadro 8). En estos casos, dichos elementos no tienen el mismo carácter marcadamente coloquial que presentan los que están en boca de los personajes de los relatos, sino que corresponden a un registro más formal, que es el propio de un narrador.

El conjunto de ejemplos extraídos de las obras de Juan Marsé pone de relieve el "rendimiento literario" que pueden proporcionar los catalanismos cuando un escritor los introduce en su narrativa con "voluntad de estilo". Sin duda, Marsé es un autor excepcional desde este punto de vista y el conjunto de su obra merece un estudio exhaustivo de la utilización de este recurso.

Novelas	Observaciones
¡Que eres gueño, chaval! (David, *Rabos de lagartija*, p. 71).	*Gueño* aparece en el *DIEC* con la ortografía propia del catalán: *guenyo*. Significa "estrábico".
El disco parecía nuevo de trinca (David, *Rabos de lagartija*, p. 99).	*Nou de trinca* aparece en el *DIEC* con el significado de "flamante".
Hoy me ha empastifado las piernas (Paulino, *Rabos de lagartija*, p. 225).	*Empastifar* figura en el *DRAE* y significa "ensuciar".
¿Que no sabe usted que el suicidio es pecado mortal? (anciana, *Caligrafía de los sueños*, p. 17).	La estructura interrogativa absoluta que se inicia con la partícula que es propia del catalán: *que no ho sap?* ("¿no lo sabe?")
Pero ahora sí que lo han estripado (Quique, *Caligrafía de los sueños*, p. 56).	*Estripar* figura en el *DRAE* como sinónimo de "destripar". En cambio, en el *DIEC* se consigna el sentido general de "romper", que es el que posee en la novela.
no sabes lo que te empatollas (Julito, *Caligrafía de los sueños*, p. 67).	*Empatollar* figura en el *DIEC* y significa "cosas sin sentido y embarulladas".
tenía que plegar antes de hora (Sicart, *Esa puta tan distinguida*, p. 73).	*Plegar* aparece en el *DRAE* únicamente con el significado de "doblar", pero, en el *DIEC* aparece, además, con el significado de "dejar de trabajar".
¿Es que se encuentra mal? (Elsa Loris, *Esa puta tan distinguida*, p. 202).	De nuevo, el personaje emplea una construcción interrogativa propia del catalán.
se morían de ganas de ver *pit i cuixa*, que dicen los catalanes (Felisa, *Esa puta tan distinguida*, p. 160).	Introducción, en este caso, de un elemento fraseológico directamente en catalán.

Cuadro 7. *Catalanismos como rasgo identificador de personajes en la obra de Juan Marsé*

Novelas	Observaciones
A la noche, después de verle desaparecer tras el cristal ... (*Encerrados*, p. 85).	*A la noche* corresponde al catalán *a la nit*.
las alegres manchas amarillas de la ginesta (*Teresa*, p. 37).	*Ginesta* es el vocablo catalán que corresponde al español *retama*.
Se ha girado viento, una silueta femenina avanza en la noche ... (*Montse*, p. 320).	*Se ha girado viento* corresponde a la expresión catalana *s'ha girat vent*.
el mosén había hecho un bonito sermón (*Si te dicen que caí*, p. 51).	*Hacer un sermón* responde a la combinatoria propia del verbo *fer* en catalán.
luego recorrió las paradas de libros usados (*Un día volveré*, p. 81).	El *DRAE* no registra la acepción de *parada* con la que el vocablo se utiliza en esta novela. Sí lo registra, en cambio, el *DIEC*: "Mercaderies posades a la vista dels compradors a terra, en un taulell, en un aparador, etc. *Tenir una parada a la plaça*". La traducción de este ejemplo sería: "Tener un puesto en el mercado".
Pasó del vino blanco a la *barreja* y ya se había bebido tres vasos (*El amante bilingüe*, p. 76).	*Barreja* figura en el *DIEC* definido así: "Beguda consistent en una mescla d'aiguardent i vi".
aunque alababa la iniciativa, no dudaba en calificarla de collonada risible (*El embrujo de Shangai*, p. 109).	El *DRAE* recoge el término *collonada* con el significado de cobardía. En cambio, el *DIEC* registra el significado que posee en la narración: *Feta o dita extravagant, enutjosa o poc important*.
digan de él lo que digan, todo y llevar el apodo de [...] (*Rabos de lagartija*, p. 302).	*Todo y llevar* es el calco de la expresión catalana *tot i portar*.

Cuadro 8. *Catalanismos en el narrador en las novelas de Juan Marsé*

5. Conclusión

Como se ha señalado ya en la introducción, este trabajo se propone poner de relieve que los textos literarios constituyen un excelente material para estudiar la penetración del catalán en el español utilizado en Cataluña y la necesidad de que las observaciones, hasta ahora puntuales, realizadas sobre esta cuestión se conviertan en el núcleo de una línea de investigación que se revela muy prometedora. Estos elementos suelen aparecer, como se ha visto, en la lengua oral, de la cual son buenos testimonios las obras decimonónicas que reclaman la necesidad de evitar las interferencias. Con el paso del tiempo y con la aceptación de los hablantes, pasan a la lengua escrita y, finalmente, a la literatura, que es el tipo de lenguaje más elaborado en cualquier lengua.

Aunque habitualmente se ha caracterizado a los escritores bilingües de la segunda mitad del siglo xx como paradigma del uso de catalanismos, en sus textos queda también por estudiar la producción de los escritores catalanes de expresión castellana de la primera mitad del siglo, pues, como en todos los fenómenos lingüísticos, la penetración de estos elementos no constituye una eclosión que se produce en un momento determinado sino que se realiza progresivamente en la lengua y, hasta ahora, este proceso es desconocido. Este periodo es tanto más importante cuanto que, en esos años, las instituciones oficiales potenciaban el uso del catalán y, por lo tanto, la interpenetración de elementos de una lengua a otra alcanza, probablemente, un volumen importante.

Los dos escritores cuya obra se ha explorado en este trabajo desde esta perspectiva introducen elementos procedentes del catalán en su lengua literaria, pero lo hacen de forma diferente. En la narrativa de José María Gironella aparecen numerosos catalanismos sin que, aparentemente, el autor sea consciente de ello. Gironella parece tenerlos integrados en su lengua de escritura y los utiliza probablemente porque él mismo los emplea de forma natural en sus formas de expresión en español. Pero que un escritor de masas los emplee contribuye, sin duda, a la difusión de esta forma de utilizar la lengua española, puesto que sus lectores, que son muchos, consideran los textos del autor como modelos de referencia. Como se ha explicado, la forma de escribir de Gironella encontraría su explicación en su contacto con las dos lenguas durante sus años de escolarización y formación, así como en su procedencia geográfica.

Juan Marsé, perteneciente a la generación siguiente a la de Gironella, da "otra vuelta de tuerca": el escritor es consciente de su forma de escribir y, por tanto, los catalanismos se convierten en su narrativa en elementos portadores de significado literario. Es decir, las novelas del autor no serían las mismas si, por ejemplo, sus personajes no se expresaran como lo hacen los habitantes de Barcelona o si el narrador lo hiciera como un hablante monolingüe. También en el caso de Marsé su edad, su educación y su contacto con las dos lenguas estarían en la base de su forma de escribir.

Otro aspecto que es importante subrayar es el grado de complejidad que presenta el estudio de esta cuestión que refleja, en realidad, la acción que diferentes ejes de carácter histórico, sociolingüístico y cultural ejercen sobre el comportamiento lingüístico de los hablantes bilingües cuando se expresan en español. Así pues, los escritores analizados en este trabajo, y otros muchos que no lo han sido por falta de espacio y que escriben *desde los márgenes* de sus dos lenguas, proporcionan, a través de sus obras, un material lingüístico riquísimo que permitiría comprender mejor no solamente su propia producción, sino las características y la evolución del español de Cataluña en el marco de una línea de investigación que tuviera como objetivo investigar la presencia del catalán en la narrativa de escritores catalanes de expresión castellana.

Bibliografía

Fuentes primarias

GIRONELLA, J. M. (2011 [1953]). *Los cipreses creen en Dios*. Barcelona: Planeta.
— (2011 [1961]). *Un millón de muertos*. Barcelona: Planeta.
— (2011 [1966]). *Ha estallado la paz*. Barcelona: Planeta.
MARSÉ, J. (2003 [1960]). *Encerrados con un solo juguete*. Barcelona: Random House.
— (1998 [1966]). *La oscura historia de la prima Montse*. Barcelona: Random House.
— (1999 [1970]). *La oscura historia de la prima Montse*. Barcelona: Random House.
— (1998 [1973]). *Si te dicen que caí*. Barcelona: Random House.
— (1998 [1982]). *Un día volveré*. Barcelona: Random House.
— (2007 [1990]). *El amante bilingüe*. Barcelona: Random House.
— (1999 [1993]). *El embrujo de Shangai*. Barcelona: Random House.
— (2000). *Rabos de lagartija*. Barcelona: Random House.
— (2011). *Caligrafía de los sueños*. Barcelona: Random House.
— (2016). *Esa puta tan distinguida*. Barcelona: Random House.
PLA, J. (1945). *Un señor de Barcelona*. Barcelona: Destino.
— (1951). *Un senyor de Barcelona*. Barcelona: Destino.
— (1974). "Menorca", serie de tres artículos publicados en *Destino*, entre agosto y septiembre.

Referencias bibliográficas

BADÍA MARGARIT, A. (1981). "Particularidades del uso del castellano en las tierras de lengua catalana", en *Actas del I Simposio para profesores de lengua y literatura españolas.* Madrid: Castalia, pp. 11-31.

BÁEZ DE AGUILAR, F. Y JIMÉNEZ, F. (2002). "Sobre máscaras y representaciones en *El amante bilingüe*", en BELMONTE, J., LÓPEZ DE ABIADA, J. M. (eds.), *Nuevas tardes con Marsé. Estudios sobre la obra literaria de Juan Marsé.* Murcia: Nausícaä, pp. 9-24.

BARRIO, Z. (1969). "La red de bibliotecas populares en la Mancomunidad Catalana", *Educación y Biblioteca,* 104, pp. 33-47.

BLAS ARROYO, J. L. (1995). "De nuevo el español y el catalán, juntos y en contraste. Estudio de actitudes lingüísticas", *Sintagma,* 7, pp. 29-41.

BONET, L. (2013). *La morada del escritor: una conversación con Juan Marsé.* Cervantes virtual, Biblioteca Virtual Miguel de Cervantes. Edición digital a partir de *Campo de Agramante: revista de literatura,* 18, 113-168, pp. 42-43.

BOURRET, M. (1999). "De l'échec urbanistique au sarcasme littéraire. Walden 7 de Ricardo Bofill (Barcelone, 1970-1975)", IRIS, Montpellier, pp. 19-39.

— (2018). "Afores/Afueras: les blancs dans la poésie barcelonaise des années 1960 à 1980", en MARTÍNEZ-MALER, O., SAGNES-ALEM, N, (eds.), *Dans les blancs de l'histoire: Les récits troués de l'Espagne contemporaine.* LLACS, Université Paul Valéry – Montpellier III, Presses Universitaires de la Méditerranée, pp. 129-141.

BROSA I ARNÓ, M. (1882). *Guia del instructor catalán ó método teórico-práctico de gramática castellana para el uso de las escuelas de Cataluña.* Barcelona: Librería de Bastinos.

CAMARERO ARRIBAS, J. (1996). "La colmena bilingüe de Marsé", *Epos: Revista de filología,* 12, pp. 451-456.

CASANOVAS, M. (1996). "Algunos rasgos propios del español en las comunidades de habla catalana: Fonética, Morfosintaxis y léxico", *Analecta Malacitana,* 19, 1, pp. 149-159.

— (2000). *Análisis cualitativo y cuantitativo de la morfosintaxis de una segunda lengua: el caso del español en contacto con el catalán.* Tesis Doctoral no publicada. Universitat de Lleida.

COLÓN, G. (1967). "Elementos constitutivos del español: catalanismos", en ALVAR, M. (ed.), *Enciclopedia lingüística hispánica,* vol. 2. Madrid: CSIC, pp. 193-238.

— (1989). *El español y el catalán, juntos y en contraste.* Barcelona: Ariel.

CORDE = REAL ACADEMIA ESPAÑOLA. *Corpus diacrónico del español*

CORPES XXI = REAL ACADEMIA ESPAÑOLA. Banco de datos. *Corpus del Español del Siglo XXI.*

CUENCA, J. M. (2015). *Mientras llega la felicidad. Una biografía de Juan Marsé.* Barcelona: Anagrama.

DIEC = Institut d'Estudis Catalans (2007). *Diccionari de la llengua catalana.*

DRAE = Real Academia Española (2014). *Diccionario de la lengua española.*

Estruch, J. (1994). "El català en la narrativa castellana escrita a Catalunya. Els casos de Mendoza, Marsé, i Vazquez Montalban", *Catalan Review*, VIII, 1-2, pp. 153-160.

— (2010). "Juan Marsé, entre dos lenguas", *Ínsula*, 759, pp. 24-26.

Fillière, C. (2006). "De la búsqueda de la novela total al encuentro del éxito masivo: La trilogía de José María Gironella y su trayectoria como objeto predilecto de la historia cultural", *Historia Contemporánea*, 32, pp. 285-310.

Fonoll O. (1862). *Método práctico para la enseñanza de la lengua castellana en Cataluña.* Barcelona: La Preceptora.

Freixas, M. (2016). "Combinaciones léxicas con el verbo *hacer* en el español de Cataluña", en Poch, D. (ed.), *El español en contacto con las otras lenguas peninsulares.* Madrid/Frankfurt am Main: Iberoamericana/Vervuert, pp. 225-264.

Gallardo, E. (2017). *Edición y estudio de las cartas del soldado Dionisio Torruella Alujas (1895-1898): interferencias lingüísticas catalán-castellano en el marco de la enseñanza contrastiva decimonónica.* Trabajo de fin de Grado. UAB, Departamento de Filología Española.

García Ponce, D. (2017). "Vivir en los confines: la construcción espacial del suburbio en Mercè Rodoreda y Juan Marsé", en Crespo, R. y Pastor, S. (coords.), *Dimensiones: el espacio y sus significados en la literatura hispánica.* Madrid: Biblioteca Nueva, pp. 353-366.

Genís S. (1883). *El auxiliar del maestro catalán en la enseñanza de la lengua castellana: parte segunda destinada a la enseñanza escrita del lenguaje castellano.* Girona: Imprenta y Librería de Paciano Torres.

Hernández García, M. C. (1998). "Una propuesta de clasificación de la interferencia lingüística a partir de dos lenguas en contacto: el catalán y el español", *Hesperia*, 1, pp. 61-80.

— (1999). *Algunas cuestiones más sobre el contacto de lenguas: Estudio de la interferencia lingüística del catalán en el español de Cataluña.* Barcelona: Universidad de Barcelona, Colección de tesis doctorales microfichadas, núm. 3534.

Illamola, C. (2003-2004). "De la oralidad a la escritura. Niveles de interferencia en las creaciones literarias de autores catalanes", *Anuari de Filologia*, XXV-XXVI, pp. 81-94.

Julià, J. (2004). "Poesía y urbanismo", en *La mirada de Paris. Ensayos de crítica y poesía.* México: Siglo XXI, pp. 137-158.

King, S. (2005). *Escribir la catalanidad. Lengua e identidades culturales en la narrativa contemporánea de Cataluña.* Woodbridge: Tamesis.

López Cabrales, J. J. (1999). "Miguel Espinosa, Juan Marsé, Luis Goytisolo; tres autores claves en la renovación de la novela española contemporánea", *Actas del IX Simposio Internacional sobre Narrativa Hispánica Contemporánea.* El Puerto de Santa María, pp. 193-202.

MAINER, J. C. (1989). "Histología y patología de un best-seller: la trilogía de J. M. Gironella", en *La Corona hecha trizas (1930-1960)*. Barcelona: PPU, pp. 204-239.

MARCET CARBONELL, M. (1892). *Vocabulario de catalanismos ó sea de numerosos disparates cometidos por traducir al pie de la letra ciertas voces, locuciones y frases del lenguaje catalán, que no congenian con el castellano.* Barcelona: Tipografía de F. Altés.

MARSÁ, F. (1986). "Sobre concurrencia lingüística en Cataluña", en GARCÍA DE LA CONCHA, V. *et al.* (eds.), *El castellano actual en las comunidades bilingües de España.* Salamanca: Junta de Castilla y León, pp. 93-104.

MARSÉ, J. (1993). Charla con Juan Marsé (dirigida por Joaquín Marco y Santos Sanz Villanueva). Universidad de Granada. Disponible en: <https://www.youtube.com/watch?v=obufo-0K2-s>.

OLLER, N. (1886). *La mariposa.* Carta-Prólogo de Émile Zona. Felipe B. Navarro (trad.). Barcelona: Biblioteca de Arte y Letras.

— (1897). *El esgaña-pobres.* R. Altamira (trad.). Barcelona: Juan Gili.

PASETTI, P. (2011). "Fragmentación y dualidad en El amante bilingüe de Juan Marsé", *Cuadernos para investigación de la literatura hispánica*, 36: 371-376.

POCH OLIVÉ, D. (2017). "Un capítulo de la Historia del ELE: la enseñanza del español en Cataluña en el siglo XIX", en SANTOS, I., PINILLA, R. y MARCO, C. (eds.), *La generosidad y la palabra.* Madrid: SGEL, pp. 267-280.

— (2018). "La traducción literaria como difusora de una tradición discursiva en el siglo XIX: Narcía Oller en español", *Congreso Internacional Tradiciones discursivas y tradiciones idiomáticas en la historia del español moderno.* Sevilla: Universidad de Sevilla (en prensa).

REAL ACADEMIA ESPAÑOLA. *Fichero general de la lengua española.* Disponible en: <http://web.frl.es/fichero.html>.

SALSO, J. A. (1981). *José María Gironella.* Madrid: Ministerio de Cultura, Dirección General de Promoción del Libro y la Cinematografía (*España, escribir hoy*, 4).

SCARPETTA, O. (2008). "La cuestión del «xarnego» en la literatura de Juan Marsé: identidad cultural y conflicto social", *I° Congreso Internacional de Literatura y Cultura Españolas Contemporáneas.* La Plata: UNLP, FAHCE, Centro de Estudios de Teoría y Crítica Literaria. Disponible en: <http://congresoespanyola.fahce.unlp.edu.ar/>.

SEIB, J. (2001). *La variedad bilingüe del español hablado en Cataluña caracterizada por interferencias y convergencias con el catalán.* Mannheim: Universität Mannheim, Diplomarbeit.

SINNER, C. (2004). *El castellano de Cataluña. Estudio empírico de aspectos léxicos, morfosintácticos, pragmáticos y metalingüísticos.* Tübingen: Max Niemeyer Verlag.

SZIGETVARI, M. (1994). *Catalanismos en el español actual.* Tesis de licenciatura. Universidad de Budapest.

SZIGETVARI, M., MORVAY, K. (2002). "Apuntes sobre las propiedades combinatorias del verbo *HACER* en el español de Barcelona", *Lingüística Española Actual*, XXIV, 1, pp. 115-143.

TORELLÓ I BORRÀS, R. (1883). *Método práctico racional para que los niños que frecuentan las escuelas de Cataluña puedan aprender sin grande esfuerzo el idioma castellano*. Barcelona: Imprenta de la Casa de Caridad,.

— (1894). *Método práctico racional para la enseñanza del idioma castellano en las escuelas de Cataluña*. Barcelona: Imprenta de La Renaixensa.

VENTURA, J. (2013). "La Barcelona charnega; geografías urbanas en Manuel Vázquez Montalbán y Juan Marsé", en SÁNCHEZ ZAPATERO, J. y MARTÍN ESCRIBÀ, A. (eds.), *Historia, memoria y Sociedad en el género negro: literatura, cine, televisión y cómic*. Santiago de Compostela: Andavira, pp. 61-70.

VIALET, C. (2003). "Lieux et limites de la ville dans '*Si te dicen que caí*' de Juan Marsé", *Cahiers d'études romanes*, 8, pp. 81-96.